U0456403

自由环境下的
幼儿园混龄教育研究

主编

王燕兰　吴宇泓

副主编

张司仪　赵小红　张春美

编写人员

吴宇泓　张司仪　赵小红　周　艳　朱朝霞
刘　玫　王　婷　张　艳　黄　菲　刘　静
朱婷婷　周　颖　方　芳　郝旭娟　茆青青
张斯瑶　陆　娟　郑天鸽　李　田

南京师范大学出版社

图书在版编目（CIP）数据

自由环境下的幼儿园混龄教育研究 ／ 王燕兰，吴宇泓
主编． -- 南京 ： 南京师范大学出版社，2017.12（2022.12重印）
（幼儿园自然教育丛书）
ISBN 978-7-5651-3391-6

Ⅰ．①自… Ⅱ．①王… ②吴… Ⅲ．①学前教育—教
学研究 Ⅳ．①G612

中国版本图书馆CIP数据核字（2017）第126877号

书　　名	自由环境下的幼儿园混龄教育研究	
丛 书 名	幼儿园自然教育丛书	
主　　编	王燕兰　　吴宇泓	
责任编辑	徐文娟　　翟姗姗	
出版发行	南京师范大学出版社	
地　　址	江苏省南京市玄武区后宰门西村 9 号（邮编：210016）	
电　　话	（025）83598919（总编办）　　83598412（营销部）　　83598312（邮购部）	
网　　址	http://press.njnu.edu.cn	
电子信箱	nspzbb@njnu.edu.cn	
照　　排	南京凯建图文制作有限公司	
印　　刷	江阴金马印刷有限公司	
开　　本	787 毫米×960 毫米　　1/16	
印　　张	31.5	
字　　数	500 千	
版　　次	2017 年 12 月第 1 版　　2022 年 12 月第 2 次印刷	
书　　号	ISBN 978-7-5651-3391-6	
定　　价	58.00 元	

出 版 人　张志刚

序

　　"实在不好意思啊！还没有完成……对！还没有……"回想起一个月前的那个清晨，我被自己急促与带着歉意的梦话催醒过来的情景，至今仍然不免心生感慨：这项看似简单的工作居然让我带进了梦里！而且，居然在梦里梦外穿行过之后还是没有完成！是对方不急不催吧？不是，连续几周我都在收到中心思想为"即将付印、急待序言"的信息。是我得了拖延症吧？不太像，因为那么多在这个项目后来的任务都一个个挤到它前面并且被快速解决，唯独这一篇在框架与长短上没有特别需求的文字却一直是 0 字节。反复想来，恐怕只有一个解释看似合理：笔者在乎它，很想借助它来把自己关于这项课题的理解与感受说得清楚、翔实一些，却耽于拙笔不胜浓意……

　　最初知道这项课题，是在南师大附近的一家咖啡馆里。燕兰园长和她的助手拿着课题申报书逐项叙说她们的想法、计划，我的思维则跟随着她们的话语不断做着"自由"与"自然"、"环境"与"成长"几个词语及其相关语料之间的搜索与聚焦、拆分与整合。

　　一所幼儿园的核心要素无外乎四个：环境、教师、孩子、课程。从变革整体环境入手来促进孩子的发展，看起来只涉及其中的两个，但实则却必将四个要素同时都裹挟进去。如果在一所新开办的幼儿园这么做是绝对必需，但是对于已经有几十年的教学与管理经验的示范级的幼儿园来说，则无疑是项近似于全面变革的大工程！幼儿园科研水平在辖区内名列前茅、教师和园长连年都有获奖、家长口碑佳、园中的孩子们健康苗壮、园外的孩子们在拥挤着等着进来……如此背景下，一定要去给自己加一个全园变革的大压力，核心的缘由或许只能锁定在对"自由环境"和"自然成长"的向往上面。而稍作比对，不难发现：这份发自内心的向往，与幼教之父福禄贝尔将其开办的教育机构命名为幼儿园的初衷并无二致，即是要让孩子们可以在安全美好的花园里，遵循生命的天性健康成长。

　　毫无疑问，这项直指幼儿园教育之本的课题，与诸多跟风借力、将科研工作作为幼教机构装点包装的幼儿园课题完全不同。也毫无疑问，这是一项任务难度够大、耗时不可不长、耗神不可不多的工作，绝非仅凭心里的意愿和口头上的毅力就可以达成的！

因为被课题负责人及其团队的热望所感染，希望自己以微薄之力提供些力所能及的帮助，我接受邀请，定期走进幼儿园，和课题组的老师们一起研讨、观察、分析、寻找课题研究的最近发展区，明确分支任务，汇总阶段性成果……回眸望去，那的确是一段珍贵的好时光。

从最初的边界不清、路径不明、课题组成员间小有拘谨，到后来的计划紧凑、任务明确、实践到位、成员间谈笑风生且协作支持准确高效，每一次和课题组的老师们共同工作，都让我真切地感觉到了他们认真与踏实的工作风格、他们对理想幼儿教育实践的热盼；还有，透过课题本身，每一位成员生命深处对于美好、明亮与温暖的人生境界的那份追求。所有这些，无不让我感到欣慰与鼓舞。记得有一次在离开幼儿园回家的地铁上，对着窗外满目的秋色，我忍不住想：与其说是我给这个课题提供了什么帮助，不如说是这个课题组带着我一起进入了一个和谐的人际生态场域，让我和大家一起经历着一次又一次对美与善、对真与诚的追求！

现如今，燕兰园长和她的团队的研究成果终于要出版了，由衷为她们高兴！而且最令人欣慰的是，除了课题本身的成果之外，她们还无私地将本课题的研究行进中的行动档案也单列出版。在我看来，这套丛书不仅可以给当下行进于幼儿园科研的探索者提供最为精准的帮助，而且也是全部课题研究过程中一项更为重要的收获！

深深祝福！

刘晶波

南京师范大学教育科学学院教授

博士生导师

2017 年 11 月

目 录

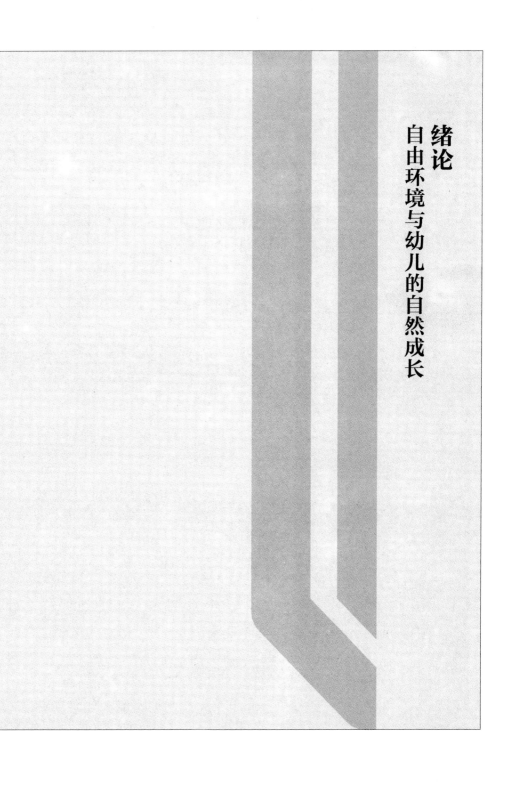

绪论
自由环境与幼儿的自然成长

绪论　自由环境与幼儿的自然成长

　　当今的学前教育领域，人们越来越关注"环境"对于身处其中的幼儿发展的独特价值。当越来越多的人意识到环境是除班级两位教师之外的"第三位老师"时，当越来越多的人意识到"环境的潜能还能够激发起社会、情意和认知方面的种种学习"[①]时，当越来越多的人意识到"我们容许偶然的环境做这个工作，还是为了教育目的设计环境，有很大的区别"[②]时，人们便急于想要改变当前幼儿园教育教学情境中环境僵化、单调、随意、高控、不适宜的局面，但常常又陷入另一个"困境"：幼儿园的教育教学情境究竟应该如何创设？什么样的环境对于幼儿的成长和发展是最为有利的？经过多年的探索与尝试，我们认为，幼儿园教育教学情境创设应坚持的根本原则应该是自由。

一、自由、自由环境与幼儿园教育教学情境中的自由环境

　　什么是自由？从本体论的意义上讲，自由是人最宝贵的权利，是人之所以为"人"的基础；自由是人的本性，是不可被剥夺的。从实践的层面上讲，自由又是人可以并且需要通过努力去争取的。自由有消极和积极之分。消极自由（negative liberty）是指人有"免于……的自由"（be free from...），即人不受外界的干涉和强制，可以摆脱束缚其生命活动的外部限制。积极自由（positive liberty）是指人有"从事……的自由"（be free to...），即人可以自我引导、自主选择、自我主宰。

　　自由并不意味着消除任何纪律，相反，为了使每个人平等地享受自由，就必须设定一定的纪律，以保障人人获得自由。因此，自由是相对的、有条件的——如果一个人的

---

① 卡洛琳・爱德华兹，等 . 儿童的一百种语言 [M]. 罗雅芬，等译 . 南京：南京师范大学出版社，2006：173.
② 约翰・杜威 . 民主主义与教育（第二版）[M]. 王承绪，译 . 北京：人民教育出版社，2001：25.

自由被无限放大，他周围的人必定受到影响，由此，一个人的自由很有可能成为另一个人享受自由的桎梏。从这个意义上说，"自由不是主体的随心所欲、为所欲为，而是主体和客体的统一，是权利和义务的统一，是自由和责任的统一"[①]。由此可见，自由之中包含着纪律，纪律是自由的"题中应有之义"。实际上，自由和纪律就如同一枚硬币的两面：自由的实现需要内部纪律作为保障，而科学的自由则会产生纪律。

自由的主体是人，而不是物。因此，自由的环境实际上指的是处在环境中的人享有自由的环境。在本书中，"自由环境"又特指幼儿园教育教学情境中的自由环境，而不是其他类型或其他领域内的环境。这样的"自由环境"，说到底就是幼儿园教育教学情境中能够让幼儿充分享有自由的环境，具体可以从以下三个方面来认识。

第一，从消极自由与积极自由的角度看，消极自由指人不受外界的干涉和强制，与此对应的自由环境是一种能够使人们不被束缚生命活动的限制的环境。幼儿园教育教学情境中的自由环境也应该具有类似的特点，即环境对于幼儿的正常生活和发展没有太多的不必要的限制和束缚，尤其是没有那些因为教师某些不正确的教育观念和教育行为，如不合理的活动设置、不恰当的行为要求、不合适的材料提供、不适宜的设施摆放而遭受的种种限制和束缚。

第二，积极自由指人可以自我引导、自主选择、自我主宰，与此对应的自由环境是一种使人们能够根据自己的兴趣和需要，自主选择活动，并在活动的过程中自我引导、自我主宰的环境。幼儿园教育教学情境中的自由环境也应该具有类似的特点，即在这个环境中，幼儿被认为是具有主体性和能动性的个体，有权利根据自己的兴趣和需要，以及自身的发展水平自主地选择适合自己的、自己喜欢的活动，并在活动的过程中自主探索，进行创造和表达。在这样的环境中，幼儿拥有如选择自由、表达自由、交往自由、探索自由等诸多自由。

第三，从自由与纪律的角度来看，自由的环境应该内含一定的纪律。这一原则同样也适用于幼儿园教育教学情境中的自由环境。首先，自由环境应该具有确保幼儿基本安

---

① 袁贵仁. 马克思的人学思想 [M]. 北京：北京师范大学出版社，1996：217.

全与健康的纪律，使幼儿免受身体或心理上的伤害。其次，自由环境应该具有确保集体共享自由的纪律。自由是属于每个幼儿的，而不是以牺牲某些幼儿的自由为代价的，正如蒙台梭利所说："儿童的自由，就其限度而言，应在集体利益范围之内。"[①]最后，自由环境具有的纪律应该是积极、活泼、内在和持久的。这意味着在自由环境中，纪律不是靠呵斥、灌输、惩戒、奖励"培养"出来的，而是建立在师幼共同探讨、共同理解、达成共识的基础上的。

二、自由环境对于幼儿自然成长的价值和意义

幼儿的自然成长是学前教育最重要的价值追求，这一点，已经得到了古往今来无数教育家以及教育工作者的认同。所谓"自然"，某种层面上可理解为天然非人为，是人或事物自由发展变化，不受外界干预，不依靠任何外在条件，发生、存在、演化的一种性质和状态。这就意味着，具有"自然"特性和状态的人或事物，必定有其内在的、固有的发展规律和法则。换句话说，它们的发展与变化是遵循这些规律和法则进行的，否则，发生、存在、演化这一过程将难以实现。因此，"幼儿的自然成长"，首先指的是一种符合幼儿本能与天性的"自然而然"的成长，即一种遵循和顺应幼儿自身的、内部的、既有的发展规律、发展逻辑、发展法则的成长，而非受到与原先规律背道而驰的"外力"干预或干扰而导致的"片面""加速""跳跃"或者"故意拖延速度"的成长。这里的"幼儿"指代的是一个群体。

当"幼儿"这个词指代个体时，"幼儿的自然成长"还包含另外的一层含义。每一位幼儿都在不断地成长和发展，他们的成长和发展遵循着一定的规律，即发展的过程中经历大致相同的阶段，但就每个幼儿个体而言，在实际发展的过程中，幼儿的个体与个体之间在达到同一阶段的时间节点上时，在具体的发展上仍会存在不小的差异。幼儿个体在发展上的差异性提示我们，"自然成长"意味着能够让每一名幼儿都根据自己的特

---

① 蒙台梭利. 蒙台梭利幼儿科学教育方法 [M]. 任代文，译. 北京：人民教育出版社，2001：112.

点有个性地发展，而不因"外力"不恰当的干预和干扰而导致"整齐划一""步调一致""一个模子"地发展。

综上，幼儿园教育教学情境中的自由环境与幼儿的自然成长需求之间具有高度的一致性和契合性，主要表现在以下几个方面。

第一，自由环境中没有束缚幼儿生命活动的不必要的限制，尤其是没有与幼儿的天性、本能、需要、成长规律等相违背的限制。教师的教育观念和教育行为，特别是对环境中活动的设置、行为的要求、材料的提供、设施的摆放等应最大程度地避免对于幼儿天性等的压制，帮助幼儿获得与其本能相契合、与其年龄相适应、与其发展规律相一致的学习机会，从而促使幼儿能够遵循"自然的旨意"，按照天性，依从自身的发展需要、特点和规律，"有条不紊""一步一步""自然"地成长起来。

第二，自由环境为幼儿提供自我引导、自主选择、自我主宰的机会和条件。身处这样的环境，每个幼儿都可以发挥主动性和能动性：既能够根据自己特有的发展特点、水平等来选择适合自己的活动，也能够用自己特有的方式与周围的环境进行互动，还能够用自己喜欢的方式来表达活动的过程和探索的结果，从而在原有的发展水平上获得连续不断的、指向其"最近发展区"的、更进一步同时又富有个性的"自然成长"。

第三，自由环境以一定的纪律为前提。自由环境中保障幼儿身体和心理免于受到伤害的纪律，确保了幼儿的身心健康，而身心健康正是"自然成长"的"题中之义"。自由环境中保障集体共享自由的纪律有助于幼儿在按照内部的、既有的发展规律进行活动时，免于受到外部不必要的干扰和限制，因而也与幼儿的自然成长需要相一致。此外，自由环境中的规则是建立在师幼共同探讨、共同理解后达成共识的基础之上的，因此，这种规则建立的过程就是师幼探索内在发展规律和需要的过程，这就决定了最后所建立的规则必然是符合幼儿的发展规律和满足其需求的，因而也就与幼儿的"自然成长"需要相契合。

所以，总的来说，内含有一定纪律并能使幼儿充分享有消极自由和积极自由的自由环境，有助于免除幼儿身心发展可能遭受的种种限制和压抑，有助于每名幼儿按照内在的发展规律、特点等进行自我引导、自主选择，因而对于幼儿由内而发的自然成长具有重要的价值和意义。

三、幼儿园教育教学情境中创设自由环境的基本原则

幼儿园教育教学情境中的自由环境对于幼儿的自然成长具有重要的价值和意义，这就启示我们要创设一种自由环境，使得幼儿身处其中能够享受到充分的自由。正如蒙台梭利所说：建立一种合乎科学的教育，其基本原则是使儿童获得自由，使儿童从妨碍其身心发展的障碍中解放出来，使儿童的天性得以自然地表现。①实践中，需要我们具体把握好以下三点。

第一，尊重幼儿的自由权利。诚如上文所言，从本体论的角度上讲，自由是人最宝贵的、与生俱来的权利，是人之所以为"人"的基础，就像卢梭说的"人生而自由"。自由是不应该被剥夺的，也是不可能被完全剥夺的。自由作为一项人权，不是他人给予的，而是与生俱来的。因此，教师要正确认识自己对于自由与幼儿的关系：自由是幼儿的基本权利之一，幼儿的自由并不是教师给予的，更不是教师想给就有、不想给就没有的。教师必须认识到幼儿所拥有的自由权利，并尊重幼儿的自由权利。只有这样，教师才会有意识地去为幼儿创设自由环境，才能让幼儿在环境中感受到自由，才有可能使幼儿充分享有自由。如此，幼儿的自然成长就"顺理成章"了。

第二，在环境创设中，既要免除不必要的限制和束缚，也要确立基本的纪律。幼儿虽然具有一定的主观能动性，但与成人相比，仍显得十分"柔弱"和"无力"。面对很多不必要的外在限制和束缚，幼儿很难发挥主观能动性去挣脱。他们不知道应该如何挣脱，也没有能力去挣脱。从这个角度来讲，教师应该为幼儿创设免除不必要的限制和束缚，且具有基本纪律的自由环境。首先，教师要有科学的儿童观，认识到幼儿是有能力的个体，能够积极主动地进行操作和探索，且幼儿的发展具有年龄特点和个体差异；其次，教师要有正确的教师观，认识到教师是幼儿活动的支持者、引导者和合作者，应该在适宜的

---

① 梁志燊. 学前教育学 [M]. 北京：北京师范大学出版社，1995：15.

时机为幼儿的发展提供"脚手架",并在适宜的时机"拆除",不给幼儿增添不必要的限制和阻碍;最后,教师要有必要的纪律观,认识到纪律能够保障个体自由和集体自由,纪律是在师幼共同商讨的基础上建立的。只有这样,教师才能创设出自由环境,促进幼儿的自然成长。

第三,让幼儿能充分行使自我引导、自主选择、自我主宰的权利。日本著名教育家小原国芳曾这样说过:"一个人在没有自由的时候,也不会有什么责任。现在的教师用自己的教育权利剥夺了本来属于学生的自由,同时也把责任背到了自己身上,摇摇晃晃,疲惫不堪。"①这正是当下幼儿园教师"生存状态"的真实写照——教师用自己的"特权",将幼儿自我引导、自主选择的任务都"笼络"到了自己的身上,看似是对幼儿的成长与发展负责,实则是对幼儿自然发展的钳制和禁锢。因此,创设自由的环境,要求教师要让幼儿充分行使自我引导、自主选择、自我主宰的权利,让幼儿自己去支配思想、情感和行为,做自己的主人。想要做到这一点,教师可以从物理环境和心理环境两方面入手。在物理环境方面,教师首先要认识到空间对于幼儿发展的重要价值,特别是要认识到空间不是绝对的,而是相对的,必须根据幼儿的需要做相应的调整;其次要认识到时间与幼儿学习活动的关系,即幼儿在活动一段时间后,才能进入学习的最佳状态,例如出现有创意的表达、产生新的操作方式等;同时还要认识到材料与幼儿内在发展水平之间的关系,要提供多样的、开放的、适宜且富有层次的材料,使得材料尽可能地与每一名幼儿的内在发展水平相契合,并根据幼儿的需要及时调整和更换材料。在心理环境方面,教师要为幼儿营造一种接纳和宽容的心理氛围,让每一名幼儿意识到自己作为积极主动的学习者的形象是得到认同和鼓励的,自己具有巨大的潜能,有能力进行各种操作和探索,可以主导自己的学习行为,也可以为自己的学习行为负责。当幼儿有了这样的感受和体验之后,才能真正学会自我引导、自我选择和自我主宰。

---

① 小原国芳. 小原国芳教育论著选(上卷)[M]. 柳剑乔,译. 北京: 人民教育出版社, 1993: 275.

第一章

混龄教育概述

第一章　混龄教育概述

一、混龄教育的起源

国外混龄教育的传统可追溯到 19 世纪的"一间房"学校，欧美国家的学前教育普遍采用混龄编班的形式。混龄教育虽早有传统，但早期一直未形成系统的理论。近代的班级授课制推动了义务教育的普及和发展，但这种制度过于强调整齐划一，忽视儿童的个性差异，因而在 19 世纪末开始的欧美教育革新运动中备受批评。人们回头重新审视混龄教育，重新发现了它的价值。20 世纪 60 年代，古德兰和安德森的著作《无年级学校》起到了推波助澜的作用，从此，混龄教育的研究渐渐进入学者们的视野。

下面以德国为例，介绍一下欧美国家的混龄教育情况。

德国是一个典型的实施混龄教育的国家。如"1110mizil 儿童中心"共有 82 名儿童，年龄在 2 ~ 12 岁之间，每班 20 ~ 21 人，每个班的儿童按不同年龄分配相同人数，即每班里有 2 岁 2 人、3 ~ 6 岁 13 ~ 14 人、6 ~ 12 岁 5 ~ 6 人。德国小学实行半日制，上午 6 岁以上儿童上学，中午放学后这些儿童进入"儿童中心"活动。其他儿童就组成一个更小的小组进行适合他们年龄阶段的学习与游戏。为配合混龄教育，幼儿园的环境创设也做了很大调整，如将原来大的活动室分割成若干个小的活动区域，还搭建了一些小阁楼；儿童除了有各种游戏场所外，还有进餐、午睡和学习的场所；在玩具的设置上，考虑到了异龄儿童的不同需求，既设置年幼儿童喜爱的娃娃等玩具，又设置年长儿童喜爱的智力拼插玩具、各类书籍（参考书、字典、辞典等）以及小足球场等。在混龄班级进行活动时，教师并不严格限制儿童的活动类型，而是让班内不同年龄的儿童共同游戏与学习。同时，教师还创设丰富的情境以促进异龄儿童间的有效互动。儿童年龄的差别，决定了混龄教育的形式多数时候必须是个别化的。

综观我国的混龄教育，也有许多年的历史与经验，但是我国的混龄编班发展比较落后主要出于以下原因及考虑：① 我国部分地区经济发展比较落后，幼儿园所需的房舍、师资等条件匮乏；② 一些偏远地区村落之间的距离较远，人口居住比较分散，幼儿无法集中入园；③ 受国家政策的影响，学前教育目前不属于义务教育范畴，以及幼儿园职工下岗等原因，使一些条件较差的幼儿园出现了招生不足、师资缺乏的情况。受之前独生子女政策的影响，多数儿童无兄弟姐妹的情况已经引起了众多教育专家和广大家长的思考，在一些专家的指导下，虽也开始出现了积极的混龄教育研究，但真正大面积付诸实践的几乎没有。

近年来，随着蒙台梭利混龄教育理念在我国台湾、香港的引入和实践，其在大陆也形成强大影响力，推动了混龄教育的研究与实践。

二、混龄教育的概念与特点

混龄教育，指的是基于对不同年龄段幼儿身心发展规律和特点的把握，制订相应的教育目标，有计划、有组织地把不同年龄段（主要是 3 ~ 6 岁，年龄跨度在 12 个月以上）幼儿按照一定的比例和数量集中在一起，共同进行教育的活动。[①] 在我国，混龄教育主要以两种形式存在：混龄班和混龄活动。[②]

卡提斯（Curtis）认为，混龄教育模式具有三个共同的要素：将不同能力、不同年龄的儿童编在同一年级中；强调儿童发展的需要和怎样最好地满足他们的需要；坚信发展适宜性方案和整体发展观，即儿童的发展不仅包括学业成绩，而且包括儿童社会性、心理和身体健康的发展。在此基础上，约翰逊（Johnson）增加了几条新见解：灵活的分组方式、专家合作、定性报告、父母参与。在这个问题上，美国学校管理者协会充当了集大成者的角色，它总结出理想的混龄班应具备 11 条特征：发展适宜性方案；异质学习者团体；整体学习观；引导儿童积极参与活动；利用幼儿园和社区将技能应用到真实

---

① 葛晓英. 混龄教育的探索与实践 [M]. 福州：福建人民出版社，2013：2.
② 田红艳. 混龄教育基本理论研究 [D]. 南京：南京师范大学，2011：10.

生活情境中；教师作为促进者；强调学习的过程；整合课程；灵活的班级组织形式；不断进步；真实评价。只有同时具备这些特征的班级才能被称为混龄班级。

三、混龄教育对儿童发展的价值

（一）混龄教育对实行独生子女家庭的意义

我国自 1979 年实行计划生育政策至今，独生子女已经超过 1 亿，青少年学生逐渐养成了许多良好的道德品质，如守时、讲效益、讲实际、求进取，奋发开拓，积极竞争，追求文明、健康、科学的生活方式，等等。但是，理性地审视独生子女家庭教育现状，不难发现独生子女家庭教育面临许多困惑和问题，而混龄教育有助于这些问题的改善。让不同年龄的孩子共处一室，创造了一种类似兄弟姐妹相处的环境，使幼儿能有更多的机会和不同年龄孩子交往，学习与他人交往的正确态度和技能，学会关心、分享、合作、谦让、助人等社会行为，为孩子形成积极健康的个性奠定基础，弥补独生子女缺乏异龄儿童交往环境不足，有效改善幼儿自私、任性、依赖性强、独立性差、交往能力弱等问题。

混龄教育的模式也突破了独生子女对兄弟姐妹的认识，在家庭中兄弟姐妹的角色是固定不变的，在幼儿园的混龄班里，每个幼儿都有机会体验成为弟弟妹妹或哥哥姐姐，角色的转换使他们上有依靠，下有责任，同龄之间还有公正。

（二）混龄教育对幼儿个体发展的意义

1. 混龄教育促进智力、语言等认知能力的发展

班杜拉（Bandura）于 1977 年出版的代表作《社会心理学》中提出了观察学习理论。所谓观察学习，实际上就是通过观察他人（榜样）所表现的行为及其结果进行学习。幼儿学习的主要方式是观察学习，他们通过观察同伴或成人的行为而积累自己的间接经验。这说明，榜样对幼儿发展具有重要的意义，而混龄教育又能为幼儿的学习提供多种多样的榜样。年幼的幼儿可以通过观察年长的幼儿玩耍而学会一些玩具的玩法，还可以观察年长幼儿在游戏中的表现和生活习惯等，观察的内容涉及年长幼儿的各个方面；而年长的幼儿则可以利用年幼幼儿的奇特想法，来充分展现他们的能力等。

儿童的语言和智力的发展离不开环境的作用。语言是在与他人的交往过程中逐渐发展起来的，幼儿学习之初会模仿他人的语言，然后按照自己的编排方式把语言材料加以重新组合和改变，形成自己的语言体系，从而提高自己的语言能力。不同年龄阶段的幼儿语言能力不同。年幼的幼儿通过模仿年长幼儿的语言，能更快地掌握语言能力；年长的幼儿在日常生活中通过纠正年幼幼儿的错误从而提高自己的语言水平，达到共同进步的效果。在幼儿的智力发展方面，年长幼儿的广阔视野和丰富知识，可以让年幼的幼儿模仿学习，使年幼的幼儿开阔视野，增加知识，发展观察能力、模仿能力和行为能力等。独生子女的幼儿在家中没有兄弟姐妹，混龄教育的开展，为年幼的幼儿提供了模仿学习的机会，同时也给予年长的幼儿展示自己和提高自己的机会。

儿童发展的每个阶段都有其特点，阶段之间保持着发展的连续性，然而这些阶段并不与儿童的年龄绝对相符，儿童的发展会因各个阶段社会环境和习得经验的不同而有所加速或延缓。在与同伴的交往中，认知冲突会迫使儿童站在对方的角度看问题。在混龄教育活动中，不同发展水平的幼儿之间的交往与合作大大增加了认知冲突产生的概率。不断地体会不同的做法和想法，有助于刺激幼儿大脑的发育，进而促进幼儿对认知冲突的处理能力。

2. 混龄教育促进了幼儿创造力和实践能力的提高

不同年龄段的幼儿在一起学习、生活和游戏，彼此间都更容易寻找到适合的榜样。同时，针对不同年龄的幼儿，教师也不可能按照统一的要求教育每一个幼儿，必须为幼儿提供多层次的目标和可操作的材料。这样客观上就为每一个幼儿提供了一个宽松的心理环境、更多的发展空间和机会。让不同发展水平的幼儿都能找到适合自己的问题情境，根据自己的兴趣、爱好和能力进行选择，也可以依据自己的能力和实际需要无拘无束、充满自信地进行活动。幼儿的心情放松后，就能够全身心地投入到创造和实践中去，更能体验成功的快乐，同时成功感又能进一步激发他们的求知欲，这样形成的良性循环，有利于幼儿创造力和实践能力的发展。

3. 混龄教育有效地促进幼儿社会性的发展

幼儿的社会性发展包括很多方面，有的学者认为，混龄编班将不同年龄跨度（12 个月以上或更多）和发展水平的幼儿按照一定的模式加以组合，以促进幼儿的认知和社会性的发展。[①]幼儿园实施混龄教育，是将不同年龄段的幼儿集合在一起，为幼儿创造了一种类似于兄弟姐妹相处的环境，弥补了独生子女家庭生活的不足，更多地满足了幼儿社会性交往的需要和合作学习的需要，对幼儿的角色扮演、交往能力、社会责任感的形成都有不同程度的促进作用。

在混龄教育活动中，对比自己小的幼儿，年长的幼儿更愿意和他们分享玩具，在产生冲突时更愿意谦让，享受当哥哥姐姐的乐趣与责任；而年幼的幼儿通过与年长幼儿的交往，领会能力、观察能力及模仿能力均得到了培养，也充分感受到做弟弟妹妹所获得的关心照顾和激励帮助，从而学会关心他人。因此，混龄教育活动有利于纠正独生子女的自私、依赖性强、独立性差、交往能力弱等问题，有助于形成良好的社会性品质。

维果茨基（Vygotsky）的"最近发展区"为幼儿混龄教育提供了理论基础。"最近发展区"是指幼儿的现有水平与幼儿经过努力所能达到的水平之间的距离。不同年龄段的幼儿在一起学习、生活和游戏，过程中容易形成认知冲突，产生"最近发展区"，从而促进幼儿各个方面的发展。在混龄教育活动中，年幼的幼儿与年长的幼儿之间存在差距，年幼的幼儿询问和模仿年长的幼儿，年长的幼儿用自己的行为向年幼的幼儿解释和说明，这样无论年长的还是年幼的幼儿都能在原有的基础上提高自己，力所能及地发展自己，争取达到"最近发展区"的最高水平。混龄教育活动使幼儿的能力在自己的"最近发展区"内得到充分的提高，最终达到促进幼儿全面发展的目的。

四、我国学前教育领域内开展混龄教育的现状

纵观国内的混龄教育，有以下几个方面的特点。

（一）混龄教育的组织形态

由于操作上具有复杂性等多方面原因，全日混龄教育较少，许多幼儿园采用"间断

---

① 赵丽君，刘云艳．混龄教育的理论基础及实践价值 [J]．幼儿教育，2006，（2）．

性混龄"的组织形态，如在晨间锻炼、角色游戏等幼儿园一日活动中的某些环节，将不同年龄段的幼儿组织起来开展活动。我国采取全日混龄教育方式的幼儿园较少，其主要分布在北京、广东、浙江等经济文化发达的地区。

（二）混龄班课程实施方法

混龄教育课程没有系统的教材，教育教学案例之类的素材也不多见，因此幼儿园少有可使用和借鉴开展混龄教育的资料，这也制约着混龄教育的发展和推广，混龄班级教师在课程及其安排方面感到压力巨大。已有研究表明，很多研究者对混龄课程持"回避"态度，要么撇开不谈，要么点到为止，笼统简要地谈几句。教育主管部门也对混龄教育采取模棱两可的观望态度。即使是在国外，混龄班级课程的设计与实施也是一个难以解决的问题。

目前，我国已有不少幼儿园根据自身的实际情况，理论结合实践进行混龄班级课程建设的摸索。教师在课堂中挖掘生成课程，采用主题活动、区域活动、分科教学等灵活多样的形式进行实践探索。然而，什么样的课程适合混龄班级，怎样安排课程可以兼顾到不同年龄段幼儿的特点和能力差异，使不同年龄层次以及同一年龄段不同发展水平的幼儿的需要都得到满足，仍是混龄班级教师面临的重要问题。

（三）混龄班教师教育方法

国内部分学者对幼儿教师开展混龄教育活动的态度及指导状况做过调查，结果显示幼儿教师并未真正接受混龄教育理念。怎样从同龄编班中的班级主导者转变为混龄教育活动中幼儿发展的促进者，如何准确理解混龄教育的理念，如何科学把握混龄教育活动的目标、内容及过程，这些均对幼儿教师的专业素养提出了较高要求。

幼儿混龄编班后，对师资的要求也大大提高，比如教师的专业素养、创设混龄环境的能力、家长对混龄教育的期待等，这些都给教师增加了无形的压力，因此许多教师不愿意执教混龄班，导致能够胜任混龄班工作的教师群体很小。

国内对于混龄教育实践方面的研究比较少，相应的师资培训也几乎没有，使得教师在这方面的专业素养难以提升，许多教师并未真正接受混龄教育理念，更多的是在扮演消极的观察者角色，对幼儿的混龄活动缺乏必要的引导，混龄教育的优势并未真正展现出来，更加剧了社会对混龄教育的误解。

（四）混龄教育模式的评价体系

混龄教学是以满足不同能力孩子的不同发展目标为前提的，这就决定了我们不能用同一把标尺来衡量幼儿，必须以不同的标准来衡量和评价幼儿。

国内目前的评价体系是依据同龄模式的教育背景制定的，忽略了混龄教育模式下的某些特点。一些采用混龄教育方式的幼儿园在进行教育评价时，或直接采用国家颁布的评价标准，或自己制定评价标准，这两种评价方式是否具有科学性，还需进一步探究。

混龄教育模式符合幼儿教育改革中倡导的一些新理念，也与儿童成长的自然状态相一致，在独生子女占主导的当今社会里，对幼儿的发展也具有积极的作用。如何扬长避短地发挥混龄教育优势，如何加快教师专业成长的步伐，培养一支专业素质较高的教师队伍，让更多的幼儿受益于混龄教育，同时打造幼儿园教育教学特色，促进幼儿园走持续发展的道路，是广大幼教工作者需要思考的问题。

第二章

创设自由的混龄教育环境的实践经验

第二章 创设自由的混龄教育环境的实践经验 [①]

一、混龄教育环境的概念与特点

在我国，混龄教育主要以两种形式存在：混龄班和混龄活动。江苏省省级机关第一幼儿园从 2006 年起开始尝试以混龄班为载体开展混龄教育，积累了一定的理论和实践经验。因此，本书探讨的混龄教育，是以混龄班（一种区别于传统教育体制中的同龄班的班级形式，其主要特点在于班级中有按一定比例分布的不同年龄段的幼儿）为载体的混龄教育，本书中的混龄教育环境实际上是混龄班的班级环境。

混龄教育的核心特点是幼儿之间存在一定的年龄差距（至少在 12 个月以上）。这一核心特点首先决定了混龄教育环境中具备一种异龄的氛围。幼儿之间年龄上的差距，必然使得其身心发展水平、阶段、特点，以及已有经验、知识、能力、兴趣、个性等方面存在差异，且与同龄教育环境相比，这种差异更加明显。而幼儿间存在的巨大差异，要求教师要实施层次分明的教育。因此，幼儿个体间的差异性，以及所实施教育的层次性，共同决定了混龄教育环境具备异质性的特点，且这种异质性十分明显。

混龄教育环境中不仅存在着异龄幼儿（年龄跨度在 12 个月以上），还存在着一定数量和比例的同龄幼儿（年龄跨度在 12 个月以内）。也就是说，混龄教育环境中还具备一种同龄的氛围，而处于同一年龄段的幼儿，其发展水平、阶段、特点，以及已有经验、知识、能力等往往相近或相似，因而具备掌握相同学习内容的基础，因此，教师还要结合同龄幼儿群体的共性特点，开展有针对性的教育。幼儿群体内部的相似性，以及教师所实施教育的针对性，共同决定了混龄教育环境具备同质性的特点，且这种同质性是不可被忽视的。由此看来，混龄教育环境与同龄教育环境相比，兼备异质性和同质性两大

---

① 该文发表于《上海教育科研》2015 年第七期，此处内容略作改动。

特征，因而具备一定的特殊性。

二、创设自由的混龄教育环境的策略

正如前文所言，所谓的自由的幼儿园教育教学环境实际上就是内含有一定纪律的，免除了对于幼儿的不必要的限制的，允许其自我引导、自主选择、自我主宰的环境，而要创设自由的混龄教育环境，还必须以混龄教育环境本身的特点为依托，即以异质性和同质性两大特征为依托，将自由的理念与混龄教育的特点相融合。正是基于这样的一种理念，我园经过多年的实践，初步探索和总结出了一些关于创设自由的混龄教育环境的策略和方法。

（一）合理规划混龄班一日活动的时间安排

基于混龄班的班级特点，我们对幼儿在园一日活动的时间进行了规划（如表2.1所示）。规划主要考虑到以下几点：① 分合性——幼儿之间的年龄差异决定了一日活动安排应"有分有合"，使幼儿既有机会进行充分的异龄互动，又有时间进行有针对性的学习；② 复合性——幼儿之间的年龄差异决定了一日活动安排应"区别对待"，即在同一时间段内，为不同年龄段的幼儿设置不同数量、内容、目标层次的活动任务；③ 交替性——幼儿身心发展规律和学习特点决定了一日活动安排应"动静结合"，以帮助幼儿形成一种适宜而稳定的节律；④ 块面性——幼儿学习特点和学习需要决定了一日活动安排应"化零为整"，避免过度分割导致幼儿学习活动"浅尝辄止"或经验断裂，保证幼儿有充足时间进行有质量、有深度的学习，在一段较为充裕的时间中自主选择、自主管理、自主学习。这同样也有利于幼儿之间充分的异龄互动。此外，我们还关注一日活动安排的弹性与流动性，即根据幼儿学习状况或经验延伸的需要，教师可以在执行常规作息安排的基础上，对活动环节的顺序或活动时间进行偶然性的调整。这样，原先规划的时间安排不再是僵化固定的时间节点，而是顺应幼儿学习与发展需要的真实的"生活过程"。

表 2.1 3~6岁混龄班作息时间安排

时间	内容	形式	时间	内容	形式
8：30—10：10	入园、早点、照顾环境、自主性区域活动、小组化教学、晨间谈话①	小、中、大班混龄	11：40—12：00	散步、睡前准备	小、中、大班混龄
9：40—10：10	小班段户外锻炼	分龄	12：00—14：30	午睡	小、中、大班混龄
10：10—10：20	早操	小、中、大班混龄	14：30—14：50	起床	小、中、大班混龄
10：20—10：50	每周有两天进行角色游戏	小、中、大班混龄	14：50—15：10	午点	小、中、大班混龄
	其余三天中、大班段户外锻炼	中、大班混龄	15：10—16：00	集体教学活动、户外活动	分龄 / 混龄
	其余三天小班段自主性区域活动、阅读时间	分龄	16：00—16：20	离园活动	小、中、大班混龄
10：50—11：40	餐前准备、午餐	小、中、大班混龄			

（二）增进异龄幼儿之间的互动

混龄教育的核心特点是其教育对象即幼儿之间存在年龄差距。年龄差距看似是教师教育教学中的"困扰"，实则是无法替代的、宝贵的课程资源和环境资源——异龄互动能够给参与互动的不同年龄段的幼儿带来巨大的发展机遇。那么，在一日活动的哪一环节中幼儿间的异龄互动最为频繁呢？为了弄清这个问题，我们自主设计了"3~6岁混龄班一日活动异龄互动情况观察表"（如表2.2所示），并利用这张表进行了一整学年的观察。通过观察、记录、汇总和分析数据，我们发现，幼儿异龄互动行为大多发生在自由活动、生活活动、过渡环节中，教学活动中出现的次数相对较少，这与已有相关研究②得出的结论是基本一致的。鉴于此，我们在实际工作中应尽最大可能保证，并尝试为幼儿提供

---

① 在我们的混龄教育环境中，入园、早点、照顾环境、自主性区域活动都是由幼儿自主完成的。先来的幼儿先自主开展，后来的幼儿后自主开展，没有明确统一的时间要求。另外，自主性区域活动与小组化教学是同时进行的，没有参与小组化教学的幼儿可同时进行自主性区域活动。
② 陈卫平. 蒙台梭利实验班中的幼儿异龄互动行为研究 [D]. 长春：东北师范大学，2006：19.

更多教师低控的、幼儿可自主进行的活动及交往的时间和机会，减少对幼儿的不必要的规则、限制和束缚，帮助幼儿营造宽松、接纳、支持的心理氛围，鼓励幼儿与不同年龄段的同伴进行交往，并指导幼儿学习与不同年龄段同伴交往的策略和方法。同时，我们还应在教学等其他活动中，科学且适宜地为幼儿提供"真实"的异龄互动机会，以充分发掘异龄互动所具有的独特价值。

表2.2　3～6岁混龄班一日活动异龄互动情况观察表

活动环节	□入园　　□早点　　□照顾环境　　□自主性区域活动　　□小组化教学 □户外锻炼　□午餐　　□散步　　□睡前准备　　□起床　　□午点 □集体教学活动　□离园游戏　□角色游戏　□建构室活动　□其他			
互动时间			记录人	
发起者	姓名：　　　　□3～4岁 　　□4～5岁　□5～6岁		互动另一方	姓名：　　　　□3～4岁 　　□4～5岁　□5～6岁
互动主题				
实况详录				
互动结果				

（三）运用多元化的教学模式

在日常工作中，我们运用了多元化的教学模式，主要包括个别化教学（分龄）、小组化教学（分龄/混龄）和集体教学（分龄/混龄），以适应和满足幼儿的多元化学习方式。混龄教育环境中多元化教学模式的灵活运用为幼儿带来的发展机遇，从某种意义上来说，是在同龄教育环境中所无法实现的。

个别化教学的形式是教师与幼儿"一对一"。我们的混龄班级中配备了"三教一保"，每班有30～35人，所以，教师有更多的时间和精力，对不同年龄段有特殊学习需要的幼儿进行有针对性的指导和帮助，形成个别化教学方案。小组化教学应用于操作性较强的活动，例如手工、科学小实验、数学操作活动、生活活动等。在开展小组化教学活动时，我们更加注重幼儿的实际发展水平，并依此进行分组，而不是仅仅依据年龄。我们为不同的学习小组制定围绕同一学习内容的不同层次的学习目标，提供多层次的活动材料，同时，在幼儿活动过程中，教师会在观察的基础上及时进行有针对性的反馈，这样就可以使处于不同发展水平的幼儿，特别是处于发展"两极"的幼儿，都能够获得适宜而充分的发展。在运用小组化教学的过程中，我们还积极探索"大带小"形式。这种形式的小组化学习能够有效增进异龄幼儿之间的"真实"互动，实现"最近发展区"的相互"激活"和已有经验的相互分享。在集体教学活动方面，我们既关注分龄集体教学活动，也关注混龄集体教学活动①，这使得幼儿既能够进行符合其发展水平和学习需要的有针对性的学习，又能够围绕共同感兴趣的主题进行集中探索，从而在更大范围内实现更加多元的经验分享与交流。在设计混龄集体教学活动时，我们尝试以层次目标替代年龄目标，并通过调节活动中问题的深浅、要求的高低、材料的难易等方式来实现层次目标。这是一种教育理念的改变，意味着我们要更加关注群体发展与个体发展的融合。这样的做法也更加有利于混龄集体教学活动，以促进不同年龄和同一年龄、不同发展水平幼儿更好地发展。

（四）提供层次丰富的操作材料

如何能够满足不同年龄段幼儿的需要呢？通过探索与实践，我们将区域活动的相关理论与实践渗透在晨间活动中，开展了自主性区域活动。在自主性区域活动中，我们提供了层次丰富的操作材料来最大限度地支持和满足幼儿通过直接感知、实际操作和亲身体验获取经验的需要，以及自由选择、自主探索的需要。由于不同年龄段的幼儿的身心发展水平、已有经验等存在较大差异，因此，自主性区域活动中教师提供的操作材料不仅要丰富，能够跟随幼儿兴趣、需要的转变和主题活动的变化与开展而不断充实和更替，而且要具有一定的层次性，以满足不同年龄段幼儿的需要，使每一名幼儿都能够使用与其内在发展水平相契合的操作材料。我们提供层次丰富的材料与环境，允许并接纳发展水平较高的年幼的幼儿根据自己的需要选择层次更高的材料，以及发展水平较低的年长的幼儿根据自己的需要选择层次较低的材料来满足自己的需求，支持和引导他们从原有水平向更高水平发展。

---

① 混龄集体教学活动既可以是任意两个年龄段幼儿参与的"小混龄"，也可以是三个年龄段幼儿都参与的"大混龄"。

操作材料的层次性如何在自主性区域活动中体现呢？首先，我们根据不同年龄段幼儿的兴趣提供不同的自主性区域活动内容，例如年幼的幼儿比较喜欢生活区的活动，年长的幼儿比较喜欢探索性较强的活动。其次，我们提供不同难易程度的材料，从而使发展水平不同的幼儿都能根据自己的发展水平选择适宜的材料。最后，我们通过分解发展目标，设计相应的系列化材料，从材料投放的先后顺序或者材料从简单到复杂的摆放来体现层次性。同时，不同层次的操作材料之间还存在一定的内在联系，以使不同年龄段的幼儿在自主探索不同的操作材料时，可以通过观察同伴对层次较高材料的操作来获取相关经验。

（五）开发班本混龄主题活动方案

混龄教育环境中，不同年龄段的幼儿在一起学习、生活、游戏，这使得不同年龄段的幼儿可以通过相互观察、学习和模仿获得发展。如何利用不同年龄段幼儿的已有发展水平和经验，实现全体幼儿经验的互动、分享与提升？如何追随不同年龄段幼儿的兴趣和需要，使全体幼儿围绕一个共同话题进行交流、探索与发现？通过探索与实践，我们开发与设计了一系列的班本混龄主题活动方案。为何是"班本"？每一名幼儿的原有经验、发展水平、兴趣和需要不同，教师的教学智慧、知识观和儿童观等都不同，而这些都是影响混龄主题活动方案开发与设计的重要因素，所以，我们在实际操作中强调"班本"，强调教师在对本班幼儿的已有经验、发展水平、兴趣和需要等实践充分了解的基础上，结合自身的经验、教学智慧、知识观和儿童观，开发与设计适合本班幼儿的主题活动方案。

在开发班本混龄主题活动方案时，我们总结出了班级设计—实施、反思与讨论—年级组共享—调整与修订的方法。每学期，每个混龄班级带班老师要通过观察，分析本班幼儿的兴趣和需要，设计适宜的混龄主题活动方案，制订能够促进全体幼儿发展的共性目标和考虑到不同年龄段幼儿发展水平、兴趣和需要的分层目标。我们还追随幼儿的学习经验、兴趣和需要，灵活地采用混龄或同龄集体教学、混龄或同龄小组化教学和个别化教学等多元化教学模式，最大限度地发挥每一种教学模式的优势，满足不同年龄段幼儿的个别化需求。在实施混龄主题活动方案时，我们边实施，边反思，边讨论，并将所有的活动方案汇集成文。每学期末，我们将所有班级的混龄主题活动方案汇集在一起，存入资源库，供本年级组教师共享。在利用已有的混龄主题活动方案时，由于各班级幼儿已有经验、兴趣和爱好等不同，我们还不断地对混龄主题活动方案进行调整与修订，逐渐形成了一个混龄教育主题活动背景下不同实施方法与多种活动路径的方案集，为更好地开发班本混龄主题活动方案积累了宝贵的资源。

在积极营造自由的混龄班班级环境的同时，我们还尝试打破班级的界限，在全园范围内开展混龄活动，例如每年"六一"儿童节举办游戏节，每年六月份举行升班典礼，等等，目的就在于更大范围地为幼儿创设自主交往、自主表达的机会，增进异龄幼儿之间的互动，促进不同经验的分享。为了更好地促进混龄班教师的专业成长，我们还支持混龄班教师申报个人课题，鼓励教师开展基于本班的实践研究，以教师的专业成长带动混龄班教育教学质量的不断提升。

第三章
幼儿园创设自由的混龄教育环境的具体实践

第三章　幼儿园创设自由的混龄教育环境的具体实践

正如前文所言，我园既注重在班级层面上为幼儿营造自由的混龄教育环境，也关注在整个幼儿园层面上为幼儿创设自由的混龄教育环境。班级"微"环境与幼儿园"大"环境的相辅相成，能够给予幼儿更多与异龄同伴进行交往互动的机会，有利于幼儿获得更加自由、自主、自发、自律的空间。我园在幼儿园层面上为幼儿创设自由的混龄教育环境的具体实践主要体现在每年"六一"儿童节举办的"大带小"游戏节和每年毕业季举行的混龄班小、中班幼儿的升班仪式。

第一节　"大带小"游戏节

一、"大带小"游戏节的意义

每年的"六一"儿童节，我园都会在全园范围内开展"大带小"游戏节的活动。"大带小"游戏节不仅打破了混龄班的班级界限，还促进了传统同龄班级之间的异龄互动。在"大带小"游戏节开展的过程中，整个幼儿园就像是一个大型游乐场，没有班级[1]之间的界限，没有年龄之间的界限，大孩子带着小孩子选择想要玩的游戏，走进想要走进的班级，尽情享受游戏所带来的快乐。"大带小"游戏节的开展，为不同年龄段幼儿之间的自主交往、大胆交流、自发活动提供了重要的契机。

在大孩子带着小孩子开展游戏活动的过程中，幼儿们逐渐学会了互相谦让、爱护、

---

[1] 我园目前除了有 6 个混龄班级外，还有 19 个传统的同龄班级。

尊重，并学会用适当的方式表达自己的想法，而当交往能力强、友善的年长幼儿去主动邀请那些不敢交往的年幼同伴一起做游戏时，年幼同伴就更易习得交往的技能，体会到交往的快乐。正如研究者所指出的：年长儿童更愿意"在异龄同伴交往中，为年幼儿童提供帮助和照顾，这一清晰的感觉促使了年长儿童自尊与自信的增长。年幼儿童在得到帮助的同时，年长儿童也为其提供了一个良好的学习榜样，当他们再和比自己小的伙伴一起玩耍时，也会表现出这些助人行为"。[①] 可见，幼儿在异龄交往的过程中，会自然而然地获得社会性交往能力的锻炼和提升。

二、"大带小"游戏节的组织

在组织"大带小"游戏节的过程中，我们积累了以下经验。

1. 开展问卷调查

对幼儿进行"喜爱的游戏项目"的问卷调查，根据调查结果我们发现：

- 三个年龄段幼儿大多选择大型器械、沙池和玩水等户外游戏，占了总人次的67%。
- 选择建构游戏的幼儿人数随着年龄增长而增加。
- 选择扮演游戏的以中小班幼儿为主，大班幼儿选择较少。
- 幼儿喜爱的游戏都是开放性的，材料以低结构化为主要特点。
- 兼具室内外游戏、动静游戏、大小肌肉的游戏项目。

2. 游戏内容

根据幼儿对"喜爱的游戏项目"的问卷调查，每个班级设计一个游戏项目，园部进行统筹。每年的游戏节都有特定的主题，例如"过端午""夏天来了""快乐游戏"等。

3. 场地安排和游戏规则

活动的场地根据游戏项目的需要设置在室内或室外。每个班级根据游戏内容设计游

---

① 张更立. 幼儿异龄同伴交往研究 [D]. 重庆：西南师范大学，2004：7.

戏海报，以图文形式描述游戏的项目、玩法和规则，并张贴在游戏场所内。

4. 安全监护

全园后勤员工在幼儿园幼儿可能到达的位置进行安全监护，提醒幼儿不乱跑乱跳，大孩子要牵好小孩子的手，并保管好手中的游戏材料等。

5. 游戏的准备

- 熟悉游戏项目的位置：在游戏节开展之前，教师带领幼儿到幼儿园各班级和场地进行实地走访，了解每个楼层班级的位置。

- 熟悉游戏项目和游戏玩法：教师提前带领幼儿观看游戏海报，了解海报上的符号、图画、文字的意思，帮助幼儿理解游戏的玩法和规则。

- 学会看游戏地图：为了便于孩子们能充分了解所有游戏项目和相应的游戏地点，教师根据我园教学楼的方位、游戏项目和地点，绘制形象生动的"游戏地图"，大孩子带着弟弟妹妹拿着地图，寻找自己想要玩的游戏。

- 学习交往的基本方法和技巧：在日常的活动中渗透基本的交往方法，教师应鼓励幼儿大胆地表达自己，并针对不同年龄段幼儿的不同交往需要，进行有针对性的引导。

- 小小解说员：如何让小客人了解各种游戏的玩法呢？除了教师在教室门口张贴游戏海报外，班级还通过自荐和"竞争上岗"等方式产生 2～4 名小小解说员，凭证"上岗"，向小客人介绍游戏的玩法，招呼小客人参加游戏，并协助老师维持游戏秩序。

6. 幼儿结对

园部在游戏前安排好各班级结对的对象，教师对幼儿进行安全提示。游戏开始后，大班幼儿到小班和中班邀请弟弟妹妹。教师还要提醒大班幼儿在游戏结束后把弟弟妹妹送回到各自所在的班级。

下面，我们就以主题为线索具体介绍"大带小"游戏节的部分内容。

三、"大带小"游戏节的主题

主题1 "夏天到了"

1. 印画折扇

材料准备：范例若干、手柄海绵印章、圆形海绵印章、水彩笔、油画棒。

游戏玩法：大孩子可以用水彩笔、油画棒画折扇，小孩子用各种印章在折扇上印图案。

2. 吸管水杯

材料准备：范例若干、吸管水杯、水彩笔、油画棒。

游戏玩法：将纸杯夹层的画纸抽出，幼儿填色后，重新放入杯子夹层。

3. 运西瓜

材料准备：（每组）篮球1个、棍子2根、衣物筐1个。

游戏玩法：大孩子和小孩子合作拿着棍子，西瓜球放在棍子上，将西瓜球从指定位置运到终点，放入衣物筐内。

4. 兜水果

材料准备：（每组）围裙1件、玩具水果5个，场地上画两条线，线与线之间间隔2～3米。

游戏玩法：大孩子系上围裙，小孩子站在线后向大孩子的围裙里扔水果，大孩子双手拉起裙角站在另一条线后接水果。

5. 水枪比赛

材料准备：水枪、纸杯。

游戏玩法：将几个一次性纸杯叠放在一起，大孩子和小孩子轮流用水枪射击纸杯，看看谁击倒的纸杯更多。

6. 画影子

材料准备：厚而不透水的纸、蜡笔或彩笔、绘画颜料。

游戏玩法：小孩子先平躺在纸上，摆出各种有趣的姿势，大孩子描出轮廓，再和小孩子一起在轮廓内涂上颜色，然后大孩子和小孩子交换角色玩游戏。

7. 水盆捡玻璃球

　　材料准备：水盆、玻璃球。

　　游戏玩法：大孩子和小孩子一起站在水盆里，用脚趾夹玻璃球，谁夹上来的多，谁就获胜。

主题 2 "快乐游戏"

1. 毛毛虫

　　材料准备：小呼拉圈 1 个。

　　游戏玩法：大孩子和小孩子两人一组，圈套在大孩子身上，小孩子站在大孩子前面。大孩子把套圈从自己身上取下，套在小孩子身上并走到其身前，小孩子再把套圈从自己身上取下，套在大孩子身上，不断重复，比一比哪组更快跑完规定路线。为了增加难度，教师可在路线上设置"独木桥""山洞"等障碍物。

2. 大西瓜、小西瓜

　　游戏玩法：大孩子和小孩子面对面站立。大孩子说"大西瓜"，小孩子做"小西瓜"的手势。小孩子说"小西瓜"，大孩子做"大西瓜"的手势。如果做错了，就被对方"刮"一下鼻子。也可选一些词语，如"高"与"矮"、"胖"与"瘦"等来进行游戏。

3. 企鹅运蛋

　　材料准备：（每组）小皮球 1 个。

　　游戏玩法：大孩子站在起点，小孩子站在中点，大孩子用大腿内侧夹住小皮球学企鹅走路的样子走到中点，将小皮球交到小孩子手中，小孩子也用大腿内侧夹住小皮球走到终点，先到达终点的一组获胜。

4. 搬搬乐

　　材料准备：箩筐 1 个、每组报纸 1 张、海洋球 5 个。

游戏玩法：大孩子和小孩子两人把一张报纸平铺在地面上，在报纸上面放5个海洋球，两人协作，共同用报纸运海洋球至箩筐里。

5. 我是小小领路人

材料准备：装满水的饮料瓶多个，眼罩1个。

游戏玩法：教师在场地上排列多个装满水的饮料瓶，大孩子带上眼罩，小孩子牵着大孩子的手，引导大孩子绕过饮料瓶障碍物，从起点走到终点。

主题3 "过端午"

1. 端午节香囊

材料准备：做好的香囊若干、布袋、药草（艾叶、藿香等）。

游戏玩法：幼儿将药草艾叶、藿香等装入布袋，并将布袋口的线绳抽紧，悬挂在身上。

游戏背景：端午节佩戴香囊是中华民族的传统习俗。香囊又名香包、荷包、香袋、香荷包。端午节香囊究竟有何寓意，为什么要在端午节佩戴香囊呢？据说很久以前，爱国诗人屈原投入汨罗江，为了使鱼不损伤其遗体，人们往江里投放用艾叶包裹的饭团，后来演变为人们用五色彩线缠、绣各种各样的香囊。端午节时，小孩佩戴香囊，不但有辟邪驱瘟之意，而且可作为襟头点缀。香囊所用的中草药，能散发出天然的香气，可开窍醒神、预防感冒，且对防蚊驱虫有一定作用。

2. 折纸粽

材料准备：细胶带纸、彩色卡纸。

游戏玩法：（1）幼儿按照卡纸上的折痕，折出粽子的形状。（2）然后把吊坠穿过中心的小孔，并打结。（3）最后在接口处贴上双面胶，进行封口。大孩子帮助小孩子完成折粽子、贴双面胶等难度较大的步骤。

游戏背景：农历五月初五是端午节，我国有吃粽子的习俗，传说是为了纪念战国时期楚国人屈原的。屈原是伟大的爱国诗人，他受奸人谗言所害被罢了官，流放至边远地区。楚国快要灭亡时，农历五月五日这天，屈原投汨罗江自杀。屈原投江后，人们为了纪念这位爱国诗人，每逢端午节那天，便把食物投到江里祭祀屈原。一天晚上，有一位老人在梦里梦到屈原，就问他："我们给您投去那么多的食物，您吃到没有？"屈原说："你们送给我的饭，都让那些鱼虾鳖蟹吃了。"老人问："怎样才不会被它们吃掉呢？"屈原说："你们用竹叶把饭包起来，做成菱角形的尖角粽子，它们以为是菱角，就不敢抢着吃了。"第二年的端午节，人们就照着屈原说的话，向汨罗江里投下尖角粽子。可是，过了端午节后，屈原又给老人托了个梦，说："谢谢你们给我送来了那么多粽子，我吃到了。但大多数仍是被鱼虾鳖蟹吃了。"老人问屈原："还有什么办法呢？"屈原说："送粽子的船要打扮成龙的样子，因为鱼虾鳖蟹属龙管辖，它们不敢吃龙王的东西。"从那以后，每年端午节那天，人们划着龙舟到汨罗江送粽子。这就是端午节吃粽子、划龙舟的来历。

3. 艾叶花环

材料准备：艾叶、艾叶条若干。

游戏玩法：教室门口悬挂艾叶、艾叶条，将另一些艾叶条绕成环状，编好后可戴在头上，大孩子可协助小孩子将艾叶团成圈。

游戏背景：民谚说，"清明插柳，端午插艾"。将艾叶、菖蒲、桃叶等药草捆绑成一束悬挂或插在家中大门上是端午节较普遍的一种习俗。传说，把艾草、菖蒲等挂在门前，可以消疾病、驱鬼邪、避晦气，给以后的日子带来平安和好运。艾草，是一种多年生宿根草本植物，常生长在潮湿的沟边、溪边，全株可以入药。菖蒲，则是一种水生草本植物，叶扁平似剑，上尖下宽。根茎可作香料，亦可供药用。艾草和菖蒲具有一定防病治病作用。

4. 长命缕

材料准备：纸绳、小珠子。

游戏玩法：两人一组，小孩子捏住两根纸绳的一头，大孩子顺着一个方向转动，拧成一股绳后，穿过小珠子，再将绳子系在手腕上。

游戏背景：古代以农历五月为恶月，因为天气炎热，疾病易于流行。汉朝以来，就有了端午节用彩色丝线系于臂，可保平安健康，又能避刀兵之灾的说法。农历五月初五，母亲用红、黄、蓝、白、黑五色丝线或绒线，拴在儿童手臂、手腕（男左女右）等处，或悬挂于儿童胸前、蚊帐、摇篮。据说，五色丝线象征五色龙，可以免除瘟病，使人健康长寿。这个习俗留传至今。

5. 彩蛋

材料准备：咸鸭蛋（或者椭圆形保丽龙球）、鸭蛋网、海绵印章、水彩笔、油画棒。

游戏玩法：大孩子可以用水彩笔、油画棒在咸鸭蛋上绘画，小孩子用各种印章在咸鸭蛋上印图案，装饰好后可以悬挂在脖子上。

游戏背景：端午节除了纪念屈原，还要避"五毒"，传说，"五毒"到了端午就会危害人间。这"五毒"就是蛇、蜈蚣、蜘蛛、壁虎和蝎子，民间用五种红色的菜象征这"五毒"的血，吃这些菜，也就是吃"五红"，可以把"五毒"吓跑。这"五红"分别是烤鸭、苋菜、咸鸭蛋、龙虾和雄黄酒，据说端午节吃了这"五红"，整个夏天就可以驱邪避暑了。与"五红"类似，江南民间端午节还有吃"五黄"的习俗。"五黄"指黄鳝、黄鱼、黄瓜、咸鸭蛋及雄黄酒。不管是"五红"还是"五黄"，都包括咸鸭蛋在内，所以有端午节吃咸鸭蛋驱邪祛暑的习俗。

6. 夹粽子

材料准备：（每组）筷子1双、沙袋1个。

游戏玩法：小孩子在起点拿着沙袋跑到中场交给大孩子，大孩子用双手分别拿一双筷子，夹住沙袋，从中场跑到终点，如果沙袋掉在地上要重新用筷子夹起沙袋向终点跑，谁先跑到终点谁就取得胜利。

7. 划龙舟

材料准备：装饰成龙舟状的纸箱，无底，船帮两头系上绸带，障碍物若干。

游戏玩法：大孩子和小孩子站在"龙舟"里面，将绸带放在肩上，齐心协力绕过障碍物，"划"到河对岸，先到达的一组获胜。

第二节　升班仪式

升班仪式是我园混龄班级的一项特色活动，已连续多年在毕业季开展。在升班仪式上，混龄班小班和中班的幼儿可以走上舞台大胆地展现自己，接受大班哥哥姐姐颁发给他们的升班荣誉证书，聆听老师们对他们的殷切期望。升班仪式对于不同年龄段的幼儿而言都是一个非常重要的异龄互动机会：无论是在大胆展现自己的过程中，还是在颁发或接受荣誉证书的过程中，幼儿实际上都在与其他不同年龄段的幼儿进行互动，而这样的异龄互动不仅满足了幼儿在更大范围内与同伴进行交往（班级内部同伴交往，班级与班级之间同伴交往）的愿望，还满足了他们对于"成长"的渴望，因而对于幼儿的发展具有重要的价值和意义。以下是我们提供的一个与我园绘本阅读节相结合的升班仪式方案，供读者参考。

2014 年国际部小、中班升班仪式方案

活动时间：2014 年 6 月 19 日上午 9：00—11：00

活动地点：幼儿园三楼礼堂

参加人员：混龄班级的幼儿、教师、家长代表、分管园长

活动准备：

1. 礼堂按班级安排好相应的座位。

2. 舞台上方挂好升班仪式的横幅。

3. 各班级需要使用的背景图片和音乐。

4. 事先书写好开班荣誉证书。

主要流程：

环节一：主持人宣布升班仪式开始。

环节二："园长妈妈"向小朋友们表示祝贺。

环节三：国际一班小朋友表演绘本剧《巴士到站了》。

环节四：国际二班小朋友表演舞蹈《武士与龙》。

环节五：中班升班仪式，大班哥哥姐姐为中班弟弟妹妹颁发升班荣誉证书；中班小朋友表达自己参加升班仪式的心情。

环节六：国际三班小朋友表演"Cosplay 时装秀"。

环节七：国际四班小朋友表演音乐律动《巴士到站了》。

环节八：小班升班仪式，大班哥哥姐姐为小班弟弟妹妹颁发升班荣誉证书；大班小朋友表达对弟弟妹妹的祝福。

环节九：国际五班小朋友表演音乐律动《大家一起喜羊羊》。

环节十：国际六班小朋友表演歌舞串烧。

环节十一：每班请一名教师给小、中班小朋友送上祝福和寄语；家长代表给小、中班小朋友送上祝福和寄语。

环节十二：大班小朋友为弟弟妹妹演唱歌曲《幸福拍手歌》。

环节十三：主持人宣布活动结束。

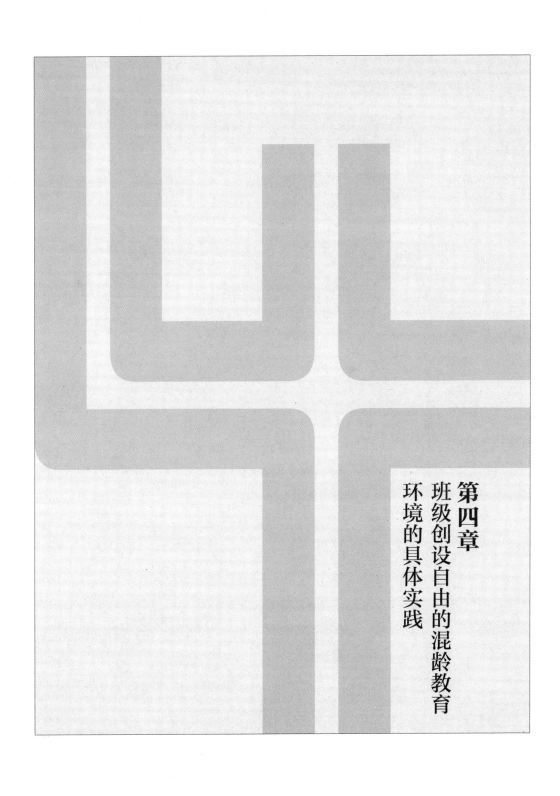

第四章

班级创设自由的混龄教育

环境的具体实践

第四章　班级创设自由的混龄教育环境的具体实践

第一节　班本混龄课程的生成与建构

我国混龄教育研究处于刚刚起步阶段，没有系统的教材，混龄课程的参考资料、教育教学案例等相关素材更是微乎其微，致使我园混龄班的教育教学活动没有可使用和借鉴的资料，混龄班教师在课程设置方面感到压力巨大。混龄课程的宗旨是让每个年龄段的孩子都能获得最好的发展。我园混龄班的幼儿年龄在3～6岁之间，每个年龄段幼儿的智力发展水平不同、生活经验各异，怎样使每个年龄段的孩子都能在现有水平上得到提高？教育目标如何制定？活动内容如何选择？如何兼顾差异合理地安排幼儿活动时间，才有助于实现这一课程的宗旨？针对这些问题，我们做了有益的思考和尝试。

一、课程的来源

混龄活动和幼儿的生活经验密不可分，能切入幼儿的经验结构，各个年龄段的幼儿都能够从活动中获取对生活的认知和感悟。混龄班教师既要分析每个年龄段幼儿的关注点、兴趣点，又要分析课程中哪些知识点是适合大孩子的，哪些知识点则是小孩子乐于接受的；什么活动既能促进大孩子能力的发展，又能锻炼小孩子的能力；同时还需要考虑主题是否具有可行性，内容是否具有可深入性，主题是否能够与季节、节庆配合等因素。

在本书中，教师们把3～6岁幼儿的生活、周围环境作为主题活动的来源和基础，设计了与动物、植物、交通、生命等相关的主题；在内容的选择上，教师们通过分析哪些是小、中、大班幼儿共同的兴趣，每个年龄段幼儿的兴趣是什么，将吃、穿、住、行等方面三个年龄段幼儿均感兴趣的元素融入活动，同时在设置领域活动时，根据不同年龄段幼儿的特点和兴趣，适当为中、大班的幼儿增加科学探索活动，为小班的幼儿增加生活类的活动，以此来满足不同年龄段幼儿对活动内容的多层次需求。

二、主题总目标和网络图

在主题活动的设计过程中，如何安排活动内容，如何发展课程的内容是需要重点考虑的问题。首先，教师要明确每个主题活动的核心经验，每个主题活动的核心经验偏向一定的领域，比如"茶韵"这一主题偏向社会领域，那么教师在制定主题总目标的时候，要将社会活动领域的目标放在首位。主题总目标应兼顾不同年龄段幼儿发展的目标，围绕总目标设计教学活动时，教师应制定层次目标。

在本书中，教师们使用网络图的方式来设计和规划课程，有助于教师关注到幼儿在课程开展过程中经验获取的连续性、完整性和多样性。主题网络图无限延伸的可能性也为课程的不断生成提供了空间。

教师们根据幼儿的已有经验和发展目标，设计了放射状和线性两种网络图。放射状的网络图依据要素分析法——一种较为常见的网络图绘制方法，教师们通过一层一层地拆解要素，将较为宽泛的课程主题转化为具体的活动设计，最终形成幼儿的活动经验。这样一来，落实实践的主题网络图才具有操作价值。而线性的网络图使用情境脉络设计和规划课程，核心在于通过设计一系列相互关联的情境来推动课程的进展，更加关注课程在时间维度上的前后相继，教师们会根据幼儿经验的可能走向预设若干个前后关联的情境，并将一个情境中幼儿最为核心的经验，或者说最为重要的活动，放置在情境波峰的"顶端"，而波峰"顶端"之前的准备和之后的延伸就为幼儿提供了丰富的学习机会。由此一来，经验与经验之间的相互勾连，情境与情境之间的前后相继，构成了一个较为完整的课程情境脉络。

两种网络图的区别在于：放射状的网络图中的线索可以根据幼儿的兴趣交叉进行，大多数活动是可以交叉开展的，比如主题活动"生机妙'蒜'"线索一中的"蒜头创意"活动，也可以在线索二、线索三的活动中开展。也有部分活动是需要有前期经验准备的，不适合跳跃式的开展，必须依据时间维度上的前后相继，比如线索二"种蒜头"中的"种蒜头的准备""买蒜头""种蒜头"等活动，如果没有前期经验的准备，幼儿很难完成活动目标。线状的网络图以按照时间的维度有序地开展活动为主，比如在"秋虫呢喃"主题中，大多数活动的设计都是根据幼儿经验的走向循序渐进地开展，也有少数活动可以交叉进行。

三、课程实施的路径

不同年龄段的幼儿对即将开展的活动内容有着不同的兴趣点与思维方式，混龄课程要想兼顾差异，就必须灵活采用多种组织形式，在混龄集体活动、小组活动、区域活动及日常活动中有效安排幼儿互动。当不同年龄段幼儿对某一内容都有兴趣，而又无需过多的直接操作时，教师可以考虑采取混龄集体活动形式，如讲述与谈话等语言活动、社会活动、欣赏活动、游戏活动等；当不同年龄段幼儿的兴趣迥然不同时，小组化活动的必要性就显现了出来，如对大孩子实施的幼小衔接教育、科学实验、数学活动等；当学习内容可以通过独立思考、个别操作方式完成时，教师就应提供给幼儿个人学习的条件和机会，如寻找知识性资料、锻炼生活和动作技能、美工等操作性较强的活动。每一种组织形式都有其自身的优点和局限性，只有互相配合才能促使不同年龄段的幼儿在现有水平上都获得提高与发展。

四、教学目标的确定

混龄教育环境下的同伴认知冲突，增加了达成预定教育目标的难度。不同年龄段的幼儿虽然身心发展水平有差异，但是有许多共性的发展目标，只是这些目标对于不同年龄段的幼儿，要求达到的水平不同而已。对混龄课程来说，在制定课程目标和具体活动目标时，教师既要设置不同年龄段幼儿发展的共性目标，又要依据幼儿的实际水平、经验和能力的不同，结合幼儿的"最近发展区"制定有层次梯度的目标。从"以教师计划为导向""以教师为中心"和"注重结果"转向"以生成为导向""以幼儿为中心"和"注重过程"，努力满足混龄教学转向关注儿童的需要、关注教育过程的价值取向。混龄班教师应明确整体性教育目标，既要考虑对所有孩子都有帮助的共性目标，又要参考各个年龄段的目标，分析各个年龄段孩子可能的兴趣点、认知区域、经验范畴和思维特点，综合考虑目标的层次性，并对异龄互动目标进行巧妙融合。

五、材料的投放

材料投放得是否得当，对幼儿的发展起着重要作用。教师应提供有层次的操作材料，让幼儿有自由选择的余地和提升经验的空间，教师在提供材料时要有计划、有目的，要考虑幼儿的年龄层次和能力差异，投放的材料既要符合幼儿原有水平，又要能起到提升幼儿经验、促进幼儿发展的作用，让幼儿根据自己的发展水平、兴趣需要选择活动内容，在宽松、自主的环境中开展活动。

六、教学组织策略

在混龄课程中，教师不再主导课堂，不再是忙于带领幼儿进行集体活动的主导者，而是幼儿活动的观察者、支持者和引导者。观察是理解幼儿心理与行为的关键，通过观察活动中的幼儿，教师可以得到活动中幼儿的很多宝贵信息，如幼儿的兴趣、幼儿与同伴的关系、幼儿的社会性发展和认知发展等。只有这样，教师才可以给幼儿提供适时适量的引导、帮助和支持。据美国的一项研究显示，当混龄班教师平时更多地使用同伴辅导等教育策略时，幼儿会在与小龄幼儿互动的方面表现出更高的自觉性。因此，当幼儿来寻求教师的指导和帮助的时候，教师可以请有能力的大龄幼儿来帮助或辅导小龄幼儿。在这样长期的互动中，大、小幼儿都能逐渐形成分享、轮流、助人等良好的社会行为，而且幼儿的自信心、责任心、领导能力都可以获得很大的发展，尤其是小龄幼儿的动作、语言、认知、社会性发展等方面的能力会远远优于同龄班幼儿。

七、对幼儿的评价方式

在混龄班，教师是不能以共性目标达成与否去进行评价的，因为在混龄教学中，教育的目标是多层次和多元化的。教师应该更多地关注幼儿活动的过程，如幼儿学习或者游戏的兴趣、方式、发展水平，幼儿与同龄同伴和异龄同伴之间的相互关系，等等。只有这样，教师才能切实地掌握混龄班每个幼儿的发展情况，并给予适宜的支持、引导和帮助。

混龄课程的尝试在我园已经逐渐展开，对于过程中发现的许多不成熟、不完善的地方，我们将进行更加深入、更深层次的探索和实践，以实现课程目标、内容、方法和经验的整合。本书选取了一些相对较为成熟的班本混龄课程方案呈现给读者。这些方案看似指向具体的课程和教学，但其实每一个方案都包含了合理安排一日活动、注重幼儿异龄交往、运用多元化的教学模式、提供层次丰富的操作材料等要素。因此，这些班本混龄课程方案实际上综合反映出了我们着力为幼儿打造的自由、自主、自发、自律的混龄教育环境。

第二节　班本混龄课程方案

班本混龄课程方案一：巴士到站了

主题来源：

公交车是我们日常生活中一种十分常见的交通工具，幼儿对公交车既有丰富的经验又充满了好奇。根据幼儿的已有经验和学习兴趣，我们选择了绘本《巴士到站了》来开展主题活动。在借助绘本内容帮助幼儿拓展有关公交车的经验的基础上，我们又将幼儿的学习兴趣拓展到了日常生活中常见的马路、社区，以及其他多种交通工具上，通过阅读、绘画、制作、建构、游戏、歌唱、韵律等活动帮助幼儿进一步拓展和丰富相关的经验。

开展时间：

建议三周。

主题目标：

1. 了解公交车以及其他多种交通工具的外观、功能、特点等，感受交通工具给我们日常生活带来的便利。

2. 初步了解什么是交通规则，并在日常生活中遵守这些交通规则，养成文明的交通出行习惯。

3. 通过实地调查、参观访问等方式，了解我们周围的马路和社区。

4. 愿意参加活动，能够积极、大胆、富有创意地进行表达和表现。

主题活动网络图：

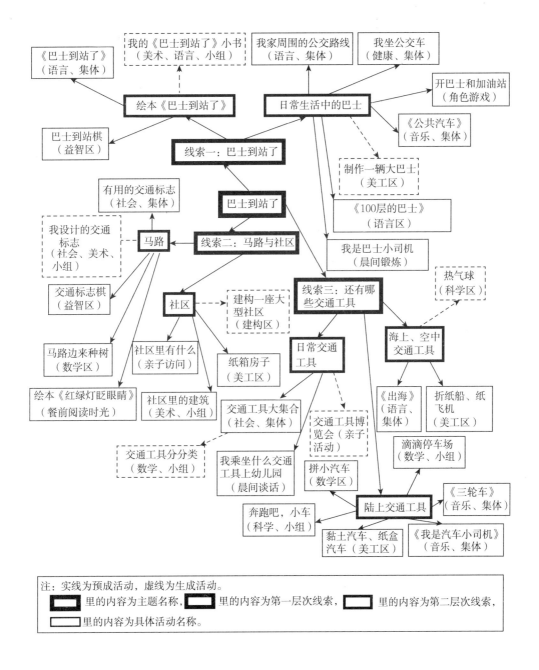

注：实线为预成活动，虚线为生成活动。

■ 里的内容为主题名称，▨ 里的内容为第一层次线索，▢ 里的内容为第二层次线索，□ 里的内容为具体活动名称。

主题活动实施路径：

集体活动	小组化活动	区域活动	日常活动
线索一：巴士到站了			
1. 语言：《巴士到站了》（3～6岁） 2. 语言：我家周围的公交线路（4～6岁） 3. 健康：我坐公交车（3～6岁） 4. 音乐：《公共汽车》（3～6岁）	1. 语言、美术：我的《巴士到站了》小书（4～6岁）	1. 益智区：巴士到站棋（4～6岁） 2. 美工区：制作一辆大巴士（3～6岁） 3. 语言区：《100层的巴士》（3～6岁）	1. 晨间锻炼：我是巴士小司机 2. 角色游戏：开巴士和加油站
线索二：马路与社区			
1. 社会：有用的交通标志（4～6岁）	1. 社会、美术：我设计的交通标志（4～6岁） 2. 美术：社区里的建筑（3～6岁）	1. 益智区：交通标志棋（4～6岁） 2. 美工区：纸箱房子（3～6岁） 3. 建构区：建构一座大型社区（3～6岁） 4. 数学区：马路边来种树（3～5岁）	1. 餐前阅读时光：绘本《红绿灯眨眼睛》
线索三：还有哪些交通工具			
1. 社会：交通工具大集合（4～6岁） 2. 音乐：《我是汽车小司机》（3～5岁） 3. 语言：《出海》（3～5岁） 4. 音乐：《三轮车》（3～6岁）	1. 数学：交通工具分类（4～6岁） 2. 数学：滴滴停车场（3～5岁） 3. 科学：奔跑吧，小车（4～6岁）	1. 数学区：拼小汽车（4～5岁） 2. 美工区：纸盒汽车（5～6岁） 3. 美工区：黏土汽车（4～6岁） 4. 美工区：折纸船（4～6岁） 5. 美工区：折纸飞机（4～6岁） 6. 科学区：热气球（5～6岁）	1. 晨间谈话：我乘什么交通工具上幼儿园
家园共育	1. 调查：家长带领幼儿乘坐公交车，帮助幼儿了解自己家周围的公交线路，完成《我家周围的公交线路》调查表。 2. 访问：家长与幼儿一起调查自己家周围的社区，了解社区中有什么。 3. 亲子活动：家长与幼儿共同准备几种交通工具模型，让幼儿带到园中进行展览，并向同伴介绍。		

主题教育环境：

1. 主题墙

设计一个多条马路交汇的十字路口，十字路口周围包含：

（1）师幼共同收集的各种各样的汽车图片。

（2）幼儿收集和制作的各种各样的交通标志。（见图 4-1）

（3）幼儿制作的黏土汽车、纸盒汽车等。

（4）幼儿拼贴的各种造型的建筑物。（见图 4-2）

（5）幼儿制作的红绿灯。

图 4-1

2. 主题展示台

（1）幼儿使用各种形状的纸盒、吸管、瓶盖、油泥等拼装制作的纸盒汽车。（见图 4-3）

（2）幼儿收集的各种交通工具的模型。

图 4-2

3. 班级悬挂

（1）幼儿制作的《巴士到站了》小书。（见图 4-4）

（2）幼儿用塑料袋、胶带、橡皮泥、等制作的热气球。（见图 4-5）

图 4-3

图 4-4

图 4-5

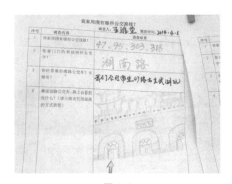

图 4-6

图 4-7

4. 幼儿作品展示区

（1）幼儿完成的《我家周围的公交线路》调查表。（见图 4-6）

（2）幼儿制作的黏土汽车。（见图 4-7）

线索一：巴士到站了

语言：《巴士到站了》（早期阅读）（3～6岁）

活动目标

　　共性目标：能够理解绘本的内容，愿意表达自己的想法。

　　层次目标一：

　　1. 阅读绘本《巴士到站了》，了解绘本中的大致内容。

　　2. 积极主动地参与到活动中来，在活动中有愉悦的体验。

　　层次目标二：

　　1. 仔细观察画面，根据画面的细节理解绘本《巴士到站了》的内容和一些较为复杂的词汇意思，例如"精神抖擞""急匆匆""成群结队"等。

　　2. 愿意将自己的相关经验大胆地表述出来，与同伴进行分享。

　　重点：细致观察绘本中的画面，感受《巴士到站了》绘本特有的结构，以及语言和图画的风格。

　　难点：理解绘本中的一些词汇，用自己的语言描述绘本中的内容，把握绘本的整体结构。

活动准备

　　经验准备：

　　1. 幼儿有阅读绘本的经验。

　　2. 幼儿均有乘坐巴士的经验，对于巴士的功能、特点等均较为了解。

　　物质准备：

　　1. 与绘本中巴士造型一致的巴士图片一张。

2.《巴士到站了》绘本一本。

3.《巴士到站了》绘本图片一套、电视。

活动过程

环节一：教师出示巴士图片，帮助幼儿回忆已有经验。

1. 教师出示巴士图片：这是什么？它有什么用途？你坐过吗？你坐着它去了哪里？你喜欢坐巴士吗？为什么？

2. 对小、中班幼儿和大班幼儿的发言提出不同的要求：小、中班幼儿能够调动自己的经验，说出自己与巴士相关的经历；大班幼儿用更加完整和连贯的语言表述自己乘坐巴士的相关经历。

环节二：教师出示绘本，与幼儿共同阅读。

1. 教师：我这里也有一本关于巴士的书，是一个叫作五味太郎的日本人写的，名字叫作《巴士到站了》，我们一起来看一看。

2. 教师出示绘本。

3. 教师：你在书的封面上看到了什么？你觉得这本书中都会讲一些什么事情呢？

4. 幼儿描述封面，并进行大胆猜测。

5. 教师：我已经把这本书中的内容拍成了照片，我们一起来看一看。看照片的时候，我来读文字，请你仔细观察画面。

6. 教师使用电视和幼儿共同阅读绘本。

环节三：教师与幼儿仔细观察绘本画面。

1. 教师：看完了这本书，请你回忆一下，哪一页让你印象深刻？那一页上都说了些什么？画了些什么？请你来和大家一起分享。

2. 幼儿讲述自己印象深刻的画面，教师根据幼儿的讲述找出并展示相应的画面，与幼儿一起仔细观察画面，帮助幼儿感受巴士到站时的情景，并解释一些幼儿较难理解的词汇。

环节四：教师与幼儿再次共同完整阅读绘本，进一步感受绘本语言和画面的特点。

1. 教师与幼儿再次共同阅读绘本。

2. 教师：今天我们看了这本书，请你回家想一想，巴士除了可以到这些地方，还可以到哪里？下次我们一起来画一画。

语言：我家周围的公交线路（4～6岁）

活动目标

共性目标：愿意表达，能够将自己调查到的信息清楚地表达出来。

层次目标一：

1. 回忆自己的实地调查经历，将自己了解到的公交线路信息陈述出来。

2. 愿意在集体面前大胆地讲述。

层次目标二：

1. 借助自己填写的调查表，将收集到的公交线路信息完整、连贯地讲述出来。

2. 能够认真倾听他人讲述，并做出评价。

重点：回忆自己的实地调查经历，将自己了解到的公交线路信息陈述出来。

难点：用较为完整、连贯的语言进行表述，能够对同伴的讲述进行评价。

活动准备

经验准备：

1. 幼儿在之前已经阅读过绘本《巴士到站了》，对于巴士的功能和用途有了一定的了解。

2. 在活动开展之前，教师为不同年龄段的幼儿准备调查表（见附表），幼儿利用周末的时间和家长根据调查表的内容开展实地调查并填写调查表，完成后将调查表带到幼儿园交给老师。

物质准备：

1. 教师将幼儿完成好的调查表张贴在黑板上。

2. 一个类似电视机的道具"小电视机"。

活动过程

环节一：教师出示调查表，帮助幼儿回忆实地调查的经验。

1. 教师出示调查表：这是什么？你完成了吗？你和爸爸妈妈、爷爷奶奶是怎么完成这张调查表的？

2. 幼儿回忆已有经验，教师请个别幼儿进行讲述。

3. 教师：通过这个调查，你知道了哪些信息？

4. 幼儿根据自己的调查结果进行发言。

环节二：教师出示"小电视机"，引发幼儿讲述自己调查结果的愿望。

1. 教师出示"小电视机"：最近，宝宝电视台正在制作一档好看的电视节目，这档节目要邀请小朋友们来介绍自己家门口的公交站台是哪一站，这一站有哪些公交车，分别可以去什么地方，途中会看到什么样的风景。这个节目是要播放给来我们南京旅游的外地小朋友看的，我们每一个小朋友就是一个小导游，要把自己家周围的公交车情况介绍给外地小朋友。这样，外地小朋友来南京旅游就不会迷路了。

2. 教师：请每个小朋友拿回自己的调查表，先向你周围的好朋友介绍，并做好准备。一会儿我们的节目就要正式开始了！

3. 幼儿根据调查表互相介绍自己调查的结果。教师巡回指导。

环节三：幼儿借助"小电视机"进行讲述。

1. 教师：我们的节目就要开始了！谁愿意先到电视机前做小导游？

2. 幼儿借助"小电视机"进行讲述。教师鼓励其他幼儿认真倾听，并指导大班幼儿对同伴的讲述进行点评。教师总结幼儿在讲述中出现的问题和值得借鉴的地方。

环节四：教师提议将"小电视机"放在语言区供更多的小朋友讲述自己的调查结果。

1. 教师：这么多小朋友都想当这档电视节目里的小导游，那我们就把这个"小电视机"放在班级的语言区，让小朋友们有更多的时间练习当小导游，介绍公交线路。

2. 教师将"小电视机"放在语言区，并做好活动提示。

附表:

我家周围有哪些公交线路? (小、中班)

调查人:　　　　　　　　　调查时间:

序号	调查内容	调查结果
1	你家周围有哪些公交线路?	
2	你家门口的那站叫什么名字?	
3	你经常乘坐哪路公交车? 去哪里?	
4	乘坐这路公交车,路上会看到些什么? (请小朋友们用画画的方式表现)	

我家周围有哪些公交线路? (大班)

调查人:　　　　　　　　　调查时间:

序号	调查内容	调查结果
1	你家周围有哪些公交线路?	
2	你家门口的那站叫什么名字?	
3	你经常乘坐哪路公交车? 去哪里?	
4	你经常乘坐的那路公交车的起点站是哪里? 终点站是哪里?	
5	你经常乘坐的那路公交车首班车和末班车的时间分别是什么时候?	
6	乘坐这路公交车,路上会看到些什么? (请小朋友们用画画的方式表现)	

健康:我坐公交车(3~6岁)

活动目标

共性目标:通过游戏活动掌握基本的安全知识,初步形成自我保护能力。

层次目标一:

1. 了解一些基本的安全乘坐公交车的方法。

2. 愿意参加活动，对集体活动感兴趣。

层次目标二：

1. 掌握安全乘坐公交车的方法，能够用较为完整的语言表述出来。

2. 在游戏情境中，将安全乘坐公交车的方法落实到行动上。

重点：借助观看情境表演、相互交流、集体讨论等方式，了解安全乘坐公交车的方法，并在游戏情境中，将安全乘坐公交车的方法落实到行动上。

难点：能够将在活动中掌握的安全乘坐公交车的方法运用到日常生活中，形成长期的行为规范。

活动准备

经验准备：

1. 幼儿已经阅读过绘本《巴士到站了》。

2. 幼儿均有乘坐公交车出行的经验。

3. 大班幼儿有表演舞台剧的经验。

物质准备：

1. 教师与大班幼儿事先排练短剧《我坐公共汽车》①，主要包括这样几个场景：① 教师扮演公交司机，某一名幼儿扮演售票员；② "公交车"到站之后，"售票员"打开"车门"，"乘客们"没有排队，挤来挤去地上了车；③ "公交车"开动起来之后，"乘客们"在车厢里走来走去；④ "乘客们"不抓扶手；⑤ "乘客们"把垃圾丢到"车窗外"和"车厢内"；⑥ "乘客们"把头伸到了"车厢外"看风景；⑦ "乘客们"在"车厢内"大声说话。

2. 教师用椅子和硬纸板在教室黑板前布置成汽车车厢的场景。

---

① 活动开始时，大班幼儿在一旁候场，表演完毕之后到美工区动手自制《巴士到站了》小书，不参加表演后的谈话活动。

活动过程

环节一：教师帮助幼儿回忆乘坐公交车的经历。

1. 教师：你坐过公交车吗？你坐过哪路公交车？你是和谁一起乘坐的？你们坐公交车去了哪里？路上有没有发生什么事情？

2. 幼儿回忆自己乘坐公交车的经历，并用语言表述出来。

环节二：幼儿观看教师与大班幼儿共同表演的短剧。

1. 教师：接下来，请小朋友们观看我和大班小朋友们表演的一个节目，节目的名字叫作《我坐公共汽车》。请大家仔细看，看完之后可是要回答问题的哦！

2. 教师和大班幼儿共同表演事先排练好的短剧《我坐公共汽车》，小、中班幼儿观看短剧。

环节三：师幼共同讨论短剧中的内容，教师帮助幼儿归纳安全乘坐公共汽车的方法。

1. 教师：你觉得在刚才的表演中，哪些行为是不安全的？

2. 幼儿根据短剧的内容进行发言，教师根据幼儿的发言进行进一步的解释和概括，着重帮助幼儿理解为什么那些行为是不安全的。

3. 教师：我们小朋友应该怎样安全地乘坐公交车呢？谁能用完整的语言说一说？

4. 教师重点请中班幼儿进行总结归纳。

环节四：教师扮演公交司机，一名大班幼儿扮演售票员，小、中班幼儿结对扮演乘客。

1. 教师：现在我来当"司机"，刚才扮演售票员的小朋友还当"售票员"，小、中班的小朋友扮演乘客两两一组来乘坐"公共汽车"。乘坐"公共汽车"的时候要注意安全，如果弟弟妹妹做了不安全的事情，哥哥姐姐要及时地阻止他们哦！

2. 教师调整"公共汽车"的大小，使之能够容纳更多的小朋友。师幼共同表演《我坐公共汽车》的短剧。在活动过程中，教师注意提醒幼儿注意安全。

音乐:《公共汽车》(3~6岁)

活动目标

共性目标:喜欢参与歌唱和表演活动,并大胆表现,有初步的创造能力。

层次目标一:

1. 能够大致演唱歌曲《公共汽车》,较为熟练地掌握歌曲中重复的部分,例如"公车上的""跑遍城市"等。

2. 愿意跟随音乐做动作,在活动中情绪愉悦。

层次目标二:

1. 借助图谱较为完整地且有感情地演唱歌曲《公共汽车》,表现出歌曲欢快的情绪。

2. 尝试根据歌词的内容自己创编动作。

重点:借助图谱掌握歌曲《公共汽车》的演唱,并根据歌曲的内容创编相应的动作。

难点:能够在较短的时间内掌握由多个段落组成的歌曲《公共汽车》,并能够较为熟练地演唱。

活动准备

经验准备:

1. 幼儿有演唱歌曲并进行动作表演的经验。

2. 在之前的活动中,幼儿表现出了对于公共汽车的极大兴趣。

物质准备:

歌曲:《公共汽车》(见附歌曲)。

活动过程

环节一:教师演唱歌曲,引发幼儿对活动的兴趣。

1. 教师:我今天将演唱一首好听的歌,它的名字叫作《公共汽车》,我们一起来听一听。

2. 教师演唱歌曲《公共汽车》。

环节二：教师与幼儿共同理解和记忆歌词。

1. 教师：这首歌曲里都唱了些什么？你听到了什么？

2. 教师与幼儿共同回忆歌曲中的内容，教师根据幼儿的回答出示相应的图谱，并将相应部分的歌词念出来，帮助幼儿记忆。

3. 教师：这首歌曲里唱了这么多的内容，我都用图谱展示出来了，那他们之间的顺序是怎样的呢？

4. 请个别幼儿来为图谱排序，幼儿边排序，教师边带领其他幼儿回忆歌词，帮助幼儿记忆。

5. 教师：你有没有发现每段歌词都有一些相同的地方？

6. 教师带领幼儿一起念歌词。教师一开始念的声音比较大，念的次数比较多，待幼儿较为熟练地掌握之后，教师逐渐减少支持和帮助。

环节三：幼儿尝试跟着钢琴伴奏演唱歌曲，表现出歌曲欢快的节奏。

1. 教师：小朋友们已经学会歌词了，现在我们来跟着钢琴伴奏一起唱一唱。

2. 教师带领幼儿跟着钢琴伴奏一起演唱歌曲。教师一开始唱的声音比较大，带领幼儿一起演唱，待幼儿较为熟练地掌握之后，教师逐渐减少帮助。教师应根据幼儿现场演唱中出现的问题，及时进行提示和帮助。

3. 教师：这首歌曲听起来有什么感觉呢？是悲伤的还是欢快的？我们要唱出这种欢快的情绪。

4. 教师采用师幼轮唱、分段落唱、分年龄段唱等方法帮助幼儿进行练习，鼓励幼儿演唱出歌曲欢快的旋律。

环节四：教师鼓励幼儿根据歌曲的内容创编动作。

1. 教师：这首歌小朋友们都已经学会了，你们觉得可以边唱边做什么样的动作呢？

2. 教师带领幼儿演唱歌曲，幼儿自由创编动作。

3. 教师：我刚才看到很多小朋友都做出了很好看的动作，你是怎样想的就怎样做动作，可以和别人不一样。

3. 教师带领幼儿再次演唱歌曲，幼儿自由表演动作。

4. 教师：回家之后，你也可以把这首歌曲唱给爸爸妈妈、爷爷奶奶听一听，还可以把你想出的好看的动作表演给他们看一看。

附歌曲：

公共汽车

$1=\text{C}$ $\frac{4}{4}$

改编自《小小智慧树》节目

5̣	1	1 1 1	3	5 3 1 -	2 7̣ 5̣ -	5 3 1 5̣
公	车	上的 轮	子	转 呀 转，	转 呀 转，	转 呀 转。公
公	车	上的 门	呀	开开 关 关，	开开 关 关，	开开 关 关。公
公	车	上的 人	呀	上上 下 下，	上上 下 下，	上上 下 下。公
公	车	上的 雨	刷	刷 刷 刷，	刷 刷 刷，	刷 刷 刷。公
公	车	上的 宝	宝	哇 哇 哭，	哇 哇 哭，	哇 哇 哭。公
公	车	上的 妈	妈说	嘘 嘘 嘘，	嘘 嘘 嘘，	嘘 嘘 嘘。公

1	1 1 1	3	5 3 1 -	2 - 5̣ 5̣	1 - - -
车	上的 轮	子	转 呀 转，	跑 遍 城	市。
车	上的 门	呀	开开 关 关，	跑 遍 城	市。
车	上的 人	呀	上上 下 下，	跑 遍 城	市。
车	上的 雨	刷	刷 刷 刷，	跑 遍 城	市。
车	上的 宝	宝	哇 哇 哭，	跑 遍 城	市。
车	上的 妈	妈说	嘘 嘘 嘘，	跑 遍 城	市。

美术、语言：我的《巴士到站了》小书（4~6岁）

活动目标

层次目标一：

1. 进一步体会绘本《巴士到站了》的语言风格。

2. 与同伴配合，共同用绘画的方式表现巴士到站的情景。

层次目标二：

1. 利用绘本《巴士到站了》中重复的句型造句，借助已有经验，描述巴士到站的情景。

2. 迁移绘本阅读经验，用绘画的方式创造表现巴士到站时的其他情景。

3. 在活动中积极地出主意、想办法。

活动准备

经验准备：

1. 幼儿已经阅读过绘本《巴士到站了》。

2. 幼儿均有乘坐巴士的经验，对于巴士的功能、特点等均较为了解。

3. 幼儿有合作进行美术创作的经验。

物质准备：

1.《巴士到站了》绘本一本。

2.《巴士到站了》绘本图片一套、电视。

3. 白纸若干张，与幼儿两两结对分组的数量相等；水彩笔若干盒、勾线笔若干支。

活动过程

环节一：师幼共同回忆绘本《巴士到站了》的内容和语言特点，为创作活动做准备。

1. 教师：还记得上次我们一起看过的一本与巴士有关的书吗？书的名字叫什么？书

中都讲了些什么？你还能回忆出哪些内容？

2. 教师：你有没有发现，这本书的语言有什么特点？

3. 教师：这本书里的句子都是"巴士到站了，……下车了"。你能用这个句型造句吗？你造出来的句子，要让小朋友们知道巴士带着谁，到了什么地方，比如"巴士到站了，送小朋友上幼儿园的爸爸妈妈们急匆匆地下车了"。我的这个句子里，巴士到哪里了呢？谁下车了？他们下车的时候是什么样的？

4. 幼儿根据绘本的内容和自己的已有经验进行造句，为稍后的活动做准备。教师帮助幼儿进行总结和归纳。

环节二：教师总结幼儿的讲述，并提出绘画要求。

1. 教师：小朋友们想出了这么多巴士到站时的情景，那我们能不能像这本书的作者五味太郎一样，把我们想到的这些巴士到站的情景用绘画的方式表现出来呢？请一个大班小朋友和一个中班小朋友组成一个"巴士到站小组"。每组的两个小朋友先商量一下，你们打算画巴士到哪一站？怎么画？要画哪些东西？怎么分工？商量好了之后再开始。

2. 大班哥哥姐姐和中班弟弟妹妹自由组合，两人一组，共同商量创作的内容。

环节三：幼儿进行绘画创作，教师巡回指导。

1. 幼儿两人一组进行创作，教师巡回指导。

2. 教师注意帮助幼儿完善画面的细节，并提示幼儿要合作进行创作。

环节四：幼儿讲述所画的巴士到站的情景，教师把幼儿的作品汇集在一起，加上封面，装订成册。

1. 幼儿完成创作之后，教师将幼儿的作品展示在白板上。

2. 教师：请小朋友们互相讲一讲，你画的巴士行驶到了哪一站，巴士上下来的是什么人？他们要去做什么？

3. 幼儿之间互相讲述。

4. 教师：我们把小朋友们画的《巴士到站了》也装订成一本书，这本书就是我们班小朋友制作的《巴士到站了》。我们把这本书放在班上和小班的弟弟妹妹一起看。

益智区：巴士到站棋（4～6岁）

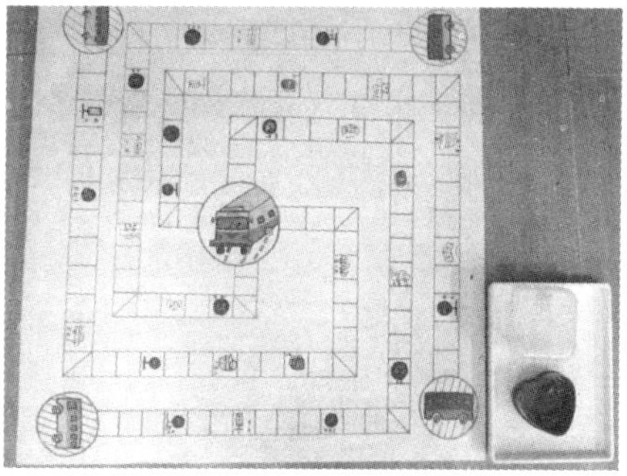

材料（见图4-8）：

　　1. 巴士到站棋盘。

　　2. 骰子。

　　3. 巴士棋子若干。

图4-8

指导重点：

　　1. 能根据巴士到站棋的规则走棋。

　　2. 会轮流投掷骰子，按照巴士到站棋的
内容移动巴士棋子前进、后退直至终点。

美工区：制作一辆大巴士（3～6岁）

材料（见图4-9、图4-10）：

　　1. 大纸箱、小纸盒若干。

　　2. 吸管、毛根。

　　3. 棒棒彩。

　　4. 报纸若干。

　　5. 剪刀、胶棒、胶枪若干。

图4-9

指导重点：

　　1. 能使用大纸箱、小纸盒组合成大巴士

图4-10

的造型。（见图 4-11）

2. 使用报纸、棒棒彩、吸管、毛根等材料进行细节装饰。

图 4-11

语言区：《100 层的巴士》（3~6 岁）

材料（见图 4-12）：

绘本《100 层的巴士》。

指导重点：

1. 仔细观察绘本画面，并根据绘本提供的线索进行大胆猜测和讲述。

2. 体验绘本阅读的乐趣。

线索二：马路与社区

集体活动

图 4-12

社会：有用的交通标志（4~6 岁）

活动目标

共性目标：认识常见的安全标志，养成遵守交通规则的习惯。

层次目标一：

1. 对各种交通标志感兴趣，能大致知道不同标志的含义。

2. 知道在日常生活中出行时要看交通标志。

层次目标二：

1. 感知禁令标志和指令标志的不同特点和含义，能用比较完整的语言进行描述。

2. 感受各种各样的交通标志在我们日常生活中的作用。

重点：了解不同交通标志的含义，感受各种各样的交通标志在我们日常生活中的作用。

难点：能感知禁令标志和指令标志之间的不同特点，理解它们的不同含义。

活动准备

经验准备：

1. 班级中正在开展以交通工具为主题的活动，幼儿对交通工具、马路、交通信号灯等非常地感兴趣。

2. 幼儿在日常生活中能够经常看到各种各样的交通标志。

物质准备：

幼儿和教师搜集画有禁令标志和指令标志的交通标志图片若干张。

活动过程

环节一：幼儿出示交通标志图片，回忆已有经验。

1. 教师：今天，小朋友们都带来了一些交通标志图片，我们一起来看一看。

2. 幼儿出示各自从家中带来的交通标志图片。

3. 教师：谁愿意来介绍一下自己带来了什么样的交通标志图片？在什么地方看到过？它们表示什么意思？

4. 幼儿根据已有经验进行回答，教师根据幼儿的回答做相应的提示和拓展。

环节二：教师出示更多的交通标志图片，帮助幼儿拓展经验。

1. 教师：我这里还有一些交通标志图片，我们一起来看一看。你在什么地方看到过这些图片？它们表示什么意思？

2. 幼儿根据已有经验进行回答，教师根据幼儿的回答做相应的提示和拓展。

环节三：教师帮助幼儿感知禁令标志和指令标志的不同特点和含义。

1. 教师：你们有没有发现，这些交通标志除了上面画的内容不一样，还有哪些不一样的地方？这些不一样的地方分别表示什么意思？

2. 幼儿根据自己的观察进行回答。

3. 教师根据幼儿的回答进行总结和归纳：小朋友们都发现了，这些交通标志除了上面画的内容不一样之外，颜色、形状都不太一样，还有一些标志中间有一条红色的"线"。这些红色的、中间有一条"线"的交通标志叫作禁令标志，中间的这个"线"的意思就是不可以做的事情；这些蓝色的交通标志叫作指令标志，意思就是告诉驾驶员或是行人应该要做的事情。所以，禁令标志的含义和指令标志的含义是相反的。

环节四：师幼共同讨论交通标志在日常生活中的作用。

1. 教师：在我们的日常生活中为什么会有这么多的交通标志？它们的作用是什么？如果没有这些交通标志，我们的生活会怎样？

2. 幼儿根据已有经验进行回答。

3. 教师根据幼儿的回答进行总结和归纳：交通标志的作用是告诉马路上的行人、车辆应该怎么走、怎么行驶，如果没有这些交通标志，就会造成交通混乱，扰乱我们日常生活的秩序。因此，交通标志是非常重要的，我们在日常生活中也应该按照交通标志的指示出行。

(小组化活动)

社会、美术：我设计的交通标志（4~6岁）

活动目标

层次目标一：

1. 在已有经验的基础上设计交通标志。

2. 愿意和同伴分享自己的想法，在同伴面前大方展示成果。

层次目标二：

1. 尝试设计交通标志，能够表现出交通标志的细节特征。

2. 能够讲述自己所设计的交通标志的含义。

活动准备

经验准备：

1. 幼儿已经对交通标志有了一定的了解。

2. 幼儿在外出游玩时都接触过交通标志，积累了一定的经验。

物质准备：

1. 水彩笔、勾线笔、剪刀。

2. 教师事先制作好的交通标志的底板。

活动过程

环节一：教师出示师幼共同收集的交通标志，调动幼儿的已有经验。

1. 教师出示师幼共同收集的各种各样的交通标志。

2. 教师：这些是什么？你还记得它们表示什么意思吗？

3. 幼儿根据自己的已有经验进行表述。

环节二：幼儿根据自己的已有经验，在教师制作好的底板上设计标志。

1. 教师：今天我们邀请了中班的弟弟妹妹和大班的哥哥姐姐一起来设计交通标志，画好之后，我们把它们放在我们的"十字路口"主题墙上。小朋友可以选择设计禁令标志，也可以选择设计指令标志。画之前先想一想，自己要设计一个什么样的交通标志，这个交通标志表示什么意思，然后再开始画。等一会儿我们要请小朋友们来说一说。

2. 幼儿进行创作，教师巡回指导。

3. 教师：画的时候，要把交通标志上的重要细节表现出来，让驾驶员和路上的行人一看就知道这个标志是什么意思。

环节三：个别幼儿描述自己所画的交通标志的含义。

1. 教师：哪些小朋友愿意把你设计的交通标志的含义介绍给大家？

2. 请个别幼儿描述自己所设计的交通标志的含义。

环节四：师幼共同将设计好的交通标志陈列在"十字路口"主题墙上。

美术：社区里的建筑（3～6岁）

活动目标

层次目标一：

1. 运用剪好的几何图形拼贴出房子。

2. 通过探索、交流，了解房子的不同组合方法。

3. 对参加手工拼贴活动感兴趣。

层次目标二：

1. 根据与同伴交流的结果，迁移已有经验，设计不同造型的建筑物。

2. 尝试用不同的形状组合成造型各异的建筑物。

3. 愿意和同伴合作，能够为同伴提供适当的帮助。

活动准备

经验准备：

1. 幼儿在阅读《巴士到站了》绘本时，已经对绘本中各种各样的建筑物充满兴趣。

2. 幼儿在完成《我家周围的公交线路》调查表时，也关注过马路周边各种各样的建筑物。

物质准备：

1. 小托盘若干个，胶棒、勾线笔若干支，剪刀若干把。

2. 多种颜色的彩纸若干张，白色底板纸若干张。

3. 教师自制小巴士图片（与绘本《巴士到站了》中的图片一致）一张。

活动过程

环节一：教师出示小巴士图片，帮助幼儿调动已有经验，交代本次活动的主要内容。

1. 教师出示小巴士图片：这是什么？在绘本里小巴士都到了哪些站？你坐过的巴士都经过了什么地方？有什么样的建筑物？

2. 幼儿根据已有经验进行回答。

3. 教师：今天请一个大班的哥哥或姐姐和一个中班的弟弟或妹妹两个人一组，一个人当小小设计师，一个人当小小建筑师，来为我们的小巴士设计和建造线路周围的建筑物。

环节二：教师交代活动中的材料使用和注意事项。

1. 教师：哥哥姐姐是小小设计师，负责设计巴士线路周围的建筑物，弟弟妹妹是小小建筑师，负责盖建筑物。设计师要先问问建筑师，我们一起盖一个什么样的建筑物，是高高的还是矮矮的，是尖顶的、圆顶的还是梯形顶的，是高楼大厦、城堡还是小房子，然后再开始设计，可不能一个人说了算。

2. 教师出示活动材料：我们每个小组都有一套工具，在托盘里面：一支勾线笔、一把剪刀、一支胶棒，还有盖房子时需要的彩色纸和白色底板纸。

环节三：幼儿两两一组进行创作，教师巡回指导。

1. 幼儿两两一组进行创作。

2. 教师巡回指导，重点提醒：① 设计师要先问问建筑师想要盖一个什么样的房子，然后再开始设计；② 盖房子的事情由建筑师负责，如果建筑师遇到困难了，设计师可以帮助，但不能变成设计师来盖房子；③ 如果彩纸不够或需要其他颜色的彩纸，可以自行取用。

环节四：师幼共同将建筑物装饰在"十字路口"主题墙上。

1. 快要完成时，教师提醒幼儿将建筑物沿轮廓线剪下。

2. 师幼共同将建筑物装饰在"十字路口"主题墙上。

3. 教师提醒幼儿及时将桌面、地面打扫干净。

图 4-13

益智区：交通标志棋（4~6岁）

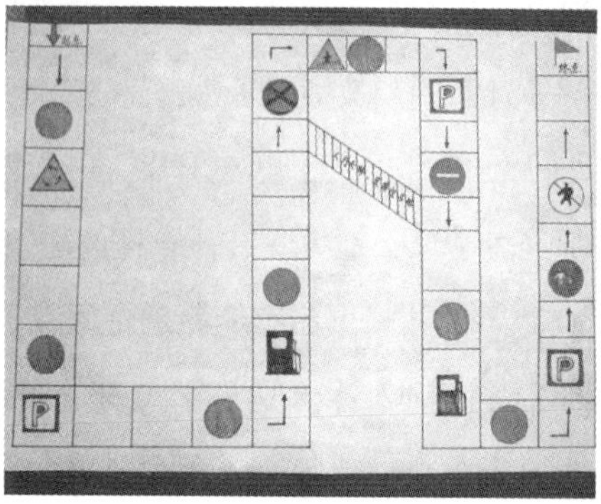

材料（见图4-13）：

    1. 交通标志棋盘。

    2. 骰子。

    3. 小汽车棋子。

指导重点：

    1. 会轮流投掷骰子，从起点出发，按骰子显示的点数移动小汽车棋子。

    2. 移动棋子时遇到交通标志，能准确说出这是什么交通标志，并按照前进、后退、停止的指示移动到相应的格子，先到终点者获胜。

图 4-14

美工区：纸箱房子（3~6岁）

材料（见图4-14、图4-15）：

    1. 纸箱、纸板、鸡蛋盒子、瓦楞纸若干。

    2. 棒棒彩、即时贴、泡沫纸、颜料、毛刷等。

    3. 剪刀、白胶、胶枪。

图 4-15

指导重点：

1. 能使用纸箱、纸板组合搭建房子模型。（见图 4-16）

2. 使用瓦楞纸、棒棒彩、即时贴、泡沫纸、颜料、毛刷等材料进行细节装饰。

图 4-16

建构区：建构一座大型社区（3～6岁）

材料（见图 4-17、图 4-18）：

1. 各种形状的积木。

2. 奶粉罐、薯片罐、矿泉水瓶子、储物箱盖子、地板、瓶盖等。

图 4-17

图 4-18

指导重点：

1. 幼儿集体商量后规划出社区蓝图。

2. 能使用积木和辅助材料按照规划好的蓝图进行合作搭建。（见图 4-19）

图 4-19

数学区：马路边来种树（3～5岁）

材料（见图 4-20）：

1. 不同颜色、种类的树木的纸片。

2. 画有起点的马路底板。

图 4-20

指导重点：

1. 能将物体按照一定规律进行排序。

（见图 4-21）

2. 愿意学习、接纳同伴的种树方法。

图 4-21

线索三：还有哪些交通工具

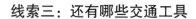

社会：交通工具大集合（4~6岁）

活动目标

共性目标：了解生活中常见的交通工具，体会交通工具给日常生活带来的便利。

层次目标一：

1. 认识多种交通工具，了解它们的用途。

2. 愿意和同伴分享自己的经验。

层次目标二：

1. 能根据需要选择适合的交通工具，并陈述理由。

2. 体会交通工具给我们日常生活带来的便利。

3. 对活动感兴趣，并有一定的探索欲望。

重点：了解交通工具的用途，体会它们给我们日常生活带来的便利。

难点：能根据需要选择适合的交通工具。

活动准备

经验准备：

1. 在之前的活动中，幼儿已经接触了交通工具的概念。

2. 幼儿在日常生活中使用过交通工具。

物质准备：

1. 幼儿从家中带来交通工具玩具。

2. 教师制作交通工具卡片。

活动过程

环节一：幼儿介绍自己所带来的交通工具的外形、功能、特点等。

1. 教师：今天，每个小朋友都从家里带来了一种交通工具，现在就请小朋友们来介绍一下自己带来的交通工具，它长什么样，有什么功能和特点。

2. 教师有选择性地请不同年龄段幼儿，以及带来不同类型交通工具的幼儿进行介绍。

3. 幼儿出示自己带来的交通工具，并进行介绍。

4. 鼓励幼儿在集体面前大方地讲述自己的观点。

环节二：教师出示制作好的交通工具卡片，师幼共同讨论。

1. 教师出示制作好的交通工具卡片，贴在黑板上。

2. 教师：我的卡片里还有一些是我们小朋友没有带来的交通工具，我们一起来看一看这些交通工具分别叫什么名字，是什么样子的，有什么功能，与别的交通工具有什么相同和不同的地方。

3. 幼儿根据自己的经验大胆表述。

4. 教师：这些交通工具可以被怎么分类呢？

5. 幼儿表述自己的分类方法，教师将幼儿的分类方法展示在黑板上。

环节三：师幼共同探讨如何正确选择交通工具。

1. 教师：我们的日常生活中有这么多种交通工具，那你们觉得从自己家到新街口应该选择哪种交通工具？为什么选择这种交通工具？

2. 教师：如果是从南京到北京呢？如果出国呢？大家应该怎样选择？为什么？

3. 教师：你们出去旅行时都坐过什么交通工具？是从哪里到哪里？乘坐这种交通工具时你有什么感受？

4. 幼儿根据自己的已有经验回答，教师进行及时的反馈和总结。

环节四：师幼共同讨论交通工具为日常生活带来的便利。

1. 教师：如果没有这些交通工具，我们的日常生活会怎样呢？如果所有交通工具的速度都非常慢，我们的日常生活又会怎样呢？

2. 幼儿根据自己的经验进行陈述。

3. 教师总结归纳：日常生活中有很多种交通工具，我们可以根据自己的需要选择适合的出行。现代交通工具帮助我们从一个地方快速地到达另外一个地方，给我们的日常生活带来了很多便利。

4. 幼儿分享各自带来的交通工具玩具。

音乐：《我是汽车小司机》（3～5岁）

活动目标

共性目标：能够积极参加歌曲演唱，并进行大胆表现。

层次目标一：

1. 能大致演唱歌曲《我是汽车小司机》，并跟随歌词的内容做相应的动作。

2. 愿意参加活动，对集体的音乐活动感兴趣。

层次目标二：

1. 能较为完整且有感情地演唱歌曲《我是汽车小司机》，表现出歌曲欢快的节奏。

2. 尝试根据歌词的内容和对不同车辆功能、用途的了解进行歌曲创编。

重点：掌握歌曲，并根据歌词的内容和对不同车辆功能的了解进行歌曲创编。

难点：能在掌握歌曲的基础上进行大胆创编。

活动准备

经验准备：

1. 幼儿有演唱歌曲，进行韵律表演和歌曲创编的经验。

2. 在之前的活动中，幼儿已经对各种各样的汽车产生了浓厚的兴趣。

物质准备：

歌曲：《我是汽车小司机》（见附歌曲）。

活动过程

环节一：教师演唱歌曲，引发幼儿对活动的兴趣。

1. 教师：我今天带来了一首好听的歌曲，我们一起来听一听。

2. 教师演唱歌曲《我是汽车小司机》。

3. 教师：这首歌曲里都唱了些什么？

4. 教师与幼儿共同回忆歌曲中的内容，教师根据幼儿的回答，将整首歌曲的歌词念出来，帮助幼儿记忆。

5. 教师：你觉得这首歌叫什么名字呢？这首歌就叫作《我是汽车小司机》。

环节二：教师与幼儿共同理解和记忆歌词。

1. 教师：我们一起来念歌词。

2. 教师带领幼儿一起念歌词。教师一开始念的声音比较大，念的内容比较多，待幼儿较为熟练之后，教师逐渐减少支持和帮助。

3. 教师：歌曲里的喇叭是什么东西？一共有几个"嘟"？运输是什么意思？

4. 请个别幼儿回答，教师进行总结和归纳。

环节三：幼儿尝试跟着钢琴伴奏演唱歌曲，表现出歌曲欢快的节奏并做相应的动作。

1. 教师：小朋友们已经学会了歌词，现在我们来跟着钢琴伴奏一起唱一唱。

2. 教师带领幼儿跟着钢琴伴奏一起演唱歌曲。教师一开始唱的声音比较大，唱的内容比较多，待幼儿较为熟练之后，教师逐渐减少支持。教师还要根据幼儿现场演唱中出现的问题，给予及时的纠正和帮助。

3. 教师：这首歌曲听起来让人有什么感觉呢？是悲伤的还是欢快的？我们要唱出这种欢快的节奏。

4. 教师：我们演唱这首歌曲时，可以做什么动作呢？小朋友们可以边唱边试试。

环节四：教师启发幼儿迁移已有经验，对歌曲进行创编。

1. 教师：这首歌曲里唱的是"小汽车呀，真漂亮，真呀，真漂亮"。我们的马路上除了小汽车，还有其他交通工具，你能够用这首歌曲把它们的功能和特点唱出来吗？请你和你的小班弟弟妹妹一起来讨论一下。

2. 请幼儿将和同伴商量的创编内容唱给大家听。教师不需要过于在意幼儿的创编质量，只要幼儿能够在原有歌曲的基础上做一些调整和改变，并愿意在集体面前表演出来即可。

3. 教师：请大家想一想，我们还可以用这首歌曲演唱哪一种交通工具？不一定是陆地上的，也可以是水里面的、天空中的。

附歌曲：

我是汽车小司机

1=C 2/4

自豪、快乐地

改编自歌曲《小司机》

小汽车呀，真漂亮，真呀，真漂亮！嘟嘟嘟嘟

嘟嘟嘟，喇叭响。我是汽车小司机，

我是小司机，我为祖国运输忙，运输忙。

语言：《出海》（3~5岁）

活动目标

共性目标：能够理解儿歌的含义并复述出来。

层次目标一：

1. 借助图片和教师、同伴的提示，较为完整地朗诵儿歌《出海》。

2. 能够积极主动地参与到活动中来。

层次目标二：

1. 理解儿歌《出海》中"出海""一卷卷""一片片""一点点"所表达的含义，感受儿歌所表现的意境美。

2. 迁移自己的已有经验，在对儿歌充分感知的基础上进行仿编。

3. 愿意在同伴面前大胆地表述。

重点：借助情境游戏、图片等理解儿歌中"出海""一卷卷""一片片""一点点"所表达的含义，并根据自己的已有经验进行儿歌创编。

难点：在倾听、朗诵、仿编中感受儿歌的意境美。

活动准备

经验准备：

1. 部分幼儿有乘坐轮船的经验。

2. 幼儿有学习短小儿歌的经验。

物质准备：

1. 儿歌《出海》的文本一份（见附儿歌）。

2. 与儿歌内容相匹配的教师自制的图片一张。

活动过程

环节一：教师扮演船长，带领幼儿玩"出海"的游戏。

1. 教师：小乘客们，我是船长，我们的轮船将要开往上海。船要开了，快上船!

2. 教师扮演船长，和幼儿玩坐轮船出海的游戏。教师邀请一名中班幼儿扮演轮船上的播音员，增加游戏的趣味性。

环节二：师幼共同讨论出海时能够看到的景致，调动并拓展幼儿的已有经验。

1. 教师：我们的轮船已经到达了上海港。小乘客们，你们在乘坐大轮船的过程中，都看到了什么呀？

2. 幼儿根据自己的经验进行表述。

3. 教师总结并提升幼儿的经验：在乘坐轮船时，我们能够看到海浪、海鸥、鲸鱼、帆船、天空等。

环节三：教师朗诵儿歌，幼儿感受儿歌的内容和意境，理解儿歌中的词句含义。

1. 教师：我在刚才航行的过程中也看到了很美丽的风景，我还把我看到的风景编成了一首好听的儿歌，你们想不想听一听？这首儿歌的名字就叫作《出海》。

2. 教师有感情地朗诵儿歌。

3. 教师：你在我编的这首儿歌中听到了什么？

4. 幼儿回忆儿歌中的内容，教师根据幼儿的回答将相关的句子补充完整，并大声地朗诵出来，帮助幼儿进行巩固。

5. 教师：什么叫作"出海"？为什么说浪花是"一卷卷"的，白云是"一片片"的，帆船是"一点点"的？

6. 幼儿迁移已有经验进行表述。允许小班幼儿在语言无法表述清楚的情况下，用动作进行表达。

7. 教师根据幼儿的回答进行总结和提升，帮助幼儿更加准确地理解儿歌的内容和表现的意境。

环节四：教师出示与儿歌内容相匹配的图片，帮助幼儿进一步掌握儿歌。

1. 教师：我不仅编了这首儿歌，还为儿歌配了图画。

2. 教师边念儿歌边出示相应的图片。

3. 教师：小乘客们，你们能不能根据图片把这首儿歌朗诵出来？

4. 教师带领幼儿朗诵儿歌。教师采用逐渐减少"支架"的方式支持幼儿的朗诵。

5. 教师：这首儿歌真美，小乘客们也要用好听的声音来念哦！

环节五：幼儿迁移已有经验，对儿歌进行仿编。

1. 教师：小乘客们在乘坐大轮船时还看到了很多其他的风景，能不能把它们也写成儿歌呢？

2. 幼儿迁移经验进行仿编，教师鼓励幼儿大胆地将自己仿编的儿歌在集体面前表演出来。

3. 教师帮助幼儿完善仿编的内容，并将幼儿仿编的内容与原来的儿歌结合在一起，编成一首新的儿歌。

环节六：教师带领幼儿边念儿歌边玩"出海"的游戏。

1. 教师：我们的轮船就要从上海港返回南京港了，请小乘客们赶快坐好。小乘客们，我们坐在轮船上一起来朗诵儿歌《出海》吧。

2. 教师带领幼儿边念儿歌边玩"出海"的游戏。

附儿歌：

出海

出海坐大船，

海蓝天也蓝。

浪花一卷卷，

白云一片片。

海鸟一只只，

帆船一点点。

音乐：《三轮车》（歌唱，韵律）（3～6岁）

活动目标

共性目标：较为流畅地演唱歌曲，能够根据歌曲开展韵律活动。

层次目标一：

1. 能较为完整地演唱歌曲《三轮车》。

2. 愿意参加活动，对集体音乐活动感兴趣。

层次目标二：

1. 能够边演唱歌曲《三轮车》边进行"大带小"形式的集体韵律活动。

2. 较为迅速地掌握队形变化的规律，当同伴出现错误时，愿意及时提醒。

重点：在掌握歌曲的基础上进行集体韵律活动。

难点：小、中、大三个年龄段的幼儿相互配合，共同进行韵律活动。

活动准备

经验准备：

1. 幼儿有演唱歌曲并进行集体韵律活动的经验。

2. 在之前的活动中，幼儿已经对各种各样的车产生了浓厚的兴趣。

物质准备：

歌曲：《三轮车》（见附歌曲）。

活动过程

环节一：教师演唱歌曲，引发幼儿对活动的兴趣。

1. 教师：我今天带来了一首好听的歌，我们一起来听一听。

2. 教师演唱歌曲《三轮车》。

3. 教师：这首歌曲里都唱了些什么？你听到了什么？

4. 教师与幼儿共同回忆歌曲中的内容，教师根据幼儿的回答，将整首歌曲的歌词念出来，帮助幼儿记忆。

5. 教师：你觉得这首歌叫什么名字呢？这首歌叫作《三轮车》。

环节二：教师与幼儿共同理解和记忆歌词。

1. 教师：我们一起来念歌词。

2. 教师带领幼儿一起念歌词。教师一开始念的声音比较大，念的内容比较多，待幼儿较为熟练之后，教师逐渐减少帮助和支持。

3. 教师：为什么说坐在三轮车上的老太太有点奇怪？为什么说"要五毛给一块"很奇怪呢？

4. 个别幼儿回答，教师进行总结和提升。

环节三：幼儿尝试跟着钢琴伴奏演唱歌曲。

1. 教师：小朋友们已经学会歌词了，现在我们一起来跟着钢琴伴奏唱一唱。

2. 教师带领幼儿跟着钢琴伴奏一起演唱歌曲。教师一开始唱的声音比较大，唱的内容比较多，待幼儿较为熟练之后，教师逐渐减少支持。教师还要根据幼儿现场演唱中出现的问题，进行及时的帮助和纠正。

环节四：教师组织幼儿跟随歌曲的内容和旋律进行集体律动活动。

1. 教师：这首歌小朋友们都已经学会了，现在我们根据这首歌曲玩一个游戏吧。

2. 教师：三轮车有三个轮子。一会儿，我们就要请小、中、大班的小朋友三人一组，大班小朋友在外圈，小班小朋友在中间，中班小朋友在里圈组成一辆"三轮车"，然后所有的三轮车依次排在黄线上组成一个大圈。当音乐响起时，所有的"三轮车"都要向前跑动。音乐结束之后，会有一个和弦的提示音，听到这个音的时候，大班和中班的小朋友向前跑动，跑到前面一个小朋友的两侧，重新组成一辆"三轮车"，再继续三个人一起向前跑。

3. 教师带领幼儿练习"脚跟脚尖跑跑跑"的动作，并结合音乐进行练习。教师及时帮助幼儿解决活动中出现的困难，并进行适当示范。

环节五：幼儿边唱歌曲边进行韵律活动。

1. 教师：请小朋友边唱歌曲《三轮车》边向前跑。

2. 幼儿边唱歌曲边进行韵律活动。教师变化音乐的节奏，增加活动的难度。

附歌曲：

三轮车

$1=C$ $\dfrac{4}{4}$

小快板、诙谐地

1	1	2·	3	5	5	3	0	5	5	6·	7	i	i	5	0
三	轮	车，		跑	得	快，		上	面	坐	个	老	太	太，	

i	i	6·	5	3	6	5	32	1	23	5	65	3	2	1	0
要	五	毛，		给	一	块，		你	说	奇	怪	不	奇	怪。	

【小组化活动】

数学：交通工具分分类（4~6岁）

活动目标

层次目标一：理解操作单，并根据操作单上的要求，对交通工具进行分类。

层次目标二：尝试自己制定标准对交通工具进行分类，并将分类的方法记录下来。

活动准备

1. 之前活动中使用过的各种交通工具的图片。

2. 交通工具小图片若干套，与幼儿人数相等。

3. 难易不同的操作单若干张（见附操作单）。

活动过程

环节一：出示之前活动中使用过的交通工具图片，调动幼儿的已有经验。

1. 教师出示之前活动中使用过的交通工具图片。

2. 教师：这些交通工具可以被怎么分类呢？

3. 重点请大班幼儿进行操作。

4. 教师：你为什么这么分类？

5. 幼儿根据自己的操作陈述理由。

环节二：教师出示操作材料，交代活动要求。

1. 教师：现在就要请每个小朋友来对交通工具进行分类了。

2. 教师出示中班操作单。

3. 教师：上面的图片是什么意思？应该怎么进行分类？

4. 教师出示大班操作单。

5. 教师：这上面没有图片该怎么进行分类呢？分类的标准应该怎样记录呢？

环节三：幼儿操作，教师巡回指导。

1. 幼儿操作，教师观察指导。

2. 教师重点指导大班幼儿根据自己的标准分类：表格没有用完也没关系，表格不够用可以自己用尺子在下方补充。

环节四：师幼共同分享幼儿的操作单。

1. 教师：你是怎么分类的？

2. 鼓励中班幼儿互相检查分类的结果；大班幼儿相互讨论自己是按照什么标准进行分类的，是怎样记录的。

附操作单：

交通工具分分类（中班）

交通工具			

交通工具分分类（大班）

姓名：　　　　　　时间：

交通工具			

数学：滴滴停车场（3～5岁）

活动目标

层次目标一：能按照颜色、大小将汽车停放在相应的位置上。

层次目标二：能根据停车票上的序数词标记取用汽车。

层次目标三：能够用序数词描述车辆的排列顺序和位置，并指导同伴停放汽车。

活动准备

1. 玩具汽车若干。

2. 停车场 2 个（1 个单层停车场，1 个双层停车场）。

3. 单层停车场和双层停车场的停车票若干张。

活动过程

环节一：师幼共同讨论，调动幼儿的已有经验。

1. 教师：小汽车平时停在哪里？是怎样停的？

2. 幼儿根据自己的已有经验进行回答。

3. 教师：我这里也有一个停车场，我们一起来玩"停车"游戏。

环节二：师幼共同玩"停车"游戏，幼儿根据车辆特征进行停放。

1. 幼儿每人选择一辆小汽车。

2. 教师：小司机们，我们的小汽车即将进入车库，请你看看你的小汽车应该停在哪里。

3. 幼儿自主操作，将自己的小汽车停入停车场。

4. 教师：你为什么把汽车停在这里？

5. 幼儿对于自己的操作进行陈述，教师帮助幼儿总结提升经验。

环节三：教师出示停车票，幼儿根据停车票上的序数词标记重新取出小汽车。

1. 教师：小司机们，我们的小汽车马上又要出发了。我这里有一些停车票，请你根据停车票上的标记取车。

2. 幼儿根据拿到的停车票自主操作。

3. 教师：你为什么取这辆小汽车？

4. 幼儿对于自己的操作进行陈述，教师帮助幼儿总结经验。

环节四：教师出示双层停车场，幼儿交换停车票再次开展活动。

1. 教师：这里有一个更加高级的停车场。这次请一个停车场管理员来管理车辆，小司机们把车停好之后，管理员要检查一下他们停得对不对。

2. 幼儿根据新的停车票停放车辆。

3. 管理员检查车停得是否正确。

4. 幼儿交换停车票，并邀请其他幼儿担任管理员后再开展活动数次。

科学：奔跑吧，小车（4～6岁）

活动目标

层次目标一：

1. 大胆猜测并动手实验，能正确地进行记录。

2. 愿意参加活动，在活动中大胆探索。

层次目标二：

1. 迁移有关摩擦力与物体速度之间关系的经验，动脑动手解决问题。

2. 能够和同伴共同开展活动，学会分工合作。

活动准备

1. 小汽车若干辆。

2. 长板积木制作的坡道。

3. 丝绸、皱纹纸、毛巾若干。

4. 鱼线、油泥、透明胶带若干。

4. 实验记录单若干张（见附表）。

活动过程

环节一：教师出示活动材料，幼儿"大带小"结对进行猜测。

1. 教师出示小汽车，引发幼儿参与活动的兴趣：今天我们一起来"开小汽车"。

2. 教师出示坡道，坡道上分别覆盖了丝绸、皱纹纸、毛巾三种材料。

3. 教师：小车在这三个坡道上开，哪个坡道上速度最快？哪个坡道上速度第二快？哪个坡道上速度最慢？

4. 教师出示记录单：请把你的猜测用数字"1""2""3"记录在记录单里。

5. 幼儿以大带小的形式进行猜测。

环节二：幼儿运用材料进行实验，并将实验结果记录下来。

1. 教师：请你动手来试一试，看看究竟哪个坡道上车行得速度快，哪个速度慢？然后把你的实验结果记录下来。

2. 幼儿"大带小"动手实验，教师巡回指导，鼓励大班幼儿和中班弟弟妹妹共同开展活动。

环节三：师幼根据记录表共同总结实验结果。

1. 幼儿将自己的记录表贴在黑板上。

2. 教师：为什么小车在丝绸上跑得最快，在毛巾上跑得最慢呢？

3. 幼儿根据自己的实验结果进行阐述。

4. 教师总结：丝绸光滑，毛巾粗糙，越粗糙的表面，小车开起来越困难，所以速度慢。

环节四：幼儿迁移经验，寻找其他使小车速度变慢的方法。

1. 教师：现在，我们所有的小车都在木板上跑。通过什么方法能让它们的速度慢下来呢？

2. 教师出示鱼线、油泥、透明胶带，鼓励幼儿自己想办法。

3. 幼儿迁移已有经验进行大胆尝试，教师巡回指导。

4. 教师：你是怎样让小车的速度慢下来的？不同的小组之间讨论。

附表：

奔跑吧，小车！

记录人：　　　　　时间：

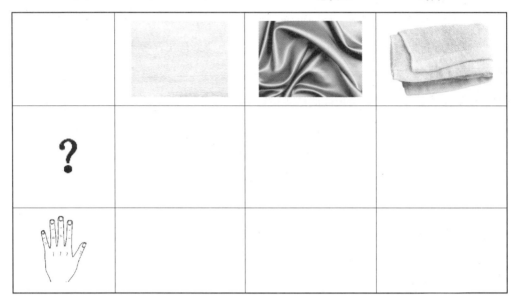

区域活动

数学区：拼小汽车（4~5岁）

材料（见图4-22）：

1. 三角形、正方形、长方形、圆形等几何图形若干。

2. 小汽车底板若干。

3. 胶棒、勾线笔若干支。

图4-22

指导重点：

1. 能运用三角形、正方形、长方形、圆形等几何图形组合拼出汽车造型。（见图4-23）

2. 能用数字统计所使用的不同图形的数量。

3. 寻找和发现图形拼搭的不同方法，体验探索的乐趣。

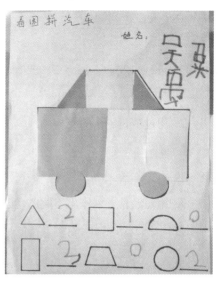

图4-23

美工区：纸盒汽车（5～6岁）

材料（见图4-24）：

1. 大小纸盒若干。

2. 颜料、刷子、棒棒彩。

3. 瓶盖、毛根、纸绳、卡纸、即时贴、卷纸筒等。

4. 白胶、透明胶带、胶枪等。

图4-24

指导重点：

1. 尝试用不同形状的纸盒和其他类型的辅助材料组合成各种造型的汽车。（见图4-25）

2. 能够用拼接、剪贴、上色等方法制作和装饰汽车。

图4-25

美工区：黏土汽车（4～6岁）

材料（见图4-26）：

    1. 各种颜色的超轻黏土。

    2. 用过塑膜制作的底板。

图4-26

指导重点：

    1. 用超轻黏土创作出不同造型的汽车，巩固搓圆、拉长、摁压等泥工技能。（见图4-27）

    2. 尝试自己混合出汽车车身所需要的颜色。

图4-27

美工区：折纸船（4～6岁）

材料（见图4-28）：

    1. 不同的折纸船步骤小书。

    2. 大小不同的折纸若干。

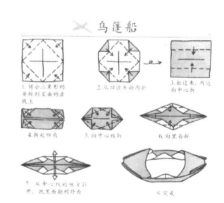

图4-28

指导重点：

    1. 根据折纸小书上的图示按步骤折出纸船。（见图4-29）

    2. 能看懂简单的折纸符号，对折纸感兴趣。

图4-29

美工区：折纸飞机（4~6岁）

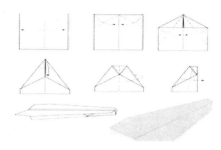

图 4-30

材料（见图 4-30）：

1. 不同的折纸飞机步骤的小书。

2. 不同质地的折纸若干。

指导重点（见图 4-31）：

1. 根据折纸小书上的图示按步骤折出纸飞机。

2. 和同伴探究不同纸质和不同折叠方法对纸飞机飞行距离的影响，尝试解决纸飞机试飞中出现的问题。

图 4-31

科学区：热气球（5~6岁）

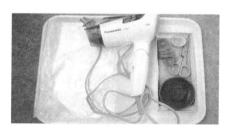

图 4-32

材料（见图 4-32）：

1. 制作热气球的步骤图。

2. 塑料袋若干。

3. 橡皮泥。

4. 剪刀、胶带、线。

5. 吹风机。

指导重点：

1. 能根据制作热气球的步骤图制作热气球。（见图 4-33）

2. 尝试加热空气使热气球上升。

图 4-33

班本混龄课程方案二：奇妙的地图

主题来源：

    社会热点话题——南京地铁三号线的开通，使班级幼儿对地铁路线图产生了兴趣。常有幼儿聚在一起谈论地铁路线图，甚至延伸到讨论南京地图。在生活经验的触碰下幼儿对抽象且陌生的地图产生了极大的兴趣。借此契机我们将地图的概念扩大延伸并融入到幼儿的日常生活中，开展了以"奇妙的地图"为主题的混龄活动。在主题活动"奇妙的地图"中，有比较常见的交通地图、房间地图、藏宝地图，还有特别的地图，如"家族地图""我的一天地图"。借助与地图内容相关的阅读、观察、欣赏、绘画、制作、探究等系列活动，帮助幼儿拓展和丰富与地图相关的经验，实现经验的拓展、能力的提升，并促进幼儿形成良好的学习品质。

开展时间：

    建议三周。

主题目标：

    1. 在阅读绘本的基础上，了解简易地图、图表、标记等的含义；尝试认读、理解地图，感受不同类型的地图在日常生活中的实际运用。

    2. 借助阅读、观察、游戏、绘画、科学探索、亲子活动等形式，丰富生活经验，增强运用空间方位经验解决生活中实际问题的能力。

    3. 在欣赏、设计等实际活动中提升自己的学习能力，进一步形成爱好奇、爱提问、爱探究、爱动脑的学习品质。

主题活动网络图:

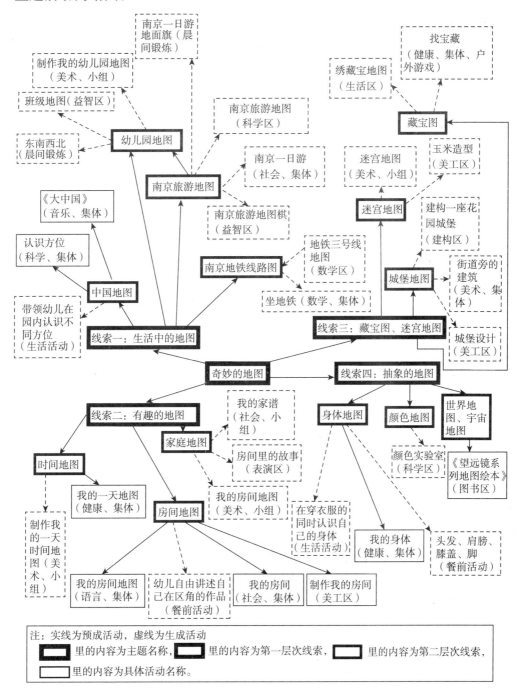

注: 实线为预成活动, 虚线为生成活动

▉ 里的内容为主题名称, ▉ 里的内容为第一层次线索, ☐ 里的内容为第二层次线索,

☐ 里的内容为具体活动名称。

主题活动实施路径：

集体活动	小组化活动	区域游戏	日常活动
线索一：生活中的地图			
1. 社会：南京一日游（4～6岁） 2. 数学：坐地铁（3～6岁） 3. 科学：认识方位（4～6岁） 4. 音乐：《大中国》（4～6岁）	1. 美术：制作我的幼儿园地图（3～6岁）	1. 益智区：班级地图（4～6岁） 2. 科学区：南京旅游地图（3～6岁） 3. 数学区：地铁三号线地图（4～6岁） 4. 益智区：南京旅游地图棋（3～6岁）	1. 晨间锻炼：南京一日游地面棋 2. 晨间锻炼：东南西北 3. 生活活动：带领幼儿在园内认识不同方位
线索二：有趣的地图			
1. 社会：我的房间（4～6岁） 2. 语言：我的房间地图（4～6岁） 3. 健康：我的一天地图（3～6岁）	1. 美术：我的房间地图（4～6岁） 2. 社会：我的家谱（3～4岁） 3. 美术：制作我的一天时间地图（5～6岁）	1. 美工区：制作我的房间（4～6岁） 2. 表演区：房间里的故事（3～6岁）	1. 餐前活动：幼儿自由讲述自己在区角的作品
线索三：藏宝图、迷宫地图			
1. 健康：找宝藏（3～6岁） 2. 美术：街道旁的建筑（3～6岁）	1. 美术：迷宫地图（5～6岁）	1. 生活区：绣藏宝地图（5～6岁） 2. 美工区：城堡设计（4～6岁） 3. 美工区：玉米造型（3～6岁） 4. 建构区：建构一座花园城堡（3～6岁）	1. 户外游戏：找宝藏
线索四：抽象的地图			
1. 健康：我的身体（3～4岁）		1. 科学区：颜色实验室（4～6岁） 2. 图书区：《望远镜系列地图绘本》（3～6岁）	1. 生活活动：在穿衣服的同时认识自己的身体 2. 餐前活动：头发、肩膀、膝盖、脚
家园共育	1. 调查：家长周末带着孩子乘坐南京不同线路的地铁。 2. 访问：家长与幼儿一起访问地铁工作人员，初步了解每一个站点的"故事"和特征，观察不同地铁路线图。 3. 参观：了解自己居住的小区及小区建筑所在的方位。		

教育环境：

1. 主题墙

（1）幼儿制作"我的幼儿园"地图。（见图 4-34、图 4-35）

图 4-34

2. 幼儿作品展示区

（1）幼儿制作"我的方位"地图。（见图 4-36）

（2）幼儿利用彩色卡纸、塑料瓶盖制作南京地铁三号线线路图。（见图 4-37）

（3）幼儿用绘画材料进行想象创作"我的房间"地图。（见图 4-38）

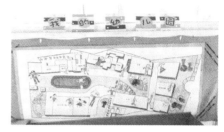

图 4-35

3. 实物展示区

（1）幼儿利用废旧材料、彩色卡纸制作"我的房间"。（见图 4-39）

（2）幼儿大胆想象并与同伴合作，利用彩色卡纸、废旧材料，借助城堡设计图设计城堡。（见图 4-40）

图 4-36

图 4-37

图 4-38

图 4-39

图 4-40

线索一：生活中的地图

社会：南京一日游（4~6岁）

活动目标

共性目标：能够大胆表达并愿意与同伴分享交流，萌发爱家乡、爱祖国的情感。

层次目标一：

1. 回忆自己曾经旅游的景点，了解南京一些著名的景点和风土人情。

2. 观察图片，能大胆地将自己的想法表达出来。

层次目标二：

1. 通过联想等方式猜测南京的景点。

2. 尝试运用补充、扩展等方法丰富讲述的内容。

重点：了解南京著名的景点和风土人情。

难点：能够根据特征猜测景点。

活动准备

物质准备：

1. 导游旗帜。

2. 南京景点路线图、景点图片若干。

活动过程

环节一：教师创设情境，激发幼儿的兴趣。

教师：各位小游客，现在我们的车就要出发啦！请允许我介绍一下自己，我是本次的导游，欢迎大家和我一起旅游。

环节二：教师帮助幼儿回忆曾经旅游的景点。

1. 教师：在旅游前，我想问问你们，你们都去过哪些地方旅游呀？

2. 幼儿回忆已有经验，教师请个别幼儿进行表述。

3. 教师：这些地方都有什么好玩的、好吃的？

4. 幼儿用自己的语言描述参观过的建筑物或者自然景区。

5. 教师根据幼儿提供的地点进行简单提炼总结：这些地方都是很有名的旅游景点，它们都体现了当地的特色。

环节三：南京一日游

1. 教师：小游客们，你们都去外地游玩过，那你们对自己生活的地方熟悉吗？

2. 教师：下面我们就开始进行今天的"南京一日游"。（出示景点图片）

图片一：这是什么地方？你们是怎么知道的？为什么它叫中山陵？（中山陵）

图片二：这里是哪里？你们怎么看出来的？（玄武湖）

图片三：小游客们快看，这是什么地方？这里都有些什么好吃的？（夫子庙）

图片四：这一站，小游客们声音要轻一点，不能嬉戏打闹，你们看看这是哪里？（南京大屠杀纪念馆）

图片五：猜猜下一站是哪里？

3. 幼儿根据景点图片了解南京城。

4. 教师总结：这就是我们的家乡，美丽的南京。你们了解它了吗？下面我们来玩一个游戏，游戏名字叫"猜景点"。

环节四：幼儿"大带小"开展游戏"猜景点"。

1. 幼儿"大带小"玩游戏"猜景点"。规则：弟弟妹妹背对着图片，进行猜景点，哥哥姐姐进行景点描述，大的幼儿通过观察图片，说出图片中有什么，可以说出景物的位置，有什么好玩的、好吃的，但不能说出名称。请小的幼儿猜是哪一个景点。

2. 教师总结：原来我们的南京有这么多好玩好看的地方，还有这么多好吃的，你们还知道南京有哪些著名的景点？那你们还想和我一起去旅游吗？我们现在就出发吧！

数学：坐地铁（3~6岁）

活动目标

共性目标：能够利用生活和游戏中的实际情景，初步理解数字的概念并结合生活需要手口一致地点数。

层次目标一：

1. 感知地铁三号线站点的数量，会手口一致地点数。

2. 能够根据数字符号提示，按顺序排列地铁三号线站点。

层次目标二：

1. 理解箭头指向不同方向所表示上车和下车的意义。

2. 尝试根据地铁三号线地图中箭头的方向，正确统计出上车、下车的人数。

重点：在地铁三号线地图的提示下，正确按数字顺序排列站点。

难点：排列站点数量超出了中班幼儿对数学数量的掌握范围，采用以大带小形式根据地图提示排列所有站点，大班幼儿能正确统计人数。

· 活动准备

经验准备：

幼儿初步了解南京地铁三号线，知道个别站点名称。

物质准备：

1. 事先布置好地铁三号线地图墙。

2. 教师做好地铁站点立体标志，每个站点有相应站点数字和站名。

3. 记录单、笔。

活动过程

环节一：教师带领幼儿到布置好的地铁三号线地图墙处，体验情境。

1. 教师：小朋友们，你们今天是怎么来幼儿园的呀？都乘坐了什么交通工具？

2. 幼儿在提问中参与活动，调动幼儿的积极性。

3. 教师：今天老师也和一些小朋友一样，是乘坐地铁来的。请乘坐地铁来的小朋友想一想，你坐的是几号线？是什么颜色的？

4. 幼儿回忆感知不同线路的地铁有不同的颜色特点。

5. 地铁线路从哪里开始的呢？你知道哪些站点？

6. 幼儿根据已有经验，初步认识南京地铁三号线。

环节二：幼儿感知操作材料实物站点标志。

1. 教师：我今天带了地铁站点玩具，你们猜猜筐子里的站点有多少个？怎样检验你们猜得对不对呢？

2. 幼儿提出用点数的方式。

3. 教师：请你们给这些三号线站点排队，排队的时候要怎么排列它们呢？

4. 幼儿观察站点立体标志，发现每个站点上都有数字。

5. 教师：有 2 个绿色的，其他都不是绿色的，怎么回事？我们再来看一看。（地铁三号线列车是绿色的，被称为"小绿"，教师的操作材料使用 2 个绿色站点，分别是起点和终点，其余的分布在 2 个绿色站点之间）

6. 小班的幼儿按数字摆放站点，中、大班的幼儿可以在旁协助。

7. 教师：按照站点标志上的数字来排队，不认识比较大的数字时可以找哥哥姐姐帮忙。

环节三：幼儿操作，教师巡回指导。

1. 中班幼儿能按顺序排列站点。

2. 大班幼儿在配合中班排列站点的基础上，在操作单上记录上下地铁的人数，并自编应用题。如：上车 8 个人，下车 2 个人，车上还剩几个人。

科学：认识方位（4~6岁）

活动目标

　　共性目标：初步感知物体基本的空间位置与方位，体验使用方位词描述物体位置和运动方向的乐趣。

　　层次目标一：

　　1. 感知上下、前后、里外等空间方位。

　　2. 学习按指令行动，遵守纪律。

　　层次目标二：

　　1. 认识上下、左右的位置关系，理解其相对性。

　　2. 能用较完整的语言使用"上北下南、左西右东"的规则描述物体的位置关系。

　　重点：学习方位词，并理解所使用的方位词的意思。

　　难点：学习地图的空间方位规则："上北下南、左西右东"。

活动准备

　　经验准备：

　　幼儿早操律动使用音乐《左手和右手》，熟悉此歌曲。

物质准备：

中国地图、音乐《左手和右手》、播放器。

活动过程

环节一：教师用歌曲导入，激发幼儿参与的兴趣。

1. 播放歌曲《左手和右手》。

2. 教师：你听过这首歌吗？这首歌的名字是什么？

3. 根据歌曲《左手和右手》的相应歌词内容，教师指导幼儿左手和右手配合做相应动作。

4. 教师：小朋友们，刚才你有根据歌词伸出左手和右手吗？哪只手是你的左手？哪只手是你的右手？

环节二：幼儿初步感知方位，认识上下、左右。

1. 了解左手和右手的作用，加深对左右的认识。

2. 教师：咱们都有一双灵巧的手，它们可是一对好朋友，左手和右手可以做些什么呢？

3. 幼儿结合生活经验回答左手和右手的作用。

4. 教师：在我们每个人的身上，有着很多像左手和右手一样的好朋友，看一看自己的身体，你能找出像这样的一左一右的好朋友吗？请你一边找一边和你的好朋友说一说。

5. 教师：谁愿意和大家说一说你身体上的一左一右的好朋友？我建议，他说到哪儿，咱们就指到哪儿，好吗？

6. 幼儿汇报寻找结果，边说边指，其余的幼儿也跟着指一指。

环节三：由身体上的方位过渡到抽象地图上的方位，找找中国地图上左右、上下相邻的省份。

1. 教师：小朋友们现在会认识身体上的左右了，那么你们会看地图吗？

2. 教师：我们一起来看看地图左上方的省份是什么形状的，它叫什么名字？在右下方的省份是什么形状的，它叫什么名字？

3. 幼儿初步感知地图，了解以其他事物为中心的方位概念。

4. 教师小结：我们把这种辨识方位的规则统一称为"上北下南、左西右东"。

环节四：通过"听口令，做动作"的游戏加深幼儿对方位概念的理解。

游戏"听口令，做动作"玩法：伸出你的左手，伸出你的右手，左手拍左肩，右手拍右肩，右手摸右耳，左手摸左耳，右手拍左腿，左手拍右腿，摸摸上面的头，摸摸下面的脚。

前拍拍，后拍拍，左拍拍，右拍拍，上拍拍，下拍拍。

左脚跳两下，右脚跳两下，左手叉腰，右手举起来，向左弯弯腰。

右手叉腰，左手举起来，向右弯弯腰。

音乐：《大中国》（4~6岁）

活动目标

共性目标：喜欢倾听好听的声音，能够用自己喜欢的方式来表达对音乐的感受，共同分享参与艺术活动的乐趣。

层次目标一：

1. 借助中国地图的提示，学唱歌曲《大中国》。

2. 感受音乐特有的旋律和风格，能够用语言表达内心的感受。

层次目标二：

1. 借助中国地图的提示，学唱歌曲，理解歌词的含义。

2. 尝试挥舞彩带来帮助自己更好地理解和记忆歌词。

3. 体验歌曲热烈奔放的情感，进一步萌发对祖国的热爱之情。

重点：感受歌曲特有的旋律和风格，在观察中国地图的基础上，理解歌词的含义。

难点：理解歌词的含义，学唱歌曲，结合歌曲创编相应的动作。

活动准备

1. 中国地图 1 张。

2. 音乐播放器，歌曲《大中国》。

3. 用皱纹纸制作的彩带若干。

活动过程

环节一：教师借助中国地图，帮助幼儿了解歌词。

1. 教师：我今天带来了一张地图，大家一起来看看这是什么地图。

2. 幼儿观察中国地图，初步熟悉歌词内容。

3. 教师：地图中间有两条从西向东的河流，它们分别叫什么名字？（长江、黄河）地图西部还有一座世界最高峰，它叫什么名字？（珠穆朗玛峰）

环节二：教师带领幼儿初步欣赏音乐《大中国》，感受歌曲特有的旋律和风格。

1. 教师：我今天还带来了一首歌，这首歌把我们刚才在地图上观察到的场景都唱了出来，这首歌的名字叫《大中国》，我们先一起来听一听。

2. 教师播放音乐《大中国》。幼儿倾听，初步感知歌曲的旋律以及歌词。

3. 教师：听了这首歌曲，你有什么感觉？你想做什么事情？

4. 幼儿表达自己欣赏之后的体验和感受。

环节三：师幼借助中国地图，共同回忆歌词的内容。

1. 教师：这首歌里都唱了些什么呢？你听到了哪些内容？

2. 幼儿借助中国地图，与教师共同回忆歌词的内容，边唱边在地图上指相应的位置。

3. 教师与幼儿共同多次演唱歌曲。

环节四：幼儿观看教师表演《大中国》的舞蹈，体验舞蹈欢快、活泼的情绪。

1. 教师：我根据这首歌曲编排了一个好看的舞蹈。下面请小朋友们看我跳。

2. 幼儿观看教师表演舞蹈。

3. 教师：我做了哪些动作？请你们想一想，还可以做什么动作？

4. 幼儿结合音乐、歌词，创编舞蹈动作。

5. 师幼共同表演舞蹈。

环节五：幼儿在教师启发下，"大带小"合作创编朝不同方向挥舞彩带的表演动作。

1. 教师：除了可以像老师那样挥舞彩带，还可以朝哪个方向挥？请你找一个哥哥姐姐或者弟弟妹妹一起试试看。

2. 个别幼儿展示自己的创编动作，并带着大家一起做，尝试集体随音乐一起表演。

环节六：幼儿欣赏音乐，能够在音乐中大胆地用肢体语言表达自己的感受。

幼儿在音乐的伴奏下，尝试完整地表演舞蹈3～4遍，再次感受歌曲。

附歌曲：

大中国

高枫 词曲

i - - $\widehat{12}$ | 3 - - $\dot2\dot1$ | $\dot2$ - - $\dot3\dot2$ | $\dot1.\dot1$ $\dot1$ $\widehat{65}$ | 5 - - $\widehat{12}$ |

她。　　中国，　　祝福你，　　你永远在我心里，　中

$\dot3$ - - $\dot2\dot1$ | $\dot2$ - - $\dot3\dot2$ | $\dot1.\dot1$ 6 5 | $\overset{\frown}{\dot1}$ - - - | $\dot1$ - - X |

国，　　祝福你，　　不用千言和万语。　　　　　　嘿！

(5.$\underline{6}$ 56 16 $\dot1$ | 5.$\dot1$ 65 32 3 | 3.$\underline{6}$ 53 21 2 | 2.$\underline{5}$ 32 16 1) ‖

$\dot1$ - - $\widehat{12}$ | 3 - - $\dot2\dot1$ | $\dot2$ - - $\dot3\dot2$ | $\dot1.\dot1$ $\dot1$ $\widehat{65}$ | 5 - - $\widehat{12}$ |

语。　　中国，　　祝福你，　　你永远在我心里，　中

$\dot3$ - - $\dot2\dot1$ | $\dot2$ - - $\dot3\dot2$ | $\dot1.\dot1$ 6 5 | $\overset{\frown}{\dot1}$ - - - | $\dot1$ - - 0 ‖

国，　　祝福你，　　不用千言和万语。

小组化活动

美工：制作我的幼儿园地图（3～6岁）

活动目标

层次目标一：

1. 在已有经验的基础上，发现幼儿园平面图上还缺少的重要的地点和设施。

2. 借助观察、回忆、相互交流等方法，更加准确、精细地绘制缺少的地点和设施。

3. 在活动中能与同伴分工合作，遇到问题能够相互协商解决。

层次目标二：

1. 小、中班幼儿借助观察、倾听大班幼儿介绍等方式，进一步了解幼儿园内的空间布局，以及幼儿园中重要的建筑和设施所在的位置。

2. 幼儿进一步萌发对幼儿园的热爱之情。

活动准备

物质准备：

1. 教师自制幼儿园大型平面图，图上只绘制幼儿园的主要建筑和操场。

2. 蜡笔、水彩笔、勾线笔、铅笔、尺子若干。

活动过程

环节一：教师出示自制的幼儿园平面图，师幼共同回忆幼儿园的主要建筑，建筑所在的位置以及建筑中有哪些班级。

1. 教师：今天我带来了一幅有趣的地图，请你猜一猜这是什么地方。

2. 教师展示自制的幼儿园大型平面图。

3. 教师：这是什么地方？谁愿意来说一说，这幅地图上都有哪些建筑，它们分别叫什么名字，在什么位置，建筑物里面都有哪些班级？

4. 幼儿回忆之前活动中实地调查了解到的信息并进行表述。

环节二：教师启发幼儿思考幼儿园平面图中还有哪些没有绘制出来的地点或设施。

1. 教师：这幅幼儿园地图上还缺少些什么呢？你觉得还需要增添些什么内容才能使这幅幼儿园地图更加完整、清晰？

2. 教师启发幼儿根据自己的已有经验思考平面图上还缺少哪些重要的地点和设施，同时启发幼儿思考缺少的地点或设施应该画在什么位置。

环节三：师幼共同绘制幼儿园平面图，增添缺少的地点或设施。

1. 教师：今天，我们就来一起为这幅地图增添一些缺少的地点或设施，比如（教师根据幼儿之前的回答进行归纳）升旗台、小长廊、种植园地、小山坡、车棚、沙箱、拱门等，使这张地图更加完整、清晰。

2. 教师：大班小朋友先互相商量一下，确定各自负责画什么。分工好了以后自己想一想需要哪些材料，然后自己去取，做好绘制地图前的准备。

3. 幼儿讨论分工，进行大胆构思。

4. 师幼共同绘制幼儿园平面图，在绘制的过程中，教师注意启发幼儿关注缺少的地点或设施大致处在什么位置，方向是怎样的，形状是怎样的，怎样绘制更加真实等问题。如果幼儿不是很明确，可以提醒幼儿到园中进行实地观察。

5. 幼儿回忆、观察、制作幼儿园平面图。

环节四：向小、中班幼儿展示师幼共同绘制的幼儿园平面图，大班幼儿负责对平面图进行介绍。

1. 完成绘制后，教师与大班幼儿共同向小、中班幼儿展示幼儿园平面图。

2. 教师：我和大班的哥哥姐姐一起，在我画好的幼儿园地图上又增加了一些内容。我们请大班的哥哥姐姐给我们介绍一下，新增加了哪些内容？

3. 大班幼儿介绍在平面图上增加了哪些重要的地点和设施。

环节五：师幼共同将绘制的幼儿园平面图张贴在"我的幼儿园"主题墙上，美化班级环境。

区域活动

益智区：班级地图（4~6岁）

材料：

教室地图空白底板、教室各部分陈设、家具的照片图标。

指导重点：

1. 在观察教室布局的基础上，将照片图标粘贴在相应的位置上。

2. 能用清晰的语言大胆地与同伴交流班级物品所在方位。

科学区：南京旅游地图（3~6岁）

材料：

南京旅游地图底板一份、难易程度不同的拼图若干（见图4-41）。

图4-41

指导重点：

1. 根据南京旅游地图底板，自主选择不同难易程度的拼图进行游戏。

2. 能按照一定的顺序进行拼图，例如：从左往右、从上到下或从右往左、从下往上。

图4-42

数学区：地铁三号线（4~6岁）

材料：

标有地铁三号线29个站点的瓶盖、标有每站上下客人数的记录表。

指导重点：

1. 在已有经验的基础上，按顺序对29个站点进行排列。（见图4-42）

2. 能够利用记录表统计上下地铁的人数。（见图4-43）

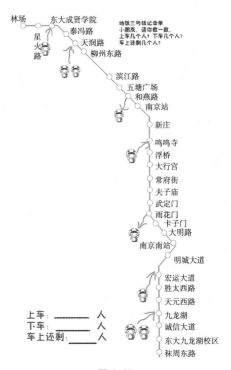

图4-43

益智区：南京旅游地图棋（3~6岁）

材料：

南京旅游地图底图、与底图上的照片一致的卡片两套（一套为红队卡片、一套为蓝队卡片）、骰子。（见图4-44）

图4-44

指导重点：

1. 分成红蓝两队，借助骰子或"包剪锤"游戏，利用南京旅游景点图片下棋，进一步了解南京的主要旅游景点。

2. 能与同伴友好地游戏，共同商讨并遵守游戏规则。

线索二：有趣的地图

集体活动

社会：我的房间（4~6岁）

活动目标

共性目标：愿意和同伴一起游戏，共同讨论，学会合理分工与理解别人。

层次目标一：

1. 了解房间内的不同物件，清楚房间结构。

2. 中班幼儿尝试和大班幼儿分工合作，商讨合适的布置方法。

层次目标二：

1. 学习整理和布置自己的房间。

2. 大班幼儿尝试带领中班幼儿分工合作，把房间内物品合理布置在适当的位置。

重点：能在集体面前清楚描述自己的房间。

难点：尝试用有序协商、讨论、合作的方式，以小组为单位完成房间布置活动。

活动准备

物质准备：

1. 幼儿自己房间的照片。

2. 图片：幼儿读书、玩玩具、接待朋友等。

3. "娃娃家"游戏中用的小床、桌子、台布、花瓶等道具。

活动过程

环节一：幼儿介绍自己的房间，交流自己在房间里的活动。

1. 教师：我有一个属于自己的小小世界，在那里可以做我想做的事，这就是我的房间，你们有自己的房间吗？

2. 大班幼儿基本都有自己独立的房间，个别中班幼儿也有自己的房间，在谈话过程中鼓励幼儿大胆地表达、交流。

3. 幼儿与同伴自由交谈，介绍自己的房间。

4. 教师：我刚刚听到了好多有趣的房间，请你们向大家介绍一下吧。

5. 请个别幼儿在集体面前介绍自己的房间，同时教师展示幼儿的房间照片。

6. 教师小结：小朋友们自己的房间里有床、书桌、橱柜、灯。

7. 教师：你们在自己的房间里都做些什么？

8. 幼儿相互交流，教师出示相应的图片。

9. 师幼共同小结。

环节二：幼儿讨论自己在房间里做的事情，为自己的房间感到自豪。

1. 教师：你们的房间里有书橱、钢琴，房间里的装饰真是太漂亮了。你们平常在房间里都会做什么事情呢？

2. 幼儿和同伴讨论、交流，教师出示图片。

环节三：师幼共同讨论怎么样让自己的房间更加舒适。

1. 教师：我们怎么管理好自己的房间？可以做哪些事情？什么样的房间会让你感觉比较舒服呢？

2. 师幼共同小结：为了能在房间里更好地生活，我们应该及时整理房间、打扫卫生，保持房间整洁，并且可以自己动手布置房间。

环节四：模拟游戏"为林林布置房间"。

1. 教师：有一个叫林林的小朋友，他想请你们来帮帮忙。林林刚搬进新家，他想请小朋友们帮他设计、布置他的房间。

2. 幼儿分组讨论，制定方案后参与到操作活动中。

3. 将幼儿分成若干组，在班级较大的区域内利用半成品或成品材料布置儿童房。

4. 小组间互相欣赏、交流，评选出最佳儿童房。

语言：我的房间地图（4~6岁）

活动目标

共性目标：能够基本完整、有序连贯、清楚地讲述一件事情，并愿意用图画、符号和手工的多种方式表现事物或者故事。

层次目标一：

1. 观察图画书，并能用完整的语言表达自己的观点与想法。

2. 学习为自己的图画配解说词。

层次目标二：

1. 幼儿在了解图画书基本构造的基础上，乐意独立地绘制图书。

2. 能根据自己的房间地图，大胆描述房间里物品的摆放。

重点：能够大胆描述自己房间里物品的摆放。

难点：在了解房间的基础上绘制房间地图。

活动准备

物质准备：

1. 白纸若干、彩笔若干、订书机。

2. 绘本《我的地图书》。

活动过程

环节一：教师出示图画书，引导幼儿初步了解图画书的组成。

1. 教师：你们知道一本书由哪些方面组成吗？

2. 幼儿观察图画书，大胆表达。

3. 幼儿通过看、摸、听等方式了解一本书的组成。

环节二：激发幼儿制作图书的兴趣。

1. 教师：你们想拥有一本自己制作的图书吗？请大家说一说如何制作图书？制作图书需要什么材料？

2. 教师启发幼儿选择3~4个人物形象（可以是动物，也可以是人），提醒幼儿在设计图书的封面时，应突出故事的人物和主题，注意画面和画面之间的衔接。

环节三：幼儿制作自己的房间图画书。

1. 幼儿选择制作图书的材料，自己设计房间，根据自己的已有经验画出自己的房间，并绘制成图书。

2. 在幼儿制作的过程中，教师要提醒幼儿画面不要过多，帮助跟不上进度的幼儿选择过去听过的故事中印象最深的画面绘制成新的图书。

环节四：幼儿讲述绘制房间图书的内容。

1. 请幼儿把自己创设的房间图书讲给大家听，引导幼儿完整讲述。

2. 教师提示：××小朋友做的房间图书真好，介绍得也有趣，我们来看看他的书上有什么？他的书上有没有文字？让幼儿了解图画和文字的转换关系。让幼儿了解画面也可以表达要说的话，只要仔细地观察画面，就能看懂图书所要表达的意思。

3. 请幼儿互相交流自己制作的图书内容。

健康：我的一天地图（3~6岁）

活动目标

共性目标：能够保持有规律的生活，养成良好的作息习惯。

层次目标一：

1. 尝试大胆地表述自己周末一天的时间安排。

2. 知道要珍惜时间，不浪费时间。

层次目标二：

1. 用连贯、完整的语言，有序地表述自己周末一天的时间安排。

2. 在观察图文形式的时间安排表的基础上，将自己周末一天的时间安排画出来。

3. 合理安排自己的周末时间，尽可能地做到劳逸结合。

重点：用连贯、完整的语言，有序地表述自己周末一天的时间安排，理解劳逸结合的含义。

难点：尝试用清楚、明确、有序的方式，将自己周末一天的时间安排画出来。

活动准备

经验准备：

幼儿了解幼儿园的一日生活作息，知道一日生活流程。

物质准备：

1. 图文形式的幼儿在园一日生活时间安排表。

2. 白纸若干张（其中一些白纸已经对折叠出了 6 个方框）、彩笔若干。

3. U 盘 1 个、电视机 1 台。

活动过程

环节一：教师出示图文形式的幼儿在园一日生活时间安排表，师幼共同回忆幼儿园的一日生活。

1. 教师出示图文形式的幼儿在园一日生活时间安排表。

2. 教师：小朋友们从早上入园到下午离园需要做哪些事情呢？

3. 幼儿回忆一日生活的流程。

4. 师幼根据安排表共同回忆幼儿园的一天。

5. 教师：这张图文时间安排表包含哪些内容？表中的数字是什么意思？

6. 教师总结：数字表示时间段，从几点到几点，后面的文字和图画表示这个时间段小朋友们在幼儿园里需要做的事情。这样的方式能够清楚地展现出小朋友们每天在幼儿园都做哪些事情，先做什么，后做什么。

环节二：教师启发幼儿回忆自己周末一天的时间安排，并表述出来。

1. 教师：你周末在家的一天是怎样度过的呢？先做什么，再做什么？谁能用连贯、完整的语言，有序地表述出来？请你先和你周围的好朋友说一说。

2. 教师：谁愿意把自己周末一天的时间安排和我们分享一下呢？

3. 幼儿讲述。主要请中、大班幼儿和个别小班幼儿将周末一天的时间安排用自己的语言表述出来。教师根据幼儿的表述进行点评，有针对性地指出幼儿表述中精彩的地方和存在的问题。

环节三：幼儿在回忆和表述的基础上，将自己周末一天的时间安排画出来。

1. 教师：如何让别人简单、快速地了解你周末一天的时间安排呢？我们可以怎样制作一张"我的周末一天"时间地图？这张地图上需要包含哪些内容？

2. 教师：我为中班小朋友提供了一些已经折出印子的白纸，中班小朋友可以直接在这张白纸上，按照顺序画出你周末一天的时间安排。我为大班小朋友提供的是没有印子的白纸，你可以根据自己的想法，画出你周末一天的时间安排，画之前可以先想一想，用什么方式可以让别人很清楚地知道，你什么时间做什么事情，先做什么，后做什么。

3. 幼儿绘画，教师进行巡回指导。

环节四：教师启发幼儿，在日常生活中不要浪费时间，做到劳逸结合。

1. 幼儿搬椅子围坐在一起。

2. 教师：从刚才小朋友们画"我的周末一天"时间地图的过程中，我发现有些小朋友周末一天要上很多的兴趣班，有些小朋友周末一天长时间看电视。我觉得这两种情况都不是很好。在日常生活中，我们要做到劳逸结合。什么是劳逸结合呢？就是要把学本领和休息、玩游戏结合在一起，不能一直学本领，也不能一直休息、玩游戏，这样我们每个人才能更健康、更能干。

3. 教师：在日常生活中，我们还要做到抓紧时间，不磨磨蹭蹭，不浪费时间，这样我们才会拥有更多的时间来做自己想做和需要做的事情。

4. 教师将幼儿的作品贴在作品展示区，方便幼儿之间相互交流。

小组化活动

美术：我的房间地图（4～6岁）

活动目标

层次目标一：

1. 尝试运用绘画方式装饰"我的房间"地图。

2. 通过欣赏不同房间布置的平面图片，能大胆装饰"我的房间"地图。

3. 愿意用画笔来表现自己的房间，感受当小小设计师的乐趣。

层次目标二：

1. 尝试运用剪贴、绘画等方式装饰"我的房间"地图。

2. 有创意地、大胆地运用废旧材料装饰自己的房间。

3. 在制作过程中能与同伴分享工具、材料和活动空间。

活动准备

物质准备：

1. 教师制作好平面和立体的"我的房间"地图范例各 1 个，设计图片若干。

2. 绘画纸、剪裁好制作立体房间地图的卡纸。

3. 辅助材料、压花器、彩色手工纸、彩色笔、剪刀、胶棒等。

活动过程

环节一：教师出示"我的房间"地图范例，引起幼儿兴趣。（准备 2 份地图，一份是立体的，一份是平面的）

1. 教师：这是我的房间地图，你们想不想参观一下？

2. 教师使用视频展示仪展示平面地图：一进门是我的梳妆台，左边是床，床的左边是衣柜，墙上还挂了一幅照片……你们也来做一个自己的房间地图吧。

3. 教师：除了平面房间地图，我还带来了一份立体房间地图哦！我们一起来看一看。

4. 幼儿通过欣赏平面和立体的房间地图，对设计自己的房间地图产生兴趣。

环节二：师幼共同探讨制作"我的房间"地图的方法。

1. 教师出示平面纸张材料，师幼共同进行探讨，如何设计自己的房间地图。

2. 幼儿分小组设计自己的房间地图。

3. 教师分组指导，中班幼儿设计平面地图，大班幼儿设计立体地图。

4. 教师向大班幼儿出示粘贴好和未粘贴的卡纸材料：我们可以用什么东西来做房间地图呢？怎么使用这些卡纸？做地图需要用到哪些工具和材料？

5. 教师出示各种工具材料。

6. 教师：怎样使用这些工具可以帮助我们把自己的房间地图装饰得更漂亮？你想在里面装饰哪些东西？可以用什么方法？怎么让自己的房间和别人的不一样？

环节三：幼儿选择自己喜欢的方案，用提供的各种材料装饰自己的房间地图。

1. 教师引导幼儿欣赏屏幕上的图片，参考、借鉴其中的装饰方法。

2. 教师引导幼儿与同伴友好合作、共享材料和空间；鼓励幼儿大胆使用辅助材料和工具；提醒幼儿注意作品的整体美观。

环节四：教师展示幼儿制作的"我的房间"地图，引导幼儿互相欣赏和交流。

社会：我的家谱（3～4岁）

活动目标

层次目标一：

1. 通过交流，了解家庭成员的关系，知道"我"从哪里来。

2. 愿意和同伴交流自己的家庭，爱自己的家庭，为自己的家庭感到骄傲。

层次目标二：

1. 能够从下往上，按照图谱标记将照片摆放在相应位置。

2. 激发热爱家庭的情感，为自己的家庭感到骄傲。

活动准备

物质准备：

1. 每个幼儿带来两张一模一样的全家福照片。

2. 幼儿操作单"家谱示意图"。

3. 剪刀、胶棒等。

活动过程

环节一：教师出示一张幼儿的全家福照片，引起幼儿兴趣。

教师：有一个小朋友给我们带来了一张照片，我们请他给大家介绍一下，照片里的人都是谁。这张照片有一个好听的名字，大家猜一猜叫什么。

环节二：教师引导幼儿讨论、交流自己的全家福照片，制作属于自己的家谱。

1. 教师引导幼儿向同伴介绍自己的全家福照片，激发热爱家庭的情感。

2. 帮助幼儿了解什么是家谱，相互讨论制作家谱的方法。

3. 教师：我们都有幸福的家庭，家里有好多人，他们彼此之间是什么关系？可以用什么好的方法来表达呢？（帮助幼儿了解家谱是一种以图表形式记载以血缘关系为主体的家族世系繁衍和重要人物事迹的特殊图书体裁）

4. 教师出示图谱，引导幼儿仔细观察图标，幼儿讨论制作图谱的方法（例如：从下往上贴）。

环节三：教师展示幼儿制作的家谱，引导幼儿互相欣赏和交流。

教师请个别幼儿展示自己设计的家谱，与同伴分享交流制作经验。

美术：制作我的一天时间地图（5～6岁）

活动目标

层次目标一：

在回忆已有经验的基础上，将自己周末一天的时间安排用绘画的方式表达出来。

层次目标二：

体验自己动手制作"我的一天"时间地图的乐趣，进一步养成合理安排一日生活的学习习惯。

活动准备

物质准备：

1. 教师里贴有"一日生活作息时间表"。

2. 铅画纸若干，水彩笔、铅笔、直尺、橡皮、胶棒若干，各色卡纸若干。

3. 大班数学材料：时钟卡片若干。

4. 封塑机1台。

活动过程

环节一：教师出示"一日生活作息时间表"，引导幼儿关注作息时间表中所包含的要素。

1. 教师出示"一日生活作息时间表"。

2. 教师：这是什么？它是用来干什么的？这张时间表中包含哪些信息？数字有什么

作用？为什么要写这些数字？

环节二：教师启发幼儿回忆自己周末一天的时间安排，并介绍所提供的材料。

1. 教师：不上幼儿园的周六和周日，你是怎么安排的？上午做什么？下午做什么？晚上做什么？请你先和周围的小朋友相互交流一下。

2. 幼儿回忆自己周末一天的安排。

3. 教师：今天要请每1个小朋友把自己周末一天的时间安排画下来。我为每个小朋友准备了一张大白纸，你们可以自己设计这张时间地图的呈现方式。地图上的时间如何进行表达呢？我为小朋友们提供了一些时钟卡片，你们可以用卡片表示时间，也可以自己尝试着写时间或是画时钟。

环节三：幼儿自主创作自己周末一天的时间地图，并尝试用不同的方法表达时间。

1. 幼儿开始自主创作自己周末一天的时间地图。

2. 教师巡回观察，鼓励幼儿用自己的方式来呈现时间地图，帮助幼儿用不同的方式来表达时间。

环节四：幼儿将自己创作的"我的一天"时间地图粘贴在卡纸上，教师帮助幼儿进行过塑。

1. 幼儿选择自己喜欢的颜色的卡纸，将自己创作的"我的一天"时间地图粘贴在卡纸上。

2. 教师帮助幼儿将"我的一天"时间地图过塑。

3. 教师：小朋友们可以将"我的一天"时间地图带回家，贴在自己的房间里。有了"我的一天"时间地图之后，大家就要根据这张时间表来合理地安排自己周末一天的生活。

区域活动

美工区：制作我的房间（4~6岁）

材料：

不同质地的纸（绘画纸、卡纸、包装纸等）、压花器、彩色笔、剪刀、胶棒等。

指导重点：

1. 4~5岁幼儿能使用多种材料，在平面上大胆装饰我的房间地图，使得房间陈列布局合理。

2. 5~6岁幼儿能使用不同材料进行立体布局。

表演区：房间里的故事（3~6岁）

材料：

师幼共同制作"我的房间"，"房间"内有床、橱柜、桌子、椅子等家具，橱柜内摆有首饰、衣服等物品，还配有幼儿用超轻黏土制作的娃娃。

指导重点：

1. 幼儿用娃娃在"我的房间"里进行自编、自导、自演。

2. 幼儿在游戏的过程中学会爱护玩具，自己收拾整理区域。

线索三：藏宝图、迷宫地图

集体活动

健康：找宝藏（3~6岁）

活动目标

共性目标：在活动中学会自我保护，提高安全意识，能够坚持完成适合自己年龄特点的各项集体活动，不怕累。

层次目标一：

1. 在自然的环境中，尝试新奇的、有趣的活动。

2. 积极思考，学习如何快速找到"宝藏"的方法。

3. 培养幼儿愿意亲近自然的情感。

层次目标二：

1. 与同伴游戏时，学会商量和采纳他人意见。

2. 初步培养幼儿勇敢、不怕困难的精神品质。

重点：学习"大带小"的合作方式。

难点：合作中能够互相帮助、互相体谅。

活动准备

物质准备：

1. 怪兽、宝藏、勇士奖章各若干，保龄球、沙包、酸奶瓶、报纸团、可乐罐等。

2. 场地布置：教师将"怪兽"藏在各个角落，将"宝藏"也藏起来。

3. 音乐播放器，音乐《瑞典狂想曲》。

活动过程

环节一：利用园内的自然环境，如凹凸不平的跑道、柔软的草地等进行热身活动。

1. 教师：小朋友们，我们一起走过"独木桥"，再跳过"大石头"，就到"大森林"啦！

2. 幼儿进行走、跑、跳、爬、钻等基本热身动作。

环节二：教师创设游戏情境，激发幼儿的兴趣。

1. 教师："森林"里有很多"宝藏"，可是却有很多"怪兽"守卫着这些"宝藏"。我们只有打败了"怪兽"，才能得到珍贵的"宝藏"，下面我们该怎么办呢？

2. 幼儿发挥想象，大胆表达消灭"怪兽"的各种方法。

3. 引导幼儿做些准备活动（压压腿、"乘飞机"、侦察"怪兽"、"跳伞"、"打怪兽"等）。

4. 派出几名"勇士"前去侦察，并报告"怪兽"躲藏的地点。

5. 安全教育：教师提醒"勇士"们注意"森林"里的危险地带，让幼儿初步学会保护自己。

6. 教师提供多种"打怪兽"的武器和野战装备，鼓励幼儿自由挑选。将幼儿分成两组：苹果组和香蕉组。

环节三：幼儿开展游戏活动。

1. "打怪兽"。（配合紧张的音乐）

要求：必须将前进道路上的"怪兽"全部消灭，才能找到"宝藏"。

（1）幼儿挎上小挎包，选择自己喜欢的"武器"装备，准备出发。

（2）教师引导幼儿相互合作，以最快的时间勇敢地消灭"怪兽"。

（3）让幼儿互相交流，讨论哪种"武器"能最快地消灭怪兽。

（4）"勇士"们再次检查"怪兽"是否全部被消灭。

（5）教师提醒幼儿及时使用干毛巾擦汗，避免着凉。帮助个别易出虚汗的体弱动儿更换汗巾，保持内衣的干爽。

2. "寻宝藏"。（配合柔和的音乐）

教师鼓励幼儿耐心、细致地寻找宝藏，引导幼儿相互帮助。

环节四：分享、放松活动。

1. 幼儿交流分享自己找到了什么宝藏，找到后的心情是怎样的。

2. 教师为找到宝藏的"勇士"们颁发勇士奖章。

3. 带领幼儿做放松活动，轻轻拍打腿部，互相按摩肩膀等身体部位。

4. 师生一起整理好"武器"装备"回家"。

美术：街道旁的建筑（3～6岁）

活动目标

共性目标：喜欢欣赏并关注自然界和生活环境中美的事物的色彩和形态等基本特征，

并用不同的表现手法表达自己的感受和想法。

层次目标一：

1. 运用剪好的几何图形拼贴出房子。

2. 通过探索、交流，了解房子的不同组合方法。

层次目标二：

1. 根据与同伴交流的结果，迁移已有经验，设计不同造型的建筑物。

2. 尝试用不同的形状组合成造型各异的建筑物。

3. 愿意和同伴共同活动，能够为同伴提供适当的帮助。

重点：在观察的基础上，设计不同造型的建筑物，并对操作材料进行剪贴组合。

难点：大班幼儿与小、中班幼儿合作，共同设计、剪贴组合造型各异的建筑物。

活动准备

物质准备：

1. 小托盘若干个，胶棒、勾线笔若干支，剪刀若干把。

2. 多种颜色的彩纸若干张，白色底板纸若干张。

3. 各种风格的建筑物图片若干。

4. 幼儿与家长共同制作"我家周围的地图"。

活动过程

环节一：教师出示幼儿和家长共同制作的"我家周围的地图"，帮助幼儿回忆已有经验。

1. 教师出示幼儿和家长共同制作的"我家周围的地图"。

2. 教师：这些都是小朋友和家长共同设计的"我家周围的地图"。你在这些地图上都看到些什么？除了道路以外，还有什么呢？

3. 幼儿根据已有经验进行回答。

4. 教师：道路的周围还有各种各样造型的建筑物。

环节二：师幼共同欣赏各种各样的建筑物的图片，教师引导幼儿感受建筑物的造型特点。

1. 教师出示各种风格建筑物的图片。

2. 教师：你喜欢哪座建筑物？那座建筑物有什么特点？它总体是什么形状的？屋顶是什么形状的？屋顶下面是什么形状的？颜色上有什么特点？不同建筑的高度、大小一样吗？

3. 幼儿根据自己的观察进行回答，教师进行回应，帮助幼儿感知不同建筑物的不同造型特点。

4. 教师：今天就要请一个大班的哥哥姐姐和一个小、中班的弟弟妹妹两人一组，一个人当小小设计师，一个人当小小建筑师，来设计建筑物。

环节三：教师交代活动中的材料使用和注意事项。

1. 教师：哥哥姐姐是小小设计师，负责设计建筑物；弟弟妹妹是小小建筑师，负责盖建筑物。设计师要先问问建筑师一起盖一个什么样的建筑物，是高高的还是矮矮的，是尖顶的、圆顶的还是梯形顶的，是高楼大厦、城堡还是小房子，然后再开始设计，可不能一个人说了算哦！

2. 教师：我们每个小组都有一套工具，在托盘里面：一支勾线笔、一把剪刀、一支胶棒，还有盖房子时需的彩色纸和白色底板纸。

3. 教师将工具和材料分发给幼儿。

环节四：幼儿两两一组进行创作，教师做适当的指导。

1. 幼儿两两一组进行创作。

2. 教师重点提醒：① 设计师要先问问建筑师想要盖一个什么样的房子，然后再开始设计；② 盖房子的事情由建筑师负责，如果建筑师遇到困难了，设计师可以帮助，但不能变成设计师来盖房子；③ 如果彩纸不够或需要其他颜色的彩纸，可自行取用。

环节五：提示幼儿完成创作之后及时将桌面、地面打扫干净。

1. 幼儿快要完成时，教师提醒幼儿将建筑物沿轮廓线剪下。

2. 教师提醒幼儿及时将桌面、地面打扫干净。

活动延伸

在此活动的基础上，开展玉米造型创作，用彩色玉米粒制作立体造型的房子，帮助幼儿实现从平面到立体经验的迁移。

小组化活动

美术：迷宫地图（5~6岁）

活动目标

1. 在欣赏迷宫的基础上，能大胆想象，设计出自己喜欢的迷宫地图。

2. 借助班级现有迷宫地图的游戏经验，尝试用复杂的线条丰富迷宫地图路线。

3. 乐于设计，能认真、独立地完成自己的作品。

活动准备

物质准备：

1. 不同难易程度的迷宫地图范例若干。

2. 绘画纸、油画棒、水彩笔若干。

活动过程

环节一：教师出示班级现有的迷宫地图范例，引导幼儿回忆并讨论迷宫地图的基本特征。

1. 教师：这是我们班的一些迷宫地图，请你说一说，迷宫地图有哪些特点？你喜欢的迷宫地图是什么样的？

2. 教师引导幼儿通过提问和观察，相互进行讨论和交流。

环节二：教师与幼儿讨论迷宫设计，为设计自己喜欢的迷宫地图做准备。

1. 教师引导幼儿讨论设计迷宫：你喜欢什么样的迷宫？你想设计什么主题的迷宫？

2. 教师引导幼儿总结迷宫的特点：有一条从起点到终点的正确路线，在不同的分叉位置有一些走不通的路线。

环节三：幼儿设计自己喜欢的迷宫，教师适当指导。

1. 教师：画迷宫时尽量把路线画多一些，尽可能地把纸张画满。

2. 指导幼儿根据自己的喜好设计不同主题的迷宫：海底迷宫、森林迷宫、城堡迷宫等。

环节四：教师展示幼儿设计的迷宫地图，引导幼儿互相欣赏和交流。

1. 教师：你设计的是什么迷宫地图？你最喜欢的是什么地方？

2. 幼儿互换交换迷宫地图玩，看看能不能顺利走出别人设计的迷宫。

区域活动

生活区：绣藏宝地图（5～6岁）

材料：

针、线、布、剪刀、绷子若干。

指导重点：

1. 自己在布上画"我的藏宝地图"，然后利用针线缝起来。

2. 学会自己穿针引线、打结，有耐心地进行操作。

美工区：城堡设计（4～6岁）

材料：

城堡设计图、KT 板、纸盒、瓶盖、超轻黏土、彩色卡纸、泡沫纸、皱纹纸、彩纸、剪刀、压花器、双面胶、泡沫胶等。

指导重点：

    1. 根据城堡设计图，利用各种材料制作城堡花园，自己在美工区材料库中选取材料。

    2. 正确使用剪刀等工具，做事有一定的计划性，设计自己喜欢的城堡。（见图 4-45、图 4-46）

图 4-45

图 4-46

美工区：玉米造型（3~6岁）

材料：

    玉米造型材料、托盘、水、小毛巾若干。

指导重点：

    1. 利用玉米造型材料制作各种造型的建筑物。

    2. 在游戏过程中保持桌面和地面整洁，养成良好的行为习惯。

建构区：建构一座花园城堡（3~6岁）

材料：

    轨道积木、小火车、各种形状的清水积木若干。

指导重点：

1. 用轨道积木和各种形状的清水积木，建构各种形态的城市轨道交通系统，并在建构好的轨道交通系统上运行小火车。

2. 在使用清水积木的时候注意安全，能够做到轻拿轻放。

线索四：抽象的地图

集体活动

健康：我的身体（3～4岁）

活动目标

1. 认识主要的身体部位，知道头、脚、手的位置和作用。

2. 能够积极地参加活动，能听口令迅速指出相应的身体部位。

重点：了解身体的主要部位，知道头、脚、手的位置和作用。

难点：能听口令迅速指出相应的身体部位。

活动准备

经验准备：

有过拼图的经验。

物质准备：

1. 人体拼图若干。

2. 肢体可活动的玩具娃娃1个。

活动过程

环节一：教师以情境导入，引导幼儿观察玩具娃娃。

1. 教师（模仿娃娃的语气）：你们好，我是小娃娃，看到你们真是太开心了！对了，我和你们长得像吗？

2. 幼儿观察娃娃，探索娃娃的组成部分。

3. 教师引导幼儿从上往下认识娃娃的身体部位，也请幼儿指一指自己的身体部位。

教师（模仿娃娃的语气）：我有一个圆圆的头，我有一个大大的躯干，我有两条手臂，我有两条腿。

幼儿：我有一个圆圆的头，我有一个大大的躯干，我有两条手臂，我有两条腿。（幼儿边说边用手指出自己相应的部位）

4. 师幼小结：我们大大的身体上有头、手臂、腿和脚。

环节二：引导幼儿初步了解头、手、脚的作用。

1. 教师：那你们知道我们的头、手、脚各有什么作用吗？

2. 幼儿回忆已有的经验，一起说一说，做一做。

3. 教师小结：我们的头上有眼睛、鼻子、嘴巴，可以思考；手可以拿勺子、筷子，可以弹琴、写字；脚可以跑步、走路、踢球。

环节三：幼儿观察娃娃，组装人体拼图。

1. 教师：今天有一些小娃娃来我们班做客啦，让我们一起去看一看吧。

2. 幼儿自选小组活动，观察娃娃，组装人体拼图。

环节四：幼儿在游戏中深入感知人体的部分构成，了解自己的身体部位。

1. 玩游戏"在哪里"，根据教师的口令，幼儿迅速指出相应的身体部位。

2. 玩游戏"头发、肩膀、膝盖、脚"，幼儿和教师一起念儿歌，边念儿歌边轻拍相应的身体部位，根据需要变化速度。

科学区：颜色实验室（4~6岁）

材料：

　　玻璃瓶、红黄蓝三原色的色水、洗笔筒、排笔、滴管、小托盘、小毛巾、难易程度不同的颜色地图记录表、玩法说明书。

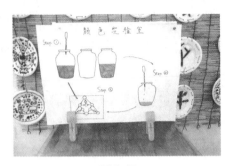

图 4-47

指导重点：

　　1. 观察"颜色地图记录表"，根据玩法说明书上的步骤，探索颜色混合的结果，并将探索结果记录在"颜色地图记录表"上。（见图 4-47）

　　2. 能够将颜料准确地涂在规定的区域，培养手眼协调能力。（见图 4-48）

图 4-48

图书区：《望远镜系列地图绘本》（3~6岁）

材料：

　　绘本《望远镜系列地图绘本》。

图 4-49

指导重点：

　　1. 阅读绘本，拓展与地图相关的经验。（见图 4-49）

　　2. 能够用清晰的语言大胆地与同伴交流绘本的内容及自己的感受、想法。

班本混龄课程方案三：秋虫呢喃

主题来源：

    班级科学区有很多昆虫标本，小朋友经常会问老师各种昆虫的名称以及它们的特征，有时还会告诉老师在家里和爸爸妈妈一起查资料了解到的某种昆虫的其他特征，还请家长给自己朗读《昆虫记》。有一天，一名幼儿的奶奶给他抓了一个蚱蜢，他把蚱蜢带到班里以后引起了很多幼儿的兴趣，他们围在蚱蜢周围，观察蚱蜢，观察蚱蜢跳跃的方式，讨论应该给蚱蜢喂什么食物。看到小朋友们对昆虫如此好奇，我们由此开展了"秋虫呢喃"这一主题活动。

开展时间：

    建议三周。

主题目标：

    1. 能够借助放大镜等工具观察昆虫，了解生活中常见的昆虫和昆虫的基本特征。

    2. 能够运用各种方式搜集、了解昆虫的相关信息，积极探索昆虫世界。

    3. 知道昆虫的种类繁多，初步了解昆虫的不同习性及其与人类的关系。

    4. 能用语言、美工作品等形式来表达对昆虫的认识，能在集体面前大胆地表达自己对昆虫的认识。

主题活动网络图：

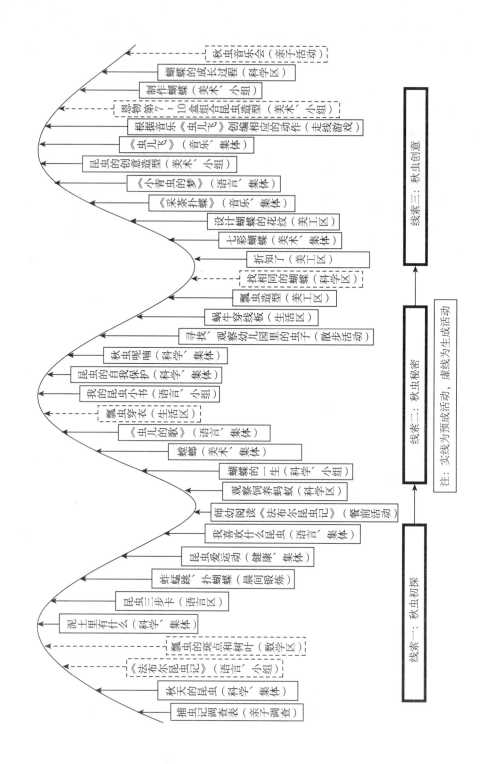

主题活动实施路径：

集体活动	小组化活动	区域活动	日常活动
线索一：秋虫初探			
1. 科学：秋天的昆虫（3～6岁） 2. 科学：泥土里有什么（3～6岁） 3. 健康：昆虫爱运动（3～6岁） 4. 语言：我喜欢什么昆虫（3～6岁）	1. 语言：《法布尔昆虫记》（3～6岁）	1. 数学区：瓢虫的斑点和树叶（3～5岁） 2. 语言区：昆虫三步卡（4～5岁） 3. 科学区：观察饲养蚂蚁（3～6岁）	1. 晨间锻炼：蚱蜢跳、扑蝴蝶 2. 餐前活动：师幼阅读《法布尔昆虫记》
线索二：秋虫秘密			
1. 美术：螳螂（3～6岁） 2. 语言：《虫儿的歌》（3～6岁） 3. 科学：昆虫的自我保护（3～6岁） 4. 科学：秋虫呢喃（4～6岁）	1. 科学：蝴蝶的一生（4～6岁） 2. 语言：我的昆虫小书（4～6岁）	1. 生活区：瓢虫穿衣(4～6岁) 2. 生活区：蜗牛穿线板（3～6岁） 3. 美工区：瓢虫造型(4～6岁) 4. 科学区：找相同的蝴蝶（3～4岁）	1. 散步活动：寻找、观察幼儿园里的虫子
线索三：秋虫创意			
1. 美术：七彩蝴蝶（3～6岁） 2. 音乐：《采茶扑蝶》（4～6岁） 3. 语言：《小青虫的梦》（3～6岁） 4. 音乐：《虫儿飞》（4～6岁）	1. 美术：昆虫的创意造型（4～6岁） 2. 美术：恩物第7～10盒组合昆虫造型（4～6岁） 3. 美术：制作蝴蝶（3～6岁）	1. 美工区：折知了（4～6岁） 2. 美工区：设计蝴蝶的花纹（4～6岁） 3. 科学区：蝴蝶的成长过程（4～6岁）	1. 走线游戏：根据音乐《虫儿飞》创编相应的动作
家园共育	1. 家长义工：联系有关家长为幼儿开展昆虫知识讲座。 2. 亲子活动：家园共同筹备"秋虫音乐会"。 3. 问卷调查：家长利用周末带领孩子到户外捕捉昆虫并完成《捕虫记调查表》。		

教育环境：

1. 主题墙（见图 4-50）

幼儿与教师、家长共同探索昆虫，系列调查包括：

（1）师幼集体讨论自己最想了解的昆虫秘密是什么。

（2）老师把幼儿的问题记录下来贴在主体墙上。

（3）幼儿与家长到户外寻找昆虫，对昆虫进行初步探索。

（4）幼儿与家长共同完成《捕虫记调查表》。

2. 实物展示区

（1）幼儿使用彩纸、油泥等多种材料制作昆虫模型。（见图 4-51）

（2）幼儿收集各种虫子的模型。

（3）各种虫子的标本陈列。（见图 4-52）

3. 幼儿作品展示区（见图 4-53）

（1）幼儿绘画各种昆虫的形象。

（2）幼儿用彩纸折知了，并将知了装饰在大树上。

图 4-50

图 4-51

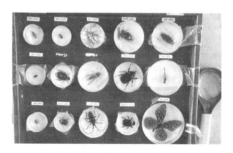

图 4-52

图 4-53

线索一：秋虫的初探

集体活动

科学：秋天的昆虫（3～6岁）

活动目标

共性目标：亲近自然，喜欢昆虫，培养初步的探究能力，对昆虫产生探究的兴趣。

层次目标一：

1. 观察几种昆虫，并发现它们的明显特征。

2. 愿意用语言表达自己发现的昆虫特征。

层次目标二：

1. 观察比较几种昆虫的基本特征和习性，发现它们的相同和不同。

2. 在探索中发现昆虫的相同和不同，并用较完整的语言表述出来。

层次目标三：

1. 通过观察、比较与分析发现几种昆虫的特征，并将自己的发现与其他幼儿分享。

2. 愿意参与昆虫的探索活动，并能用准确的语言表述自己发现的结果。

重点：了解几种昆虫的基本特征和主要习性。

难点：识别昆虫各部位并说出其名称。

活动准备

经验准备：

1. 幼儿和父母去野外捕捉过昆虫，观察过植物上的昆虫。

2. 完成《捕虫记调查表》（见附表）。

物质准备：

1. 昆虫图片。（蚂蚁、螳螂、蝉、瓢虫、蜜蜂、蝴蝶、苍蝇、蚊子、蜻蜓等生活中常见昆虫的照片）

2. 小黑板、磁铁。

活动过程

环节一：师幼结合《捕虫记调查表》讨论对昆虫的了解。

1. 教师：小朋友们，你们之前已经去野外捕捉过昆虫了，你们都捕捉了哪些昆虫呢？

2. 幼儿自由展示介绍自己的《捕虫记调查表》。

3. 教师：原来小朋友们已经知道这么多的昆虫了。你们想知道有关这些昆虫的更多的秘密吗？

环节二：幼儿观看昆虫图片，了解它们的主要特征。

1. 教师出示更多昆虫图片。

2. 教师：请说说你们看到的昆虫是什么样子的？头上有什么？有几对翅膀？有几对脚？

3. 幼儿观察昆虫图片，自由讨论和表达。

4. 教师：昆虫的身体分为哪三个部分？（头、胸、腹）头上有什么呀？（触角、嘴和眼睛）胸部呢？它们一般长着几对脚？（三对）背上一般长着几对翅膀？（两对）腹部一节一节的，两侧有气孔，气孔是用来呼吸的。

环节三：教师指导幼儿了解昆虫的生活习性。

1. 教师：你的昆虫是在哪里捕捉到的？

2. 幼儿根据已有经验讲述昆虫生活的环境特点。

3. 教师：它们生活在什么地方？吃什么？我们来看看昆虫的巢穴是什么样子的，昆虫的天敌又有哪些。

4. 中、大班幼儿回答问题，并把知道的昆虫常识讲述给其他幼儿听。

环节四：师幼一起玩"昆虫猜猜看"的游戏。

1. 教师出示蝴蝶、螳螂、蚂蚁、蜜蜂的图片，并提出游戏规则：大班幼儿用语言表达或用肢体动作模仿图片上的昆虫，但是不能说出昆虫的名字，中班和小班幼儿进行猜测。

2. 幼儿交换角色，轮流玩此游戏。

附表：

捕虫记调查表

调查人：　　　　　　　时间：

秋天到了，各种各样的虫子们活跃在草丛里、泥土里、树枝上、河水里。小朋友们，请用你们善于发现的眼睛去寻找它们吧！（请小朋友们用图文形式表现出来，可以画观察虫子时的情景，也可以画观察到的虫子的形态）

科学：泥土里有什么（3~6岁）

活动目标

共性目标：亲近自然，对泥土里的虫子产生好奇，并有一定的探索能力。

层次目标一：

1. 喜欢自然，能对泥土里的虫子产生兴趣。

2. 愿意积极参与探索泥土中虫子的活动，能仔细观察其外形特征。

层次目标二：

1. 观察了解泥土中虫子的生活环境和习性。

2. 根据观察的结果提出问题并大胆猜测答案。

层次目标三：

1. 通过观察发现泥土里生活的几种虫子的特性、习性与生存环境的适应关系。

2. 体会"大带小"合作活动的乐趣。

重点：初步了解泥土中虫子的生活环境和习性。

难点：学习按顺序观察虫子的外形特征。

活动准备

经验准备：

生活中在土壤里发现过虫子。

物质准备：

挖虫工具：小铲子、小桶若干。

活动过程

环节一：幼儿根据已有经验猜测泥土里会有哪些虫子。

1. 教师：上次活动中我们认识了很多昆虫，它们都生活在不同的地方，有的在树上，有的在水里，有的在草丛中，有的在土壤里。今天我们就要去发现泥土里有什么虫子。

2. 教师：小朋友们，你们知道泥土里会有哪些虫子吗？

3. 幼儿自由讨论，说说自己知道的虫子。

环节二：师幼共同讨论外出规则。

1. 教师启发幼儿讨论外出寻找虫子要注意的事项：到户外去找虫子，我们小朋友们应该注意些什么呢？

2. 教师总结注意事项：① 哥哥姐姐要带好弟弟妹妹，两人一组进行活动；② 活动中不要跑得太远，离开老师或有事情时要及时告诉老师；③ 注意工具的使用安全，铲子尖头朝下，不能对着人；④ 把挖到的虫子放在桶里。

环节三：教师带领幼儿到幼儿园有土壤的地方。

1. 大班幼儿和小、中班幼儿自由结伴，找一个空地开始挖掘。

2. 教师鼓励幼儿耐心地挖掘，找到虫子之后要小心地放进桶里。

环节四：回班之后，教师把挖到的虫子放到瓶子里供幼儿观察。

1. 幼儿讲述自己在土壤里挖到的虫子，教师帮助幼儿提升经验。

2. 教师：你们今天捉到的都是昆虫吗？为什么？（因为有一些虫子不符合昆虫的特征）蚯蚓的外形是怎样的？它生活在哪里？它生活的土壤是怎样的？它的本领有哪些？重点引导幼儿讨论蚯蚓的习性以及其松土的本领。

3. 教师带领幼儿集体将挖到的虫子放回自然，帮助幼儿树立要爱护自然界的一切生命，不能随便去破坏自然，要学会保护自然的意识。

健康：昆虫爱运动（3～6岁）

活动目标

共性目标：发展平衡和协调能力，学习昆虫的行走方式，体验模仿的乐趣。

层次目标一：

1. 坚持以手脚并用的方式爬行，锻炼大肌肉动作的协调性。

2. 愿意参与到模仿瓢虫的动作姿态的活动中。

层次目标二：

1. 模仿蚱蜢跳跃的动作，双脚并拢跳跃一定的距离。

2. 愿意参与活动，并能坚持完成跳跃的动作练习。

层次目标三：

1. 模仿蚱蜢跳跃的动作，双脚连续向前跳跃的同时保持身体平稳。

2. 有一定的耐力，坚持连续的跳跃练习。

重点：对模仿昆虫的行走方式产生兴趣。

难点：模仿瓢虫和蚱蜢的行走姿态：瓢虫——爬行、蚱蜢——跳跃。

活动准备

经验准备：

幼儿已经了解各种昆虫的行走方式。

物质准备：

1. 运动会跑步、跳远比赛的图片。

2. 昆虫（瓢虫、蚱蜢）的胸饰。

3. 活动场地：操场。

4. 音乐《虫儿飞》。

活动过程

环节一：教师出示图片，引发幼儿兴趣。

1. 教师出示运动会跑步、跳远比赛的图片，请幼儿说出这是什么比赛。

2. 幼儿讨论认识的昆虫有哪些行走方式。

3. 幼儿自由表达自己的想法，教师鼓励幼儿大胆模仿自己所了解的昆虫行走的方式。

环节二：游戏"昆虫运动会"。

1. 教师介绍：今天我们要开展一次"昆虫运动会"，运动会要进行的两个项目是蚱蜢队的跳远比赛和瓢虫队的爬行比赛。你们知道蚱蜢是怎么跳跃的吗？瓢虫是怎么爬行的呢？

2. 幼儿自由练习，模仿蚱蜢跳远，模仿瓢虫爬行。

幼儿模仿练习：小班幼儿模仿瓢虫的动作姿态，以手脚并用的方法爬行，锻炼大肌肉动作的协调性；中班幼儿模仿蚱蜢跳跃的动作姿态，双脚并拢跳跃一定的距离；大班幼儿模仿蚱蜢跳跃的动作姿态，双脚连续向前跳跃的同时保持身体平稳。

3. 教师在旁边观察并且指导幼儿使用正确的方式进行模仿。

环节三：幼儿分组比赛。

1. 瓢虫队幼儿分成两组进行比赛，蚱蜢队幼儿在旁边做观众。

2. 观众和运动员两队角色互换，再次进行比赛。

3. 幼儿讨论表达自己认为哪个队表现得更棒、动作更标准。

环节四：放松活动。

教师请每名幼儿想象自己是一种昆虫（蜜蜂、蝴蝶、螳螂、萤火虫等），在音乐《虫儿飞》中模仿昆虫做动作进行放松活动。

语言：我喜欢什么昆虫（3~6岁）

活动目标

共性目标：愿意在集体面前清楚地表达自己最喜欢的昆虫名称及其特征，并积极参与集体讨论。

层次目标一：

1. 愿意在集体面前讲述自己最喜欢的昆虫的名称及其特征。

2. 能够注意倾听同伴的讲述并做出回应。

层次目标二：

1. 在了解昆虫的基础上，用较完整的语言表达自己最喜欢的昆虫的名称及其特征。

2. 愿意与同伴讨论昆虫的特征并在集体面前清晰地表达出来。

层次目标三：

1. 清楚、连贯、有序地讲述自己最喜欢的昆虫的名称、特征以及喜欢的理由。

2. 愿意分享自己的发现，大胆地在集体面前表达。

重点：能够清楚准确地说出自己喜欢的昆虫名称、特征。

难点：讲述过程中做到语言清楚、连贯、有序。

活动准备

经验准备：

了解生活中常见的昆虫。

物质准备：

1. 老师准备《我喜欢和不喜欢的昆虫》作业单。（见附表）

2. 记录纸若干张。

3. 各种昆虫玩具和森林场景的布置。

4. 音乐《森林狂想曲》。

活动过程

环节一：教师以谈话导入，呈现游戏场景激发幼儿兴趣。

1. 教师呈现昆虫玩具和森林场景：今天有很多有趣的小昆虫到我们的森林世界来游玩，我们一起来看看，它们是谁呢？

2. 幼儿自由表达自己知道的昆虫名称。

环节二：幼儿自由交流，大胆说一说自己喜欢哪些昆虫，并做记录。

1. 教师鼓励幼儿大胆表述自己喜欢和不喜欢的昆虫有哪些，以及原因是什么。

2. 哥哥姐姐带领弟弟妹妹用绘画的形式完成《我喜欢和不喜欢的昆虫》作业单：可以画出喜欢的和不喜欢的昆虫。如果弟弟妹妹有不会画的昆虫形象，哥哥姐姐可以帮助他们完成。

环节三：幼儿介绍自己喜欢的昆虫，并玩游戏"你说我猜"。

1. 教师：请小班小朋友向中、大班小朋友介绍"我喜欢的昆虫是……"，说清楚它的名称和你喜欢它的原因。

2. 玩"你说我猜"的游戏。

教师：刚才小班的小朋友说得真好！现在轮到我们中、大班的小朋友来说一说了。我们来玩一个"你说我猜"的游戏。请一个中、大班的小朋友分别说出自己喜欢和不喜欢的昆虫的特征，我们大家根据他的描述猜一猜是什么昆虫。

3. 师幼在白纸上共同完成分类统计：大家喜欢的昆虫有哪些，大家不喜欢的昆虫有哪些。

环节四：师幼共同总结喜欢和不喜欢那些昆虫的原因。

1. 教师：我们喜欢蝴蝶的原因是它有美丽的花纹，喜欢螳螂的原因是它会保护庄稼，喜欢蜜蜂的原因是它会采蜜，等等；不喜欢苍蝇、蟑螂的原因是它们会传播细菌，不喜欢蚊子的原因是它会叮人，等等。

2. 播放音乐《森林狂想曲》，每名幼儿选择一种昆虫进行扮演，在森林的场景中自由地跳舞。

附表：

我喜欢和不喜欢的昆虫

喜欢的昆虫	不喜欢的昆虫

语言：《法布尔昆虫记》（3～6岁）

活动目标

层次目标一：

会看画面，能根据《法布尔昆虫记》的画面说出图中有什么。

层次目标二：

能根据《法布尔昆虫记》中的连续画面提供的信息说出故事的情节。

层次目标三：

自主阅读《法布尔昆虫记》，根据图书的部分情节或画面的线索猜想后面的故事情节，并大胆进行故事创编。

活动准备

物质准备：

《法布尔昆虫记》系列丛书。

活动过程

环节一：教师向幼儿介绍《法布尔昆虫记》丛书。

1. 教师向幼儿出示整套丛书。

2. 教师：这是一套关于昆虫的书籍，里面有很多关于昆虫的知识。

环节二：幼儿自主阅读，了解昆虫知识。

1. 教师：小班小朋友，请你们看看书上的图画里都有些什么。

2. 教师：中班的小朋友要仔细地阅读昆虫日记，读完之后请你说一说书里都讲了哪些昆虫的故事。

3. 教师：请大班小朋友在阅读的时候想一想，昆虫的故事里还可以增加什么情节呢？

环节三：教师选择图书进行集体阅读。

1. 教师：今天老师要和你们一起阅读其中一本关于蚂蚁的书。

2. 教师：你们知道蚂蚁生活在哪里吗？地底下的蚁穴是什么样子的？蚂蚁家族里有哪些成员？它们各自做着什么样的工作？

3. 幼儿阅读后自由表达。

4. 教师完整地朗读故事。

区域活动

数学区：瓢虫的斑点和树叶（3～5岁）

图 4-54

材料（见图 4-54）：

1. 写有数字的树叶。

2. 瓢虫若干，瓢虫身上有不同数量的点。

指导重点：

1. 数数瓢虫身上的点数，找出标有相应的数字的树叶。

2. 数字与数量的一一对应。

语言区：昆虫三步卡（4～5岁）

图 4-55

材料（见图 4-55）：

昆虫三步卡一套。

指导重点：

    1. 认识各种昆虫的名字，并能正确摆放昆虫三步卡。

    2. 结束后整理物品，放回原处。

科学区：观察饲养蚂蚁（3～6岁）

材料（见图4-56）：

    1. 饲养的蚂蚁。

    2. 放大镜。

    3. 菜叶、水果。

    4. 记录本、勾线笔、水彩笔若干。

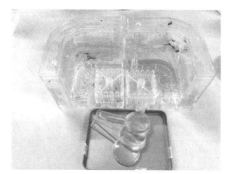

图4-56

指导重点：

    1. 能够专心地观察昆虫。

    2. 定时喂养蚂蚁，观察蚂蚁的进食情况。

    3. 记录蚂蚁在蚂蚁工厂中的"打洞情况"和生活情况。

线索二：秋虫秘密

集体活动

美术：螳螂（3～6岁）

活动目标

    共性目标：喜欢进行艺术活动，大胆地运用绘画的方式表现螳螂的外形。

层次目标一：

1. 用绘画的方式给螳螂涂色。

2. 愿意参与到绘画螳螂的活动中。

层次目标二：

1. 能利用三角形、圆形、半圆形等图形，组合表现螳螂的主要外形特征。

2. 能大胆地运用绘画的方式表现自己观察到的螳螂形象。

层次目标三：

1. 能大胆运用线条创造性地表现螳螂的主要外形特征并添加背景。

2. 愿意与其他幼儿分享交流自己绘画的螳螂作品。

重点：表现螳螂的主要外形特征。

难点：大胆创作螳螂的生动形象。

活动准备

经验准备：

认识螳螂，对螳螂的外形特征和生活习性有一定的了解。

物质准备：

1. 螳螂各种姿态的图片。

2. 螳螂绘画范例。

3. 三角形、圆形、半圆形等图形。

4. 勾线笔、蜡笔、白纸若干。

5. 有螳螂轮廓的底板。

活动过程

环节一：教师出示螳螂图片，幼儿观察螳螂的外形。

1. 教师：小朋友们，你们看看这是什么？小班的小朋友们知道吗？

2. 教师：螳螂的大小、形状、颜色不一样，有绿色、红色、褐色。为什么螳螂的颜色不一样呢?

3. 教师引导幼儿用几何形状描述螳螂的外形。

4. 教师:看了这么多的螳螂,请大家来说一说,螳螂的头是什么形状的?螳螂的身体是什么形状的?螳螂的前腿像什么?

5. 教师根据幼儿的讲述,示范用不同的形状组合出螳螂的外形轮廓。

环节二:教师出示不同姿态的螳螂图片,丰富幼儿绘画的经验。

1. 教师:老师这里有几张其他小朋友的作品,我们大家一起来看一看,这些螳螂的姿态一样吗?你们想不想也来试一试?螳螂画好后,我们还可以添加些什么,让画面更加丰富好看呢?

2. 教师鼓励幼儿自由表达想法,大胆表述螳螂还可以有什么样的姿态。

环节三:幼儿操作,教师巡回指导。

1. 幼儿分三个层次创作,根据自己的意愿选择不同难度的绘画方式。

(1)小班幼儿使用有螳螂轮廓的底板进行涂色。

(2)中班幼儿使用三角形、圆形、半圆形等图形,组合表现螳螂的主要外形特征。

(3)大班幼儿大胆运用线条创造性地表现螳螂的主要外形特征并添加背景。

2. 幼儿操作,教师巡视指导。

环节四:师幼共同欣赏幼儿作品。

1. 教师展示幼儿作品,鼓励幼儿相互欣赏。

2. 教师:你们喜欢哪一幅螳螂画作?它好看在哪里?

语言:《虫儿的歌》(3~6岁)

活动目标

共性目标:具有初步的阅读理解能力,看懂图文形式的儿歌内容。

层次目标一：

1. 会看画面，能在教师的提醒下较完整地朗诵儿歌。

2. 愿意在同伴面前大方地朗诵儿歌。

层次目标二：

1. 能够根据图文提示，较完整地朗诵儿歌。

2. 积极参与朗诵儿歌的语言活动。

层次目标三：

1. 能够根据儿歌的形式，进行仿编。

2. 小班幼儿能与中、大班幼儿共同朗诵儿歌。

重点：理解儿歌内容并完整朗诵。

难点：能够根据儿歌的形式进行仿编。

活动准备

经验准备：

幼儿知道常见昆虫（蜜蜂、萤火虫、蝴蝶、蜻蜓、知了、蚊子）的生活习性。

物质准备：

1. 草丛背景图。

2. 蜜蜂飞舞、萤火虫夜晚飞舞、蝴蝶花丛飞舞、蜻蜓捉虫、知了鸣叫、蚊子叮人的图片。

活动过程

环节一：教师创设情境，引出诗歌，幼儿初步感知理解诗歌内容。

1. 教师出示草丛背景图，幼儿集体讨论。

2. 教师：图上有哪些昆虫？它们在做什么？幼儿自由讨论和模仿昆虫的形象。

环节二：教师引导幼儿观察诗歌图片，理解诗歌内容，并学习朗诵诗歌。

1. 教师：蜜蜂有什么本领？它飞起来会发出什么样的声音？"蜜蜂飞来嗡嗡嗡。"

萤火虫有什么本领？萤火虫会发光，像什么呢？"萤火虫儿提灯笼。"蝴蝶在花丛里飞舞像什么？"花蝴蝶儿爱跳舞。"蜻蜓平时喜欢吃什么？"蜻蜓最爱吃害虫。"夏天知了会干什么？"树上知了爱唱歌。"蚊子喜欢做什么？"蚊子最爱叮咬人。"

2. 教师根据与幼儿的讨论，每讲出一句儿歌中的句子，就出示一张相应的图片。

3. 教师完整地朗诵儿歌。

4. 教师指图朗诵，幼儿大声跟着念。

环节三：幼儿根据儿歌的结构进行仿编。

1. 教师：我先说儿歌的前半句，小朋友们来回答后半句。

2. 教师与幼儿交换角色。教师：现在小朋友们来提问，老师来回答。

3. 教师：我们今天学习的儿歌有一个特点，小朋友们有没有发现？（先问后答）

4. 教师：想一想，你还知道哪些昆虫的特殊本领？我们把它编到儿歌里来。

5. 幼儿根据已有经验进行大胆仿编。

环节四："诗歌对答"游戏。

1. 教师鼓励中、大班幼儿以对歌的形式表现儿歌。例如：幼儿分成两队，一队问上半句"什么虫儿嗡嗡嗡"，一队回答"蜜蜂飞来嗡嗡嗡"。

2. 幼儿"大带小"自由结对，两人一组进行练习，自由仿编。

附儿歌：

虫儿的歌

什么虫儿嗡嗡嗡？蜜蜂飞来嗡嗡嗡。

什么虫儿提灯笼？萤火虫儿提灯笼。

什么虫儿爱跳舞？花蝴蝶儿爱跳舞。

什么虫儿吃害虫？蜻蜓最爱吃害虫。

什么虫儿爱唱歌？树上知了爱唱歌。

什么虫儿叮咬人？蚊子最爱叮咬人。

科学：昆虫的自我保护（3～6岁）

活动目标

共性目标：亲近自然，在探究昆虫自我保护的奥秘中发现昆虫生存与其生活环境之间的关系。

层次目标一：

1. 能对昆虫进行仔细观察。

2. 在探索观察中巩固记忆几种昆虫的名称。

层次目标二：

1. 能对几种昆虫自我保护的方法进行观察比较，发现其中的相同点和不同点。

2. 愿意参与探索活动并大胆地表达自己对昆虫的发现。

层次目标三：

1. 在观察的基础上了解昆虫的外部特征、习性与其生活环境之间的关系。

2. 能够结合日常生活，介绍一些自我保护的方法。

重点：初步了解昆虫的自我保护，知道昆虫几种自我保护的方法。

难点：能积极参与讨论，与同伴交流日常生活中自我保护的方法。

活动准备

经验准备：

幼儿了解生活中常见昆虫的习性和特征。

物质准备：

1. 展现昆虫（螳螂、蜜蜂、蝴蝶、跳蚤、蚱蜢、白蚁）自我保护方法的 PPT。

2. 幼儿生活中遇到危险的视频。

活动过程

环节一：教师以谈话导入，引出话题。

1. 教师：请小班小朋友告诉大家，你能说出哪些昆虫的名字？

2. 教师：请中、大班小朋友讨论，你们知道昆虫是怎么保护自己的吗？

3. 幼儿根据已有经验讨论昆虫保护自己的方法。

环节二：幼儿观看PPT，了解昆虫是如何保护自己的。

1. 教师：刚才你们看到的是什么昆虫？它是用什么方法来保护自己的？

2. 教师总结：昆虫的几种自我保护的方法有伪装拟态、行为避敌、化学武器、共栖共存。

3. 模仿、猜测游戏：大班幼儿描述出一种昆虫的自我保护方式，小、中班的幼儿来猜测。以游戏的形式巩固幼儿对昆虫自我保护方式的认识。

环节三：中、大班幼儿迁移经验：遇到危险时如何保护自己。

1. 教师：大自然中的昆虫们遇到危险时会采取很多办法来保护自己，那小朋友们在遇到危险的时候应该怎么办呢？

2. 幼儿先自由表达自己已掌握的自我保护的方法。

3. 教师播放几段幼儿遇到危险和可能出现危险情况的视频。

4. 教师：你们在视频里都看到了什么？你们遇到这样的情况会怎么办呢？

5. 由中、大班幼儿向小班幼儿介绍保护自己的方法，如：在外面和家人走散时，站在原地等待家人来找；遇到陌生人不要随便搭理，不吃陌生人给的食物；独自在家时，不要给陌生人开门；等等。

环节四：表演游戏。

教师扮演坏人"敲门""问路"等，幼儿根据不同情况做出自我保护的行为。

科学：秋虫呢喃（4～6岁）

活动目标

共性目标：喜欢昆虫，对昆虫之间交流的方式产生兴趣并乐于探究。

层次目标一：

1. 初步了解部分昆虫的交流方式，如：蚂蚁通过气味、蜜蜂通过舞蹈、萤火虫通过光等。

2. 乐于探究并愿意分享自己对昆虫交流方式的想法。

层次目标二：

1. 在与同伴的交流、讨论中，对比发现部分昆虫交流方式的不同之处。

2. 能对几种昆虫的交流方式进行大胆猜测，并主动将探究成果与他人交流。

重点：了解飞蛾、蚂蚁、蜜蜂、萤火虫等昆虫的交流方式。

难点：能够将飞蛾、蚂蚁、蜜蜂、萤火虫的图片与其交流的方法（例如：气味、舞蹈、光）的图片进行配对。

活动准备

经验准备：

幼儿认识飞蛾、蚂蚁、蜜蜂、萤火虫。

物质准备：

1. 飞蛾、蚂蚁、蜜蜂、萤火虫的图片。

2. 鼻子、舞蹈、光的图片。

活动过程

环节一：通过讨论人类如何交流，引发幼儿对昆虫交流方式的兴趣。

1. 教师：我们人类是怎么交流的呢？

2. 教师：我们人类是通过语言、动作等方法与其他人交流的。

3. 教师：昆虫们会说话吗？它们是怎样进行交流的呢？

4. 幼儿进行猜测和自由讨论。

环节二：教师出示飞蛾、蚂蚁、蜜蜂、萤火虫的图片，介绍昆虫的交流方法。

1. 教师出示飞蛾、蚂蚁、蜜蜂、萤火虫的图片。

2. 教师：这些是什么昆虫？猜一猜它们是如何交流的。

3. 教师根据幼儿回答的交流方式分别出示相应的图片。

4. 教师：鼻子的图片应该放在哪个昆虫的后面呢？舞蹈的图片又可以放在哪个昆虫的后面呢？萤火虫的交流方式可以用什么图片表现呢？

环节三：师幼共同总结昆虫交流的方法。

1. 教师：我们了解了几种昆虫的交流方法呀？它们是怎样进行交流的呢？

2. 师幼总结：昆虫通过气味、舞蹈和光语言来进行交流。飞蛾和蚂蚁是通过气味来交流的，蜜蜂是通过舞蹈来交流的，萤火虫是通过光来交流的。

3. 教师：你还知道哪些昆虫交流的方法？

环节四：游戏"找朋友"。

1. 请大班幼儿拿飞蛾、蚂蚁、蜜蜂、萤火虫的图片，中、小班幼儿拿鼻子、舞蹈、光的图片放在身后面，一边唱《找朋友》的歌一边去找匹配的图片。哪两个小朋友先匹配成功就站到一旁，没有找到的就继续唱歌找朋友。

2. 反复游戏多次，巩固对昆虫的交流方式的认知。

科学：蝴蝶的一生（4～6岁）

活动目标

层次目标一：观察了解蝴蝶的生长变化过程，丰富知识经验。

层次目标二：通过观察、比较，发现蝴蝶的生长变化，知道蝴蝶的生长过程要经过卵期、幼虫期、蛹期、成虫期（即蝴蝶）四个阶段。

活动准备

1. 蝴蝶的一生（从卵变成蝴蝶）的PPT。

2. 蝴蝶图片。

3. 剪子、折纸若干。

活动过程

环节一：谜语导入。

1. 教师：老师这里有个谜语，请你猜一猜！长相俊俏，爱舞爱跳，春花一开，它就来到。（蝴蝶）

2. 教师：蝴蝶飞舞时非常漂亮，小朋友们一起表演蝴蝶飞舞的样子吧。

3. 教师出示蝴蝶图片，引导幼儿观察蝴蝶的颜色。

4. 教师：蝴蝶身上都有什么颜色？

5. 幼儿学习了解蝴蝶的身体特征。

6. 教师：蝴蝶的身体是由哪些部分组成的呢？

环节二：幼儿通过观看 PPT 了解蝴蝶的一生，初步了解蝴蝶的发育过程是完全变态的。

1. 教师播放蝴蝶的发育过程的 PPT。

2. 师幼根据 PPT 讨论，教师帮助幼儿认识蝴蝶的生长过程要经过卵期、幼虫期、蛹期、成虫期（即蝴蝶）四个过程。

活动延伸

1. 教师展示蝴蝶剪纸范例，激发幼儿的剪纸欲望。

2. 教师：小朋友们，你们知道这样的蝴蝶剪纸是怎么剪出来的吗？

3. 教师示范剪蝴蝶。

4. 教师引导幼儿尝试剪蝴蝶。

5. 教师把幼儿的作品贴到展板上展示，鼓励幼儿相互欣赏、交流。

语言：我的昆虫小书（4~6 岁）

活动目标

层次目标一：

愿意用图画和符号表现昆虫，并形成连贯的故事情节。

层次目标二：

明白封面的意义，愿意用图画和符号表达自己对昆虫形态的想法，能较完整连贯地表现关于昆虫的内容。

活动准备

经验准备：

幼儿知道几种昆虫的形象及习性。

物质准备：

1. 电视循环播放螳螂、知了、蝴蝶、萤火虫等昆虫图片。

2. 图书《法布尔昆虫记》。

3. 背景音乐《星空之城》。

4. 白纸、画笔、彩色水彩笔若干。

活动过程

环节一：教师以谈话导入。

1. 教师：小朋友们，你们认识哪些昆虫？在《法布尔昆虫记》里有哪些昆虫呢？

2. 幼儿自由表达自己的想法。

环节二：师幼共同讨论如何制作一本关于昆虫的小书。

1. 教师：原来小朋友们知道那么多昆虫啊！之前我们也阅读过《法布尔昆虫记》，觉得这套书非常好玩，那么小朋友们，你们想不想也制作一本属于自己的昆虫小书呢？制作一本书，我们需要做哪些工作呢？

2. 幼儿讲述自己的想法。

3. 教师：书需要封面，昆虫小书的封面要画什么呢？（封面就是让人一看就知道这是一本有关 ×× 的书）

4. 教师：有了封面后，小朋友们就需要想一想你的故事里有什么昆虫，发生了什么故事。谁来说一说？

5. 幼儿展开想象，讲述自己的昆虫故事。

环节三：幼儿绘画昆虫小书，教师播放背景音乐。

1. 幼儿绘画自己的昆虫小书。

2. 完成昆虫小书后，请幼儿讲述内容，教师帮幼儿把故事内容以文字形式记录在小书上。

区域活动

生活区：瓢虫穿衣（4～6岁）

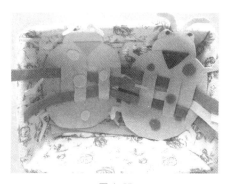

图 4-57

材料（见图 4-57）：

　　1. 自制布条。

　　2. 布瓢虫底版。

指导重点：

　　1. 学会用上下编织的方法用布条给"瓢虫"穿衣服。

　　2. 探索按照一定的规律给"瓢虫"穿衣服。

图 4-58

生活区：蜗牛穿线板（3～6岁）

材料（见图 4-58）：

　　蜗牛穿线板 1 个。

指导重点：

    1. 根据穿线板上的小洞自由穿线。

    2. 对蜗牛产生兴趣，练习手部小肌肉动作和锻炼手眼协调能力。

美工区：瓢虫造型（4~6岁）

材料（见图4-59）：

    1. 红、黑两色黏土。

    2. 牙签若干。

指导重点：

图 4-59

    1. 运用超轻黏土制作瓢虫，巩固搓圆、压扁等泥工技能。

    2. 用黏土搓好瓢虫身体后，用牙签制作瓢虫的腿和脚。

科学区：找相同的蝴蝶（3~4岁）

材料（见图4-60）：

    1. 几组不同翅膀花纹的蝴蝶模型。

    2. 对应的蝴蝶图片。

指导重点：

图 4-60

    1. 将蝴蝶一一排列出来，仔细观察并与图片进行配对。

    2. 观察蝴蝶翅膀细微的花纹变化。

线索三：秋虫创意

【集体活动】

美术：七彩蝴蝶（绘画）（3～6岁）

活动目标

共性目标：喜欢美术活动，并尝试运用多种方式大胆表现蝴蝶花纹。

层次目标一：

1. 观察蝴蝶的外形特征，尝试用海绵印染的方式表现蝴蝶的色彩美。

2. 喜欢美术活动，并愿意积极参与。

层次目标二：

1. 观察蝴蝶的外形特征，尝试运用颜料绘画和拓印的方式表现蝴蝶的对称美。

2. 喜欢美术活动，能大胆运用颜料绘画来表达自己的想法。

层次目标三：

1. 观察蝴蝶的外形特征，尝试用剪贴的方式表现蝴蝶的抽象美。

2. 积极参与美术活动，具有一定的艺术表现力。

重点：迁移关于蝴蝶外形特征的已有经验，大胆进行创作。

难点：运用绘画、剪、拓印等形式表现蝴蝶。

活动准备

经验准备：

幼儿认识并了解蝴蝶，有一定的绘画和剪贴基础。

物质准备：

1. 各种蝴蝶图片的 PPT。

2. 表现蝴蝶轮廓的图案。

3. 白纸、水粉、剪刀、海绵等若干。

4. 花园背景板。

活动过程

环节一：教师出示图片，引发幼儿对蝴蝶的兴趣。

1. 教师出示蝴蝶的图片，引导幼儿观察蝴蝶的外形特征，感受蝴蝶的对称之美。

环节二：师幼共同讨论三种表现蝴蝶之美的操作方法。

1. 教师：小朋友们，我们可以采用哪些方法来表现美丽的蝴蝶呢？老师这里也有几种表现蝴蝶的方式，我们一起先来欣赏一下吧。（观看PPT）

2. 教师：老师这里有画好的蝴蝶轮廓，我们怎样把蝴蝶变得更美丽呢？小班的小朋友可以用印染的表现手法，你们觉得怎样能用海绵印染出美丽的蝴蝶呢？小朋友们可以互相帮助。

3. 教师：中班的小朋友可以用拓印的表现手法。我们一起想一想，怎样来拓印蝴蝶呢？颜料怎么涂才能拓印出蝴蝶对称的花纹呢？

4. 教师：大班的小朋友可以用剪纸的方式表现美丽的蝴蝶。我们的剪刀可以把蝴蝶的轮廓剪出来，还可以剪出蝴蝶的哪些部位呢？怎样才能把蝴蝶剪得更加美丽呢？

环节三：幼儿分组操作，教师巡回指导。

1. 幼儿分组操作。

2. 教师巡回指导，重点关注拓印组，帮助幼儿进一步掌握拓印的方法。

环节四：师幼共同欣赏蝴蝶。

1. 师幼共同将蝴蝶放在花园背景板上。

2. 鼓励幼儿相互说说最喜欢哪只蝴蝶，以及喜欢的原因。

音乐：《采茶扑蝶》（4～6岁）

活动目标

共性目标：欣赏民间歌曲《采茶扑蝶》，感受歌曲中表现的劳动时的快乐情绪。

层次目标一：

1. 欣赏感受歌曲欢快的节奏，并产生相应的联想。

2. 创编动作表达自己愉快的情绪。

层次目标二：

1. 运用表情、动作、语言等来表现采茶扑蝶的情景。

2. 愿意以"大带小"的形式合作表演。

重点：初步感受民歌的特点，体验劳动的欢快情绪。

难点：学习采茶舞的基本动作。

活动准备

经验准备：

幼儿有欣赏音乐、创编动作的经验。

物质准备：

1. 歌曲：《采茶扑蝶》。

2. 茶农采茶的情景视频。

活动过程

环节一：教师出示茶农采茶的情景视频。

1. 教师播放茶农采茶的情景视频。

2. 幼儿自由讨论视频内容，教师帮助幼儿了解茶农在茶园采茶的情景。

环节二：教师播放歌曲《采茶扑蝶》，幼儿感受歌曲欢快的特点。

1. 教师：今天我们要一起欣赏一首关于采茶的歌曲，请小朋友们仔细地听一听。

2. 幼儿共同欣赏歌曲，感受歌曲欢快的特点。

3. 教师：小朋友们，你们知道茶农是怎样采茶的吗？谁来学一学？我们把这个动作加入到音乐里一起来有节奏地做一做吧！

4. 师幼一起跟着音乐练习采茶的动作。

环节三：幼儿自由创编采茶和蝴蝶飞舞的动作。

1. 教师：茶农除了要采茶，要拔树枝，还要背着茶篮回家。采茶的时候，身旁有美丽的蝴蝶在飞舞，这些场景可以分别用什么动作来表现呢？

2. 幼儿自由想象，创编舞蹈动作。

3. 教师帮助幼儿提升、总结。

环节四：幼儿"大带小"表演采茶扑蝶。

1. 幼儿以"大带小"的形式，分别扮演不同的角色，表演采茶扑蝶的舞蹈动作。

2. 教师：让我们来表演《采茶扑蝶》吧。请小朋友们自己商量一下谁扮演茶农，谁扮演蝴蝶。

3. 幼儿跟随音乐集体表演舞蹈《采茶扑蝶》。

语言：《小青虫的梦》（3～6岁）

活动目标

共性目标：喜欢听故事，观察故事《小青虫的梦》的图片，理解故事的内容。

层次目标一：

1. 能理解故事的大致内容。

2. 能根据画面说出图中发生的事情。

层次目标二：

1. 能仔细地倾听故事，初步理解故事内容。

2. 能根据故事情节的发展，理解故事主角的心情。

层次目标三：

1. 能根据图片的线索猜想故事情节的发展后续。

2. 积极与同伴交流，大胆地表达对画面的理解。

重点：理解故事，体会小青虫对音乐的热爱。

难点：大胆地进行表演。

活动准备

经验准备：

幼儿对昆虫有一定的了解，知道蝴蝶的成长过程。

物质准备：

1. 背景音乐《梦幻曲》。

2. 故事《小青虫的梦》的图片。

活动过程

环节一：教师以图片导入，激发幼儿兴趣。

1. 教师出示小青虫哭泣的图片。

2. 教师：小朋友们，你们看看谁来了？小班小朋友告诉大家，这是谁呀？它怎么啦？

3. 教师引导幼儿猜测小青虫为什么哭，鼓励幼儿说出自己的想法。

4. 教师：请你们猜一猜，小青虫为什么会哭呢？谁来说一说？

环节二：分段欣赏故事。

1. 教师：小朋友们有没有猜对小青虫为什么哭呢？老师这儿有个关于小青虫的故事，名字叫作《小青虫的梦》，让我们一起来听一听，就知道小青虫究竟为什么哭了。

2. 教师分段讲述故事，帮助幼儿理解故事情节。

3. 教师出示图片：夏天可真热闹啊！小班小朋友，你们知道它们是谁呀？它们要干什么呢？

4. 教师：小青虫是怎么听音乐的？它为什么要躲在叶子底下呢？请大班小朋友说一

说。（重点引导幼儿观察小青虫偷偷欣赏音乐的样子）

5. 教师：听着优美的音乐，你觉得小青虫会说些什么？

6. 教师：蟋蟀发现了小青虫，你们觉得蟋蟀喜欢小青虫吗？你从哪里看出来的？蟋蟀会对小青虫说什么？小青虫又会怎么说？这个时候小青虫的心情是怎样的？

7. 教师：小青虫流着眼泪伤心地走了。小青虫这么伤心，我们一起来安慰安慰它吧！你想对小青虫说什么？

环节三：师生共同阅读故事。

1. 教师：听了小朋友的安慰，小青虫心里舒服多了，接下来小青虫会怎么做呢？

2. 师幼共同观察，自由阅读，并推测故事的发展。

环节四：幼儿分享自己的阅读的感受。

1. 教师：听着听着，小青虫做了一件事情，它做了什么？

2. 教师：它把自己藏在茧里面，静静地听着音乐，慢慢地睡着了。小青虫为什么要躲在茧里面呢？它还做了一个梦，它会梦到什么呢？

3. 教师引导幼儿观察小青虫的变化，并鼓励幼儿大胆用语言进行表述。

4. 教师：之后又会发生什么事情呢？请大班小朋友说说看。

环节五：师幼完整欣赏故事，感受故事的意境美。

1. 播放音乐，教师完整地把故事讲述一遍。

2. 教师：故事听完了，你有什么样的感觉？你们觉得小青虫喜欢音乐吗？你们从哪里看出来的？（躲在叶子底下听、在远处听、躲在茧里听）

3. 教师：小青虫成功了吗？为什么会成功？如果你是小青虫，你会怎么做？

4. 教师小结：小青虫虽然长得丑，但它爱音乐，爱得那么深、那么执着，永不放弃。丑丑的小青虫经过了自己的努力，终于变成了美丽的蝴蝶。原来美丽是可以创造出来的。所以，小朋友们，我们要有梦想，只有通过不断努力，才能使自己变得更棒、更美丽。

附故事：

小青虫的梦

一条小青虫，生活在菜园里。每天，她都会做一个美丽的梦：她在飞——像蝴蝶、像小鸟一样地飞。她想把这个梦变为现实，于是她去向朋友们请教应该怎么做。小青虫找到正在玩耍的蚂蚁，问道："你好，蚂蚁弟弟，我想飞，你知道怎样才可以飞吗？"蚂蚁拉拉长长的草叶说："很抱歉，我不知道。干吗要飞呢？在草叶上玩玩滑梯、荡荡秋千多开心呀，你也一起来玩吧。"小青虫又敲开蜗牛家的门，问道："你好，蜗牛姊姊，我想飞，你知道怎样才可以飞吗？"刚旅游回来的蜗牛摆摆触角说："很抱歉，我不知道。干吗要飞呢？步行旅游不是很开心吗？你也一起去吧。"小青虫又去问蜈蚣："你好，蜈蚣大哥，我想飞，你知道怎样才可以飞吗？"蜈蚣说："很抱歉，我不知道。"这时，一只蝴蝶飘然而过，她飞的姿势美极了。小青虫激动地喊道："蝴蝶姐姐，我渴望能像你一样飞，请告诉我，怎样才能飞起来呢？"蝴蝶扇扇翅膀，说："瞧，有了翅膀，就能像我一样自由地飞来飞去了。""翅膀？"小青虫想："要是我吃很多很多的东西，会不会长出翅膀来呢？"她决定试一试。于是，小青虫不停地吃呀吃、喝呀喝，直到有一天，小青虫觉得累了，她用嘴里吐出来的丝织成了一个窝，身体变成了蛹，睡着了。一滴露水滴下，惊醒了小青虫。她睁开眼睛，发现自己变了，变成了一只蝶，一只有着翅膀的蝶。"呼——"一只菜粉蝶扇动她的双翅，在菜园上空飞起，她就是曾经那只做梦都想飞的小青虫。

音乐：《虫儿飞》（律动）（4~6岁）

活动目标

共性目标：欣赏音乐，并大胆表现虫儿飞舞的姿态。

层次目标一：

1. 欣赏歌曲柔美的旋律和美妙的童声，并创编简单的动作。

2. 喜欢参与活动，并大胆地用动作表现虫儿飞舞的姿态。

层次目标二：

1. 通过倾听音乐、语言描述以及身体动作的参与，体验歌曲和谐、舒缓的意境。

• 2. 愿意以"大带小"的形式进行表演。

重点：用动作表现歌曲柔美的旋律。

难点：通过语言描述以及做身体动作等方式参与活动。

活动准备

经验准备：

幼儿生活中看见过虫子飞舞的姿态。

物质准备：

1. 歌曲《虫儿飞》。

2. 虫子、玫瑰花、星星造型的头饰若干。

活动过程

环节一：师幼共同欣赏歌曲。

1. 教师：今天我们要欣赏一首好听的歌曲，名字叫作《虫儿飞》。

2. 幼儿聆听歌曲《虫儿飞》。

3. 教师：你们听到这样的音乐时，有什么感受呢？

4. 幼儿自由谈论对歌曲的感受。

环节二：分段欣赏歌曲。

1. 教师带着幼儿分别欣赏乐曲的第一、第二、第三段。

2. 教师：歌里唱到了什么？请中、大班的幼儿说一说，听了这段歌曲你有什么感觉？小虫儿会想谁来陪伴它？谁来学一学星星流泪和玫瑰枯萎的样子？你们想用什么动作来表达你的感受？

3. 教师鼓励大班幼儿大胆创编动作，请个别幼儿示范并带领其他幼儿学习新动作。

4. 教师：大班小朋友要动动脑筋想一想，还可以用什么优美的动作表现虫儿飞舞的姿态？可以找其他小朋友来合作完成动作。

环节三：师幼再次完整地欣赏歌曲，教师鼓励幼儿"大带小"一起做身体动作。

1. 教师：现在我们再来完整地听一听这首歌，大家可以跟着音乐来学一学这只勇敢的小虫儿。

2. 教师：大班小朋友可以找小、中班的小朋友一起来完整地表演歌曲。

3. 幼儿以大带小的形式讨论如何进行角色扮演。

4. 教师：小朋友们表现得真棒！老师这里有很多头饰，你们可以和自己搭档的小朋友商量一下分别扮演歌曲里的哪个角色，然后戴上相对应的头饰。歌曲唱到谁扮演的角色，谁就来表演。

环节四：在《虫儿飞》舞蹈中结束活动。

全体幼儿伴随歌曲《虫儿飞》跳舞。

小组化活动

美术：昆虫创意造型（4~6岁）

活动目标

共性目标：喜欢进行美术活动并大胆想象，利用多种材料制作昆虫造型。

层次目标一：

能运用绘画、简单的手工制作等方式表现自己观察到的昆虫模型。

层次目标二：

尝试用软黏土、树叶、树枝、毛根、光盘、卡纸等多种材料制作昆虫造型，体验大胆想象和创造的乐趣。

活动准备

物质准备：

1. 手工材料：软黏土、树叶、树枝、毛根、光盘、卡纸等。（材料库里所有的材料都可以使用）

2. 昆虫模型。

活动过程

环节一：教师展示各种各样的昆虫模型，幼儿自由讨论和观察。

1. 教师：我们班的昆虫世界小花园里来了许多小昆虫，让我们看看都有哪些。请大家想一想，如果想要制作一个昆虫模型，我们需要先制作昆虫的哪些部位呢？

2. 幼儿自由讨论，表达自己对昆虫的了解以及自己的制作想法。

环节二：教师介绍制作材料，启发幼儿想象创造。

1. 教师：制作昆虫可以使用哪些材料？哪些材料可以做昆虫的身体？哪些材料可以做昆虫的翅膀？哪些材料可以做昆虫的腿？哪些材料可以做昆虫的眼睛和触角？

2. 教师补充说明材料用途。

环节三：幼儿自由选取材料进行创作，教师指导协助。

1. 哥哥姐姐带领弟弟妹妹合作完成昆虫创意造型。

2. 教师引导幼儿大胆地使用材料库里的材料。

环节四：展示幼儿作品。

1. 教师：让我们欣赏一下小朋友们制作的昆虫造型，大家仔细找找这个作品是用了什么材料做出来的。

2. 教师与幼儿一起将昆虫作品展示在班级主题展示区。

美术：恩物第7~10盒组合昆虫造型（4~6岁）

活动目标

层次目标一：运用恩物第7~10盒组合出昆虫造型。

层次目标二：能"大带小"拼搭昆虫造型，体验合作创造的乐趣。

活动准备

物质准备：

1. 恩物第7~10盒。

2. 蝴蝶、螳螂、蜜蜂、蚂蚁、瓢虫等昆虫模型若干。

活动过程

环节一：教师展示各种各样的昆虫模型，幼儿自由讨论和观察。

1. 教师：小朋友们，你们知道哪些昆虫呢？

2. 幼儿自由讨论表述。

3. 教师出示各种昆虫的模型，与幼儿讨论昆虫身体由哪些部分组成。

环节二：教师出示恩物第7~10盒并介绍。

1. 教师：今天我们要用恩物第7~10盒里面的图形来拼出各种各样的昆虫造型。

2. 教师：我们看看恩物第7~10盒里有哪些图形？这些图形可以拼出昆虫身上的哪些部分呢？

3. 幼儿大胆说出自己的想法。

环节三：幼儿自由创意，拼搭昆虫造型。

1. 教师：小朋友们先想一想自己要拼出什么样的昆虫。

2. 幼儿操作，教师观察指导。

3. 大班幼儿可以带领一名小、中班幼儿进行合作，完成昆虫造型的拼搭。

环节四：作品展示。

将幼儿作品展示在班级中给所有人欣赏。

美术：制作蝴蝶（3~6岁）

活动目标

层次目标一：

能够用油泥压、揉、搓等方式表现蝴蝶的造型。

层次目标二：

能够用油泥压、揉、搓等方式制作蝴蝶，并用亮片、毛根、珠子等多种材料进行装饰。

层次目标三：

大班幼儿能够运用油泥、亮片、毛根、珠子等多种材料制作蝴蝶，并能主动帮助小、中班幼儿完成作品。

重点：能够用油泥来表现昆虫的外形特征。

难点：能够用压、揉、搓等方式制作蝴蝶。

活动准备

物质准备：

1. 手工材料：各色油泥、泥工板、亮片、毛根、珠子。

2. 油泥做好的毛毛虫和蝴蝶范例。

活动过程

环节一：教师出示蝴蝶图片，激发幼儿的兴趣。

1. 教师请小班幼儿观察并说出图片中蝴蝶的特征，中、大班幼儿观察并思考怎样用油泥制作蝴蝶。

2. 幼儿自由表述蝴蝶的特征。

环节二：幼儿探索用油泥制作蝴蝶的方法。

1. 教师：我们怎样制作蝴蝶的身体呢？

2. 教师鼓励中、大班幼儿自由表达自己的想法。

3. 教师：蝴蝶两边的翅膀是什么样的呢？（一模一样，对称的）我们用什么方法才能把油泥变成这样的呢？（揉、搓）

4. 教师交代用油泥制作蝴蝶的方法：把油泥放在泥工板上，在泥工板上搓。

5. 教师：我们可以用什么让做好的蝴蝶变得更漂亮呢？（用亮片、毛根、珠子装饰）

6. 教师：请大班小朋友帮助小、中班小朋友来制作漂亮的蝴蝶吧！

环节三：幼儿相互交流、欣赏与评价。

1. 教师：你觉得这个蝴蝶哪里做得好？

2. 教师将作品放在展示台上展示，请大班的幼儿带领小班的幼儿参观。

区域活动

美工区：折知了（4~6岁）

材料（见图 4-61）：

    1. 各种颜色的彩纸。

    2. 勾线笔若干。

图 4-61

指导重点：

    1. 学习折知了的方法，并用水彩笔绘画瓢虫的花纹圆点。

    2. 通过以大带小的形式，互相学习折知了。

美工区：设计蝴蝶的花纹（4~6岁）

材料（见图4-62）：

1. 勾线笔若干。

2. 画有蝴蝶轮廓的底板。

图4-62

指导重点：

1. 运用勾线笔在蝴蝶轮廓线内进行花纹设计。

2. 能够大胆地用线条表达自己的想法。

科学区：蝴蝶的成长过程（4~6岁）

材料（见图4-63）：

1. 蝴蝶成长过程图片。

2. 彩色铅笔和白纸若干。

3. 剪刀、彩纸、油泥、毛根等手工制作

材料。

图4-63

指导重点：

1. 了解蝴蝶的成长过程。

2. 通过绘画或手工制作的方式表现蝴蝶的成长过程。

亲子活动：秋虫音乐会（3~6岁）

活动目标

1. 通过扮演昆虫角色进行表演活动的形式，加深对秋虫的了解和喜爱。

2. 愿意参与秋虫音乐会的表演活动，能够在活动中大胆表现自己，树立自信心。

3. 体验亲子互动带来的乐趣，增进与家人之间的情感。

活动准备

经验准备：

幼儿对秋天的虫子有较为丰富的了解。

物质准备：

1. 制作好邀请函。（见图 4-64）

2. 布置亲子活动礼堂。

3. 排练童话剧《小青虫的梦》。

4. 道具：小青虫椭圆形的卵、自制奖

杯、自制话筒、自制摄像机。

图 4-64

5. 幼儿根据各自表演节目的需要，提前准备好背景音乐交给老师。

6. 幼儿自选各种昆虫服饰。

7. 请两名幼儿与一名教师主持。

活动过程

环节一：幼儿穿上昆虫的演出服装扮
自己。

家长帮助幼儿穿上扮演昆虫角色的舞台
服饰，在礼堂与幼儿共同观看及参与亲子活
动。（见图 4-65）

图 4-65

环节二：幼儿分个人及小组表演节目。
（小、中班幼儿自己在家准备好）

1. 幼儿有的扮演蟋蟀演奏架子鼓，有的扮演蝴蝶表演舞蹈，有的扮演蜜蜂演奏钢琴，有的扮演瓢虫演唱歌曲等。

2. 小班幼儿和家长表演亲子舞蹈《小星星》。（见图4-66）

图 4-66

3. 中班幼儿和家长表演亲子舞蹈《虫儿飞》。

环节三：童话音乐剧《小青虫的梦》。

大班幼儿表演童话剧《小青虫的梦》。小、中班幼儿在童话剧快结束时，一起上台与大班幼儿共同舞蹈并谢幕。（见图4-67）

图 4-67

班本混龄课程方案四：恐龙

主题来源：

恐龙是孩子们津津乐道的话题，中班开展了"城里来了大恐龙"的活动后，激发了全体幼儿对恐龙的好奇。孩子们之间进行了热烈的讨论，甚至在玩具分享日那天自发地带了恐龙玩具以及有关恐龙的书籍，让老师给他们讲一讲恐龙。孩子们对恐龙如此地着迷，不停地问老师，世界上真的有恐龙吗？恐龙是不是最厉害的动物？为什么现在没有恐龙了……如何满足孩子们的好奇心呢？于是，我们与孩子们通过讨论，共同决定开展有关恐龙的系列活动，让孩子们走进恐龙世界，更深一步了解恐龙，去发现、探索恐龙的秘密。

开展时间：

建议四周。

主题目标：

1. 通过图片观察、亲子参观古生物馆，了解恐龙的特征和生活习性，积极探索恐龙灭绝的原因，感受自然环境对于人类、动物、植物的重要性。

2. 知道恐龙灭绝的原因与自然环境之间的关系，懂得一些保护环境的做法，愿意积极参与到环境保护的活动中去。

3. 尝试运用绘画、折纸、写生、泥工、刺绣等形式表现各种各样的恐龙，感受恐龙的不同姿态。

4. 愿意参与集体讨论并能大胆分享自己对恐龙的认识，喜欢运用询问、查阅图书等方法解决问题，并且能够运用绘画记录法记录自己的调查结果。

主题活动网络图：

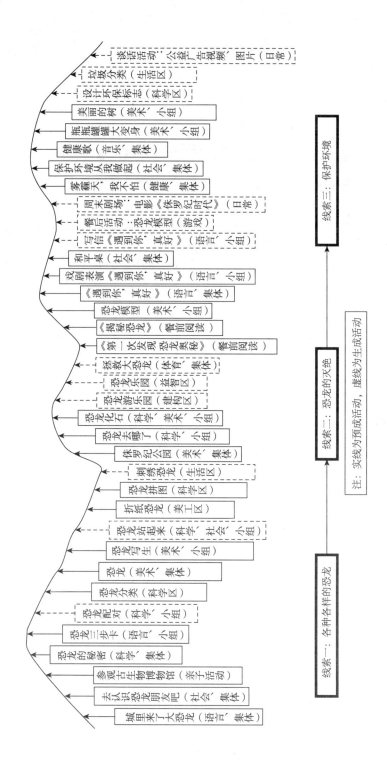

主题活动实施路径：

集体活动	小组化活动	区角活动	日常活动
线索一：各种各样的恐龙			
1. 语言：城里来了大恐龙（3～6岁） 2. 社会：去认识恐龙朋友吧（3～6岁） 3. 科学：恐龙的秘密（3～6岁） 4. 美术：恐龙（3～6岁）	1. 语言：恐龙三步卡（4～6岁） 2. 科学：恐龙配对（3～4岁） 3. 美术：恐龙写生（5～6岁） 4. 科学、社会：恐龙站起来（3～4岁、5～6岁）	1. 美工区：折纸恐龙（5～6岁） 2. 科学区：恐龙分类（5～6岁） 3. 生活区：刺绣恐龙（5～6岁） 4. 科学区：恐龙拼图（3～5岁）	1. 亲子活动：参观古生物博物馆
线索二：恐龙的灭绝			
1. 美术：侏罗纪公园（4～6岁） 2. 体育：拯救大恐龙（3～6岁） 3. 语言：《遇到你，真好》（3～6岁） 4. 社会：和平桌（3～6岁）	1. 科学：恐龙去哪了（4～6岁） 2. 科学、美术：恐龙化石（5～6岁） 3. 美术：恐龙模型（4～6岁） 4. 语言：戏剧表演《遇到你，真好》（5～6岁） 5. 语言：写信《遇到你，真好》（5～6岁）	1. 益智区：恐龙乐园（3～6岁） 2. 建构区：恐龙游乐园（3～6岁）	1. 餐前阅读：《第一次发现恐龙奥秘》《揭秘恐龙》 2. 餐后活动：恐龙模型（游戏）、电影《侏罗纪时代》
线索三：保护环境			
1. 健康：雾霾天，我不怕（3～6岁） 2. 音乐：健康歌（3～6岁） 3. 社会：保护环境从我做起（3～6岁）	1. 美术：美丽的树（4～5岁） 2. 美术：瓶瓶罐罐大变身（3～4岁、5～6岁）	1. 生活区：垃圾分类（3～4岁） 2. 科学区：设计环保标志（4～5岁）	1. 谈话活动：公益广告视频、图片
家园共育	1. 参观：开展亲子活动，参观南京古生物博物馆、常州恐龙园。 2. 调查：家长与孩子共同完成《恐龙的秘密调查表》。 3. 实践：家长购买与恐龙相关的书籍、玩具，和孩子共同阅读书籍，玩与恐龙相关的玩具和游戏。		

教育环境：

1. 主题墙

设计恐龙乐园的主题墙面（见图 4-68），
内容包含：

（1）恐龙的秘密问卷调查。

（2）恐龙知识"你问我答"。

（3）各种各样的恐龙图片。

（4）关于恐龙的文学作品。

（5）幼儿剪贴的恐龙图片。

图 4-68

2. 实物展示区

（1）各种各样的恐龙玩具展示台。

（2）幼儿搭建的各种恐龙模型。（见
图 4-69）

图 4-69

3. 幼儿作品展示区

（1）自制的恐龙纸黏土作品。（见图
4-70）

（2）幼儿的恐龙绘画作品。（见图 4-71）

（3）写给恐龙的信。（见图 4-72）

图 4-70

图 4-71

图 4-72

线索一：各种各样的恐龙

语言：城里来了大恐龙（3～6岁）

活动目标

共性目标：尝试用清晰的语言表达自己的感受，认真倾听并能听懂故事内容，养成注意倾听的良好习惯。

层次目标一：

1. 理解故事内容，并从故事情节中了解恐龙的形态及性格特点。

2. 能够安静地倾听故事，大胆表达自己对故事内容的理解。

层次目标二：

1. 通过观看故事的 PPT、相关图片，了解故事情节，知道恐龙的形态以及性格特点。

2. 愿意并积极地参与发言，大声并流畅、清晰地表达自己的想法。

重点：了解大恐龙在故事里的角色特点。

难点：用清晰的语言表达自己对故事的感受。

活动准备

经验准备：

幼儿在电视、书中见过恐龙的形象。

物质准备：

恐龙的图片及有关知识、显示故事过程的 PPT。

活动过程

环节一：教师运用图片引出恐龙话题，引起幼儿对恐龙的兴趣，了解恐龙的外形特征。

1. 教师：动物是人类的好朋友。小朋友们，你们知道世界上最大的动物是什么吗？有一种比大象、鲸鱼还要大得多的动物朋友，你知道是什么吗？

2. 幼儿观看恐龙的图片，分享交流：它是什么动物？它是什么样的？你见过吗？在哪儿见过？

环节二：教师展示图片，通过提问，引导幼儿观察图片，了解故事内容，感受恐龙的性格特点。

1. 教师借助图片提问，引起幼儿对故事的兴趣。

教师：有一只恐龙来到了我们的城市，你们猜会发生什么？我们一起来看一看这个故事。大恐龙来到城里，心情怎样？（高兴、急切）

2. 根据故事情节，鼓励幼儿通过想象，大胆表达自己对故事内容的理解。

（1）教师：大恐龙走在马路上，发生了什么事？幼儿想象并演一演大恐龙走路的样子，体验巨大的身躯给大家造成的麻烦。

（2）教师：大恐龙走在铁路上发生了什么事？重点引导幼儿体会大恐龙身躯的"重"造成的麻烦。大恐龙走在胡同里发生了什么事？重点引导幼儿体会大恐龙脖子"长"造成的麻烦。引导幼儿体会恐龙的心情。

（3）教师：许多小朋友在马路上干什么？大恐龙在做什么？十字路口是什么样的地方？马路被恐龙堵住了，怎么办呢？重点引导幼儿了解立交桥的作用。大恐龙变成立交桥后，人们会喜欢它吗？

（4）中、大班幼儿带领小班幼儿在教室里学一学大恐龙走来走去的样子，体会身体大、重、长所带来的不便。

3. 教师提问，鼓励中、大班幼儿能清晰、流畅地表达自己的想法，小班幼儿能认真聆听中、大班幼儿发言。

教师：恐龙愿意给城里的人们带来麻烦吗？如果你是大恐龙，你来到城里，你会怎么做？

环节三：围绕 PPT 图片，再次完整地讲述故事内容，鼓励幼儿养成良好的倾听习惯。

配合课件，教师有感情地讲故事，提醒幼儿认真倾听。

环节四：教师根据故事内容，引发幼儿思考，鼓励幼儿用清晰的语言表达自己的感受。

1. 教师：你喜欢什么样的大恐龙？如果你是恐龙，你会为大家做些什么好事呢？

2. 幼儿相互交流，懂得做对人们有益的事才会得到大家的喜欢。

活动延伸

1. 幼儿回家把故事讲给爸爸妈妈听。

2. 想象大恐龙变成立交桥会给人们带来哪些方便？猜猜大恐龙最后怎么样了？你能把故事编下去吗？

附故事：

城里来了大恐龙

大恐龙来到了城里，它觉得这个地方比它以前去过的任何地方都热闹。

大恐龙"啪嗒啪嗒"地走在马路上，可是它的身体太大了，堵住了马路，使汽车排起了长队，喇叭着急地叫个不停。

大恐龙"啪嗒啪嗒"地走在铁路上，可是它的身体太重了，铁路被踩得"咯吱咯吱"响，火车也被震得跳起了舞。

大恐龙"啪嗒啪嗒"地走在巷子里，它闻到了厨房里飘出的阵阵香味，忍不住把头伸进窗户里。可是大恐龙的脖子太长了，把房顶都掀翻了，大恐龙心里真难过。

城里的人感到大恐龙给它们带来了危险，想赶它走。可是大恐龙不想走，它多么喜欢这个地方啊！

孩子们却很喜欢大恐龙，说："大恐龙走了许多路，一定饿了。"

许多孩子在马路上撒青草，大恐龙沿着这条青草路边吃边走，吃饱了就在十字路口睡着了。醒来后，它发现自己变成了立交桥。一辆辆大卡车、面包车、小汽车从自己脊背上开过去，一辆辆自行车、摩托车、三轮车从自己的长腿上骑过去，一群群的大人、小孩从自己的肚子下走过……

城市的马路再也不堵车了。大家都说："大恐龙立交桥真好！"

社会：去认识恐龙朋友吧（3～6岁）

活动目标

共性目标：能够主动通过各种途径去了解恐龙，愿意与同伴分享自己的调查结果，对恐龙话题感兴趣。

层次目标一：

1. 能够通过询问家长、查阅图书等方式，调查了解恐龙的特点和生活习性。

2. 愿意向家长请教关于恐龙的问题，并能将自己所得到的结果与同伴分享。

层次目标二：

1. 能够主动向周边的人发放有关恐龙的调查问卷，并能以绘画的形式记录自己的调查结果。

2. 愿意在集体面前大胆、清楚地表达自己对恐龙的调查情况。

重点：对恐龙话题感兴趣。

难点：愿意用自己的方式记录调查结果，乐于分享。

活动准备

经验准备：

1. 幼儿对恐龙非常好奇，对恐龙有初步了解。

2. 进行了有关恐龙的调查。

物质准备：

调查表、投影仪。

活动过程

环节一：教师引出恐龙话题，幼儿介绍了解恐龙的方法。

1. 教师：小朋友们，你们喜欢恐龙吗？恐龙是我们的好朋友，你们是通过哪些方法去了解恐龙的呢？

2. 幼儿自由讲述了解恐龙的方法，分享经验。

3. 教师小结：小朋友们真能干，用各种方法了解了恐龙朋友，有的是问爸爸妈妈的，有的是参观恐龙博物馆后得知的，有的是在网上、书上查到的，还把了解到的信息记录在调查表上了，真棒！

环节二：幼儿围绕调查表（见附表）展开讨论，教师引导幼儿关注同伴的记录方法。

1. 幼儿事先进行有关调查，教师将完成的幼儿调查表粘贴在班级显著的位置。

教师请幼儿看看自己的调查表和别人的调查表在记录方法上有什么不一样，并相互介绍调查表内容。

2. 个别幼儿分享调查表记录的方法。

教师首先呈现部分记录得详细的调查表，并请中、大班幼儿向小班幼儿介绍自己的调查记录过程，重点介绍自己是如何完成这张调查表的。

环节三：教师引导幼儿围绕调查表，了解恐龙的特点和生活习性，鼓励中、大班幼儿大胆地在集体面前讲述自己的调查结果。

教师：谁愿意来介绍一下自己的调查结果？（中、大班部分幼儿分享，引导小班幼儿认真倾听）

活动延伸

在一日活动的过渡环节，幼儿可以分享自己的调查内容，重点讲述有关恐龙的故事。师幼共同布置有关恐龙特征和习性的知识性的主题墙。

附表：

恐龙的秘密调查表

幼儿姓名：　　　　　　　　　　日期：

你听过恐龙吗？你喜欢恐龙吗？喜欢哪种恐龙？为什么？	你知道哪些恐龙？（请你用绘画的方式记录）

你知道恐龙喜欢吃什么吗？	你想知道关于恐龙的什么事情？

你看过有关恐龙的书籍或者电影吗？你愿意与我们分享里面的内容吗？希望你能将有关恐龙的书籍、图片、玩具等带来与大家一起分享！

注：请家长协助幼儿共同完成，可以以图文形式记录。

科学：恐龙的秘密（3~6岁）

活动目标

共性目标：初步了解霸王龙、三角龙、剑龙、翼龙等常见恐龙的特征，探究它们的生活习性。

层次目标一：

1. 通过图片展示，认识常见的恐龙，并能发现恐龙多种多样的特征。

2. 小班幼儿能安静地倾听中、大班幼儿的讲述，了解恐龙的习性。

层次目标二：

1. 通过观看图片、视频和模型，比较与分析各种恐龙之间的区别。

2. 能大胆地表述自己对恐龙习性的了解。

重点：了解常见的几种恐龙的特征。

难点：了解恐龙的生活环境和习性。

活动准备

经验准备：

幼儿了解恐龙的一些种类。

物质准备：

1. 班级布置"恐龙世界"展。

2. 教师搜集与恐龙有关的图片、图书、视频、玩具等资料，将这些资料布置在班级区角里。

活动过程

环节一：教师带领幼儿先参观布置在活动区里的"恐龙世界"展，认识恐龙。请幼儿说一说自己认识哪些恐龙。

1. 教师：小朋友们，我们的"恐龙世界"里，有各种各样的恐龙，你能说出它们的名字吗？

2. 教师：把你带来的恐龙玩具、图书或图片和别的小朋友分享，好吗？可以跟同伴介绍一下自己的恐龙。

环节二：围绕幼儿带来的恐龙模型，引导幼儿认识常见恐龙的外形特点，鼓励小班幼儿安静倾听。

1. 教师将幼儿的恐龙玩具摆放在视频展示台上，请小、中、大班各一人三人为一组，观察恐龙的形态，并用图画、图表或其他方式记录每种恐龙的主要特征。

教师：刚才小朋友们介绍了自己的恐龙，非常棒，现在我们一起来认一认吧！他们都一样吗？哪里不一样？

2. 教师请每组推选一名幼儿来介绍自己小组观察、记录的恐龙特征，引导小班幼儿安静倾听。

3. 师幼小结：霸王龙有大大的脑袋，有非常锋利的牙齿，它的前腿比较短，每个前爪只有两根指头，后腿较长、较粗，每个后爪有四根指头，而且每根指头上都有尖尖的指甲。它是靠后腿行走的。它有一条长而粗的尾巴，尾巴可以保持身体的平衡。它的皮

肤有绿色、咖啡色。（三角龙、剑龙、翼龙等也都有各自的显著特点）

环节三：教师播放恐龙的相关视频，引导幼儿进一步了解恐龙的生活环境和习性。

1. 教师：我们现在认识了这些恐龙，你们知道恐龙生活的时代是什么样吗？恐龙喜欢吃什么呢？

2. 教师播放视频《恐龙纪录片》，恐龙生活在三叠纪、侏罗纪、白垩纪三个时代，有食肉性的、食草性的，还有杂食性的。

活动延伸

师幼共同思考如何让"恐龙世界"的展台布置得更符合恐龙生存的环境，并进行调整。教师鼓励幼儿继续探索发现更多的恐龙秘密。

美术：恐龙（绘画）（3~6岁）

活动目标

共性目标：喜欢进行绘画活动，并能大胆地表现霸王龙的形态特点，体验创作的乐趣。

层次目标一：

1. 观察霸王龙的模型，捕捉霸王龙的外形特征。

2. 尝试运用水粉绘画的形式表现霸王龙的形态。

层次目标二：

1. 观察霸王龙，能用动作、语言等方式表达自己对霸王龙外形的理解。

2. 能用平涂、点画等绘画方法表现霸王龙的形态。

重点：把握霸王龙大致的形态特征。

难点：掌握线描、平涂、点画的绘画方法。

活动准备

经验准备：

幼儿描画过恐龙的形象。

物质准备：

1. 霸王龙的简笔画、霸王龙各种形态的图片若干。

2. 黑色卡纸、水粉、调色盘、排笔、抹布若干。

活动过程

环节一：幼儿观察霸王龙的外形特征。

1. 教师通过设置的"恐龙家园"的情境，激发幼儿对霸王龙的兴趣。

（1）教师：今天，我们一起进入"恐龙家园"。"恐龙家园"里有很多很多的恐龙，我们一起看一看最大的恐龙是谁。

（2）教师：霸王龙是什么样子的?

2. 教师鼓励小、中班幼儿通过观察，尝试用语言、表情、动作等表现霸王龙的外形特征。

3. 师幼小结：霸王龙的脑袋有点大，牙齿很锋利、尖尖的，前腿有点短，每个前爪只有两根指头，后腿较长、较粗，每个后爪都有四根指头，而且每根指头上都有尖尖的指甲。它是靠后腿行走的。它有一条长而粗的尾巴，尾巴可以保持身体的平衡。它的皮肤有绿色、咖啡色。

环节二：教师介绍材料，教授幼儿初步学习线描、平涂、点画的方法，引导幼儿尝试运用水粉表现霸王龙的各种形态。

1. 教师介绍绘画材料，引发幼儿思考如何用水粉表现霸王龙的外形特征。

（1）教师：今天，霸王龙想请你们给它画个像，你准备画一个什么样的霸王龙呢?

（2）教师:画霸王龙的时候，先画它的什么部位?（头部）然后呢?（身体）最后呢?（尾巴和腿）

2. 幼儿学习线描、平涂和点画的方法。

（1）教师：霸王龙身上的花纹我们怎么来表现呢？（请个别幼儿示范）

（2）教师重点讲解平涂法和点画法。

环节三：幼儿分组操作，绘画霸王龙。

教师重点指导小班幼儿运用平涂、点画的方法，装饰霸王龙的身体；鼓励中、大班幼儿用线描法大胆表现霸王龙的各种形态。

环节四：幼儿相互交流，展示作品。

教师：这些霸王龙画得都很特别，请小朋友们来介绍一下自己的作品。

小组化活动

语言：恐龙三步卡（4~6岁）

活动目标

层次目标一：

1. 认识霸王龙、梁龙、剑龙、翼龙、三角龙等恐龙。

2. 通过游戏，能清楚地说出恐龙的名称。

层次目标二：

通过游戏，能将字卡与图片进行配对。

活动准备

物质准备：

三步卡一套（第一步：各种恐龙的图片与文字一份；第二步：单独的恐龙图片一份；第三步：单独的文字一份）。

活动过程

环节一：教师出示三步卡，激发幼儿兴趣。

1. 教师将恐龙卡片从左到右依次摆好，并提问："你们认识这些恐龙吗？你认识哪个恐龙？"

2. 教师根据幼儿的回答情况，将恐龙逐一向孩子介绍一遍。

幼儿指认："这是霸王龙。""这是剑龙。"……

环节二：教师重点指导幼儿配对的方法。

1. 请个别幼儿将第二步卡片与第一步卡片配对，然后再将第三步卡片与第一步卡片配对。

2. 中、大班幼儿结对进行配对练习。

环节三：玩游戏，巩固幼儿对恐龙的认识。

幼儿随手拿取第二步、第三步卡片中的一张卡片。教师拿第一步卡片，问："霸王龙在哪里？"拿取霸王龙的图片或者文字的幼儿则一边出示相应的卡片，一边说："霸王龙在这里。"然后与教师手中的第一步卡片配对，卡片一样则代表幼儿成功。游戏按照此规则可多次进行。

科学：恐龙配对（3~4岁）

活动目标

1. 尝试运用观察、比对，发现恐龙的形态特点。

2. 能够有条理地进行配对。

活动准备

物质准备：

各种形态的恐龙图片、各种形态"影子"的卡片（黑卡纸制作）。

活动过程

环节一：幼儿观察图片，教师导入活动。

1. 教师：请你看看这些都是什么恐龙。（幼儿说出自己认识的恐龙）

2. 幼儿将恐龙图片逐一从左到右或者是从上到下依次摆好，并根据图片依次正确介绍恐龙名称。

环节二：教师带领幼儿逐一认识恐龙。

1. 幼儿观察每种恐龙的外形特征，并说出恐龙名称。

2. 幼儿讲述观察到的恐龙特点。

环节三：教师重点指导幼儿比对的方法，注意卡片方向的正反。

教师出示恐龙的"影子"卡片：这些是什么呀？（影子卡片）再出示一张影子卡片：猜猜它是谁的影子？请小朋友们来找一找。

环节四：游戏"找影子"。

幼儿每人一张恐龙图片，教师出示一张影子图片，提问："这是谁的影子？"幼儿根据自己手上的恐龙卡片进行配对，能够正确地配对影子即成功。游戏可按此规则多次进行。

美术：恐龙写生（5～6岁）

活动目标

1. 通过观察恐龙模型，了解立体的恐龙形态特征。

2. 尝试运用铅笔描画观察到的恐龙形态，体验写生的乐趣。

活动准备

物质准备：

1. 恐龙模型若干。

2. 白纸、铅笔、剪刀、废旧硬纸板、画板等绘画材料若干。

活动过程

环节一：幼儿观察恐龙的模型，了解各种恐龙的主要外形特点。

1. 教师：恐龙的身体是什么样的？它的头、颈、躯干、尾巴各有什么特点？

2. 幼儿自由讨论看到的恐龙模型都有哪些姿势，并进行动作模仿。

环节二：教师引导幼儿尝试使用铅笔画将恐龙的外形表现出来。

1. 教师与幼儿共同探索写生的特点：看着实物作画，把看到的所有细节都画出来，不添加自己的想象。

2. 教师示范写生：选取一个能观察到恐龙模型的位置，一边观察，一边绘画，把看到的恐龙的样子画下来。

3. 教师将恐龙模型放在桌上，幼儿自主选择喜欢的恐龙开展写生活动。

4. 幼儿进行写生，可以与同伴合作练习，将自己在不同方位所看到的恐龙画下来。教师给予适当的帮助指导。

环节三：教师将幼儿画好的恐龙，粘贴在事先准备好的废旧纸板上，供大家欣赏。

教师：请你的好朋友猜一猜你画的是什么恐龙。你们喜欢哪一种恐龙？

科学、社会：恐龙站起来（3～4岁、5～6岁）

活动目标

层次目标一：

愿意与同伴进行商量、实验，探讨让"恐龙"站起来的方法。

层次目标二：

能通过观察、比较与分析，发现让"恐龙"站立的规律，不怕失败，大胆尝试。

活动准备

物质准备：

油泥、卡纸、双面胶、剪刀、回形针、积木、吸管等实验材料。

活动过程

环节一：教师自编故事导入，引起幼儿对活动的兴趣。

带孩子来到"恐龙家园"展示区，教师讲述一段故事：昨天，老师做了一个梦，梦到了一个有关恐龙的故事，有只恐龙跟我说，它很喜欢我们的"恐龙家园"，也想加入家园，可是它遇到了一个难题，什么难题呢？就是它一走到这个家园里，就会摔倒，根本站不住，你们能帮助它吗？

环节二：师幼讨论帮助恐龙站起来的方法，并逐一尝试。

1. 幼儿想办法，并大胆表述。教师鼓励个别幼儿操作展示。

（1）教师介绍桌上现有的材料，请幼儿分组实验能让恐龙站起来的方法。

教师引导幼儿讨论如何合作实验，要注意什么，怎样合作更好。（先讨论自己想到的方法，然后再选择材料进行实验，操作时，也要相互帮助，让恐龙站起来）

（2）幼儿分组尝试动手操作，并大胆表述自己的操作方法，以及合作方法。

师幼总结：让恐龙站起来的方法有很多，可以用夹子、双面胶、积木等进行操作。

2. 教师鼓励幼儿"大带小"合作，运用各种材料让恐龙站起来，并愿意分享自己的合作方法。

（1）教师展示一种与幼儿不一样的方法，运用卡纸做成三角形支撑恐龙站起来。

教师：除了用老师提供的材料，班上还有哪些材料也可以帮助恐龙站起来呢？请大班小朋友带着小、中班小朋友一起去试一试。

（2）教师：说说你们是怎么跟其他小朋友合作的？

活动延伸

教师："恐龙家园"里，除了有恐龙和树，还有些什么呢？请小朋友们一起找一找、做一做。

美工区：折纸恐龙（5~6 岁）

材料：

    1. 折纸恐龙的步骤图。

    2. 恐龙图片。

    3. 各种颜色的纸。

图 4-73

指导重点：

    1. 观察图片，了解恐龙的外形特征。

    2. 能清晰、连贯地表述恐龙的特征。

    3. 学习看步骤图折纸恐龙，边角对齐，每一步都要折平整。（见图 4-73）

科学区：恐龙分类（5~6 岁）

材料：

    各种各样的恐龙图片（玩具）若干。

指导重点：

    1. 引导幼儿观察各种各样的恐龙图片（玩具），激发幼儿学习兴趣。

    2. 创设游戏情境，鼓励幼儿根据恐龙的不同特征进行分类。

    3. 幼儿探索根据分类方法设计标志，体验探索的乐趣。

生活区：刺绣恐龙（5～6岁）

材料：

布、针、线、穿针器、绷子、铅笔。

指导重点：

1. 先观察，再用铅笔在布上画出自己喜欢的恐龙的形态。

2. 练习穿线，由下而上、再由上而下地进行缝制，重点指导幼儿沿着恐龙的外部轮廓进行缝制。（见图4-74）

3. 将缝制好的作品展示在相应的主题活动区供大家欣赏，体验创作的乐趣。（见图4-75）

图4-74

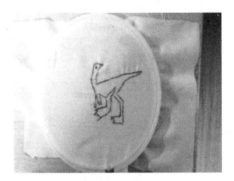

图4-75

科学区：恐龙拼图（3～5岁）

材料：恐龙拼图。

指导重点：

1. 学会观察整体与局部的关系，激发起操作的兴趣。

2. 能够根据观察规律，将散开的小块拼图整理拼成一幅完整的恐龙画面。（见图4-76）

图4-76

线索二：恐龙的灭绝

集体活动

美术：侏罗纪公园（4~6岁）

活动目标

共性目标：乐于想象侏罗纪时代的环境，喜欢用绘画的方式表现恐龙生活的环境。

层次目标一：

1. 通过欣赏恐龙时代的环境，了解侏罗纪时代与我们生活时代的不同。

2. 在教师的提醒下，能关注植物的色彩、形态等特征。

层次目标二：

1. 通过欣赏图片，重点观察图画中恐龙与周围环境的变化，发现画面中物体近大远小的规律。

2. 能运用油画棒、水粉等不同工具表现植物的色彩、形状以及恐龙的形态。

重点：注意恐龙和环境的构图。

难点：近大远小的画面规律。

活动准备

经验准备：

幼儿前期已认识了一些恐龙。

物质准备：

1. 侏罗纪时代的恐龙图片。

2. 棉签、油画棒、水粉、恐龙家园简笔画等绘画材料。

活动过程

环节一：教师带领幼儿欣赏图片，引起幼儿对恐龙生活的时代的好奇。

1. 教师：你们知道恐龙生活在什么时代吗？（侏罗纪、白垩纪等）那个时代的世界是什么样子的呢？和我们现在有什么不同？

2. 教师出示图片：你们看这幅图，恐龙生活的地方是什么样的？（森林里有很多树，有山、有水……）这些树都是一样的吗？哪里不一样？

环节二：师幼通过讨论，重点观察图片中恐龙以及植物的构图，了解近大远小的规律。

1. 教师：图片中，你觉得哪棵树离你最近？你是怎么看出来的？远处的树看起来是什么样的？近处的恐龙是什么样的？远处的恐龙又是什么样的？那我们绘画的时候，你觉得应该先画近处的还是远处的呢？（先画近处，再画远处）

2. 教师出示范画，介绍材料供中班幼儿选择，鼓励幼儿运用已学过的点画技能完成作品，提醒幼儿使用颜料的方法，只需要轻轻地蘸一下就可以。

环节三：幼儿操作，教师个别指导。

1. 教师指导中班幼儿在绘画过程中，不能拿着棉签或者排笔到处走，换颜色时，要先把画笔放入相应的颜料瓶里，再换另一支颜色的笔，另外把用过的棉签放入垃圾桶。

2. 教师指导大班幼儿掌握构图的方法。

3. 教师引导中、大班幼儿合作练习时，能够合理分工，协助完成。

环节四：幼儿欣赏作品，感受侏罗纪时代与我们生活时代的不同。

体育：拯救大恐龙（3~6岁）

活动目标

共性目标：学习以手脚并用的方式匍匐前进，能遵守游戏规则。

层次目标一：

1. 练习双手、双膝着地协调地爬行。

2. 喜欢参与体育活动，能遵守游戏规则。

层次目标二：

1. 能够匍匐前进，动作协调、灵敏地通过障碍物。

2. 在游戏中体验"拯救恐龙"的英雄人物的自豪感。

重点：学习掌握匍匐前进的方法。

难点：运用匍匐前进的方法通过障碍物。

活动准备

物质准备：

垫子、网、皮筋、地毯积木、恐龙玩具若干。

活动过程 ✓

环节一：热身运动。

1. 教师：小朋友们，今天发生了一件事情，我们班的恐龙不见了，你们知道它们去哪里了吗？

2. 引导幼儿发现场地上的材料以及被"关"起来的恐龙们。

教师：你们看，那是什么？恐龙在那里呢！你们看到了吗？它们被关起来了，怎么办？你们想救出它们吗？

3. 教师：我们一起热热身，准备去拯救恐龙吧！幼儿跟着老师做热身动作。

环节二：幼儿关注场地的布置，讨论如何救出恐龙。

1. 教师：恐龙们被关起来，我们怎么去救出它们呢？（幼儿想办法）

教师启发幼儿发现只有爬过这座"网屋"才能救出恐龙，可是网屋这么矮，一旦碰到网屋就会被阻止行进。该怎么办呢？

2. 幼儿相互讨论营救的办法，师幼共同总结营救方法。

环节三：尝试练习各种爬行的方法。

1. 教师：刚才有小朋友想出了一些爬行方法，我们来看看他们是怎么爬行的。（个别幼儿示范）

2. 教师：他们的方法能不能通过呢？请大家尝试一下。

3. 教师引导小班幼儿双手、双膝着地协调地爬行。中、大班幼儿运用匍匐前进的方法爬行。

4. 教师引导小班幼儿观察中、大班幼儿的动作，鼓励他们模仿匍匐的动作爬行。

环节四：玩游戏"拯救大恐龙"。

幼儿分组比赛，教师鼓励幼儿又快又安全地运用匍匐前进的方式通过障碍物，"拯救大恐龙"。

环节五：带领"大恐龙"跳舞，放松活动。

1. 教师：小朋友们，你们就是大英雄，救出了这么多的恐龙。我们带着恐龙一起跳舞吧！

2. 伴随音乐做全身放松运动，幼儿互相按摩。

语言：《遇到你，真好》（早期阅读）（3～6岁）

活动目标

　　共性目标：通过集体阅读、同伴合作阅读了解故事内容，感知绘本《遇到你，真好》中所表达的情感。

　　层次目标一：

　　1. 初步了解故事的主要内容，丰富词汇，如"谢谢""太棒了""真酷"等。

　　2. 喜欢阅读，愿意与同伴合作阅读。

　　层次目标二：

　　1. 通过对画面的观察，了解故事的情节发展变化，体验故事情节突然发生转变的趣味性。

　　2. 能够安静地倾听同伴的表达，并愿意表达自己对故事的理解。

层次目标三：

1. 能根据故事的部分情节线索猜想故事情节的发展。

2. 喜欢故事，并能积极参与续编、创编故事。

重点：通过观察画面，了解故事的主要内容。

难点：体验、感受绘本中人物之间的情感。

活动准备

经验准备：

幼儿认识霸王龙和棘龙宝宝。

物质准备：

1. 绘本《遇到你，真好》，相关图片PPT。

2. 中、大班幼儿带小班幼儿一起坐。

活动过程

环节一：教师出示绘本《遇到你，真好》的封面图片PPT，激发幼儿了解绘本内容的兴趣。

1. 教师：图片里有谁呢？猜一猜，它们在做什么？

2. 教师：你们猜了很多种可能，下面我们一起来听一听霸王龙与棘龙宝宝之间发生的故事。

环节二：教师引导幼儿观察画面，初步了解故事内容。

1. 教师：棘龙宝宝遇到了谁？霸王龙想做什么？

2. 教师：大地发生了什么事情？霸王龙和棘龙宝宝怎么办呢？霸王龙为什么没有吃棘龙宝宝？

3. 教师：棘龙宝宝为什么来到红果子树旁边？

4. 教师："谢谢""真酷""太棒了"是什么意思呢？什么情况下可以使用这些词？

5. 幼儿表达对情节及词语的理解。

环节三：教师发放绘本，请幼儿"大带小"共同阅读故事的后半段，鼓励幼儿学习合作阅读。

1. 幼儿"大带小"合作阅读。

2. 教师出示 PPT，大班幼儿能够大胆地通过图片猜测故事内容。

（1）教师：棘龙宝宝对霸王龙说了什么？棘龙宝宝为什么对霸王龙说"谢谢""太棒了""真酷""你真好"？

（2）教师：大地发生了什么事情？霸王龙做了什么？故事最后发生了什么？

环节四：教师组织幼儿讨论，鼓励小班幼儿尝试说说自己遇到谁"真好"。

教师：棘龙宝宝为什么说"遇到霸王龙，真好"？霸王龙为什么说"遇到棘龙宝宝，真好"？那你遇到谁，觉得"真好"？

活动延伸

语言区放置绘本《遇到你，真好》，请大班幼儿带领小班幼儿一起翻看绘本，进一步了解绘本内容并感受绘本中的情感。

社会：和平桌（3～6岁）

活动目标

共性目标：乐意在集体面前表达，愿意安静地倾听同伴的讲述。

层次目标一：

1. 通过回忆故事内容，理解"遇到你，真好"的意思。

2. 能安静倾听同伴的讲述，愿意参与讲述。

层次目标二：

1. 能够围绕"遇到你，真好"进行讲述，用恰当的语言表达自己的想法。

2. 专心倾听同伴的讲述，并能积极表达自己的理解。

重点：能理解"遇到你，真好"。

难点：能够清楚地说出遇到朋友真好的原因。

活动准备

经验准备：

幼儿有很多与同伴相处的体验，懂得团结友爱的意思。

物质准备：

1. 表现幼儿遇到好朋友觉得真好的照片。

2. 布置和平桌的环境（桌子、椅子、鲜花）。

活动过程

环节一：教师带领幼儿回忆绘本内容，鼓励大班幼儿讲述绘本内容。

1. 教师带领幼儿回忆故事内容，鼓励大班幼儿讲述绘本内容。

2. 教师：故事中的棘龙宝宝对霸王龙说了什么，为什么？最后霸王龙想对棘龙宝宝说什么？为什么？

环节二：教师引导幼儿针对"遇到你，真好"的原因进行讲述，大班幼儿能用恰当的语言表达对好朋友的喜爱之情。

1. 教师引导幼儿围绕"遇到你，真好"展开讨论。

教师：你遇到谁，感觉真好？为什么？请中、大班小朋友跟小班小朋友说一说。

2. 师幼共同归纳出幼儿喜欢的人的特点。

教师：你们觉得你们喜欢的人都有哪些特点？

环节三：引出和平桌：小朋友们，你们跟好朋友发生矛盾的时候，你们是怎么解决的呢？

1. 幼儿通过讨论，分享自己的解决过程。

2. 教师启发个别幼儿回忆曾经在阅读区的桌子旁坐下来解决问题的过程。

（1）启发幼儿思考，坐下来冷静一下再解决问题的好处是什么？

（2）教师：那你们觉得我们班什么地方适合坐下来解决问题呢？我们可以给这个地方起一个什么名字呢？（和平桌）

环节四：激发幼儿产生对"好朋友"的珍惜之情。

教师：我们要珍惜和好朋友在一起的生活，我们要相互关心和爱护。如果发生了矛盾，我们就去和平桌那里坐下来冷静一下再解决问题。

活动延伸

教师创设班级"遇到你，真好"的照片主题墙。在语言区放置白纸、水彩笔、油画棒等材料，供幼儿用图文形式表达遇到谁觉得真好。

小组化活动

科学：恐龙去哪了（4~6岁）

活动目标

层次目标一：

1. 收集有关恐龙的资料，愿意与同伴交流恐龙灭绝的原因。

2. 对恐龙灭绝的话题感兴趣。

层次目标二：

1. 积极参与收集恐龙灭绝的传说，并能大胆、流畅地表述自己的猜测。

2. 乐于参与有关恐龙灭绝的调查活动。

活动准备

经验准备：

幼儿阅读过有关恐龙的书籍，查询过关于恐龙灭绝的相关资料。

物质准备：

有关恐龙灭绝的图片文字 PPT。

活动过程

环节一：师幼讨论恐龙灭绝的原因。

1. 教师引导幼儿大胆表述自己查询资料时获得的相关信息。

教师：前两天，很多小朋友都在问老师，恐龙生活在什么时代？现在能看到恐龙吗？恐龙为什么会灭绝？

2. 教师请个别幼儿分享自己的调查结果。

环节二：师幼共同探讨恐龙灭绝的主要原因。

1. 关于恐龙的灭绝原因目前有许多种说法，但没有定论。

2. 让幼儿投票发表自己的观点，并说说自己投票的理由。

环节三：教师出示 PPT，介绍恐龙灭绝的可能原因。

幼儿边观看 PPT 边听教师介绍：关于恐龙灭绝的主要观点有以下几种。

1. 气候变迁说。6 500 万年前，地球气候陡然变化，气温大幅下降，造成大气含氧量下降，恐龙无法继续生存。

2. 物种斗争说。恐龙时代末期，最初的小型哺乳类动物出现了，这些动物属啮齿类食肉动物，可能以恐龙蛋为食。由于这种小型动物缺乏天敌，越来越多，最终吃光了恐龙蛋。

3. 大陆漂移说。地质学研究证明，在恐龙生存的时代，地球的大陆只有一块，即"泛古陆"。由于地壳变化，这块大陆在侏罗纪发生较大的分裂和漂移现象，最终导致环境和气候的变化，恐龙因此而灭绝。

4. 地磁变化说。现代生物学证明，某些生物的死亡与磁场有关。对磁场比较敏感的生物，在地球磁场发生变化（磁极倒转以及强度的变化）的时候，都可能灭绝。

5. 被子植物中毒说。恐龙时代末期，地球上的裸子植物逐渐消亡，取而代之的是大量的被子植物，这些植物中含有裸子植物中所没有的毒素，形体巨大的恐龙食量也大，大量摄入被子植物导致体内毒素积累过多，最终被毒死了。

6. 酸雨说。白垩纪末期可能下过强烈的酸雨，使土壤中包括锶在内的微量元素被溶解，恐龙通过饮水和食物直接或间接地摄入锶，出现急性或慢性中毒，最后全都死掉了。

环节四：师幼小结。

教师：恐龙灭绝有很多原因，比如小行星碰撞地球、气候变冷、病态恐龙蛋、恐龙吃了有毒的植物等。（在这个环节中，教师必须让幼儿明白恐龙灭绝的这些原因都只是推测，随着科学的发展，也许会出现新的结论）

科学、美术：恐龙化石（5~6岁）

活动目标

1. 了解恐龙化石的来源与作用。

2. 尝试用短泥条粘贴的方法制作恐龙化石作品。

3. 感受制作恐龙化石的乐趣，激发幼儿对科学探究的兴趣。

活动准备

物质准备：

1. 恐龙化石的图片PPT。

2. 轻黏土、工具若干。

活动过程

环节一：教师出示PPT，引导幼儿观察恐龙化石，了解恐龙化石是如何形成的。

1. 教师：请大家看看图片上是什么？

2. 教师解释化石是如何形成的。

环节二：教师引导幼儿，了解化石对我们生活的作用。

1. 教师：你们知道科学家们为什么要去发掘化石吗？

2. 教师小结：化石可以帮助我们了解很久以前发生的事情，了解很久以前的动物是什么样的。恐龙就是科学家们根据恐龙化石的形状结构推测出来的。

环节三：师幼共同讨论恐龙化石的组成部分，尝试合作使用轻黏土进行创作。

1. 教师：今天我们这有一些轻黏土，用轻黏土怎么制作恐龙化石呢？

2. 请个别幼儿示范，教师讲解，重点讲解捏制龙骨的方法。

环节四：幼儿操作。

1. 要求：幼儿两人一组合作，运用短泥条粘贴的方法，完成恐龙化石的制作。

2. 教师重点指导幼儿如何合作。

美术：恐龙模型（4~6岁）

活动目标

层次目标一：

1. 通过观察恐龙的形态，能发现恐龙的主要特征。

2. 学习用团、捏、粘的技能塑造恐龙造型。

层次目标二：

1. 能大胆清楚地表达自己的观察结果，发现不同恐龙的形态特点。

2. 尝试运用团、捏、粘、切等多种方法进行恐龙造型的塑造。

活动准备

物质准备：

1. 大恐龙模型一个，捏好的恐龙范例一只，有草地的活动背景图一幅。

2. 纸黏土、橡皮泥、牙签若干。

活动过程

环节一：教师以猜谜语的形式导入活动，引起幼儿的兴趣。

教师：全家都叫龙，不与神兽同。能跑又能飞，就是不会游。（谜底：恐龙）

环节二：教师出示呈现恐龙模型，让幼儿观察，并说出恐龙的主要特征。

教师鼓励幼儿讲述恐龙的基本特征：有黑黑的眼睛，尖尖的嘴巴，背上有长长的刺，而且刺都是朝不同方向倾斜的。

环节三：教师出示捏好的大恐龙范例，让幼儿讨论恐龙的制作方法。

中、大班幼儿合作探索恐龙造型的方法：根据恐龙的特点，用已经掌握的技能捏出恐龙的头和身体及尾巴。先将纸黏土在手中团成圆球形，再将泥球稍压扁，用牙签从身后向头部顺一个方向斜插在恐龙的背上，最后用黑色橡皮泥捏出恐龙的眼睛。

环节四：教师巡回指导幼儿制作恐龙模型。

教师注意提醒幼儿根据不同恐龙的特点捏出恐龙的身体形状，重点辅导幼儿用牙签固定恐龙的腿及头。

环节五：教师在背景上展示活动成果，让幼儿体验成功的喜悦。

语言：戏剧表演《遇到你，真好》（5～6 岁）

活动目标

1. 回忆故事内容，尝试表现故事的部分情节。

2. 通过集体讨论、个别示范、教师旁白等形式，与同伴合作创编霸王龙与棘龙宝宝之间的故事。

3. 乐于在集体面前表演，语言流畅。

活动准备

物质准备：

1. 表演材料：背景图 1 幅、自制霸王龙手偶、棘龙宝宝手偶、桌子 1 张。

2. 事先录制好《遇到你，真好》的故事音频、音乐播放器。

活动过程

环节一：教师带领幼儿回忆故事内容，进一步了解故事情节的发展，引导幼儿关注故事中的对话内容。

1. 教师出示手偶霸王龙和棘龙宝宝：小朋友，你们还记得它们吗？它俩之间发生过一些有趣的事情，你们还记得吗？

2. 教师讲述故事内容，帮助幼儿回忆。

环节二：教师引导幼儿关注故事情节中霸王龙与棘龙宝宝之间的对话，幼儿初步尝试扮演霸王龙和棘龙宝宝。

1. 教师：霸王龙见到棘龙宝宝是怎么说的呢？霸王龙是怎么照顾棘龙宝宝的？

2. 教师指导幼儿两两合作，尝试扮演霸王龙和棘龙宝宝进行对话。

3. 教师请个别幼儿表演，一个幼儿扮演霸王龙，一个幼儿扮演棘龙宝宝，引导其他幼儿关注他们的对话，听听谁表演的声音更像霸王龙，谁表演的声音更像棘龙宝宝。

环节三：师幼总结，了解表演的内容以及方法。

1. 教师：你们觉得谁表演得最像霸王龙？为什么？谁表演得最像棘龙宝宝，为什么？

2. 师幼小结：对话的时候，霸王龙和棘龙宝宝的声音和动作表演很重要，所以小朋友要用不同的声音和动作来表现霸王龙和棘龙宝宝，来表现故事情节的发展。

环节四：延伸。

教师录制小朋友表演的声音，放在语言区供幼儿自主选择听故事。

语言：写信《遇到你，真好》（5～6岁）

活动目标

1. 通过谈话，了解信的作用。

2. 初步尝试运用图文形式表达自己的想法。

3. 感受写信的乐趣。

活动准备

物质准备：

信、笔、纸若干。

活动过程

环节一：谈话：教师引导幼儿谈谈自己的朋友。

教师：你的好朋友是谁？你们分开了，你会想念他吗？

环节二：教师引导幼儿运用绘画的方式表达对好朋友的想念。

1. 你想你的好朋友时，会怎么做呢？（打电话）

教师：老师最近发现一位小朋友的方法非常好，她把她想对好朋友说的话，用画画的方式告诉对方。

教师出示一个幼儿的"信"：她是怎么记录的呢？（请该幼儿讲述自己的做法）

2. 教师介绍信的意义。

教师：她记录的这张纸，我们把它叫作信。你们知道信有什么用处吗？

师幼小结：信就是把自己想说的话记录在纸上给对方看。这样对方想看的时候随时都可以看，很方便，并且也很有纪念意义。

环节三：启发其他幼儿运用绘画的方式给同伴写信，增加同伴之间的友情。

1. 教师：你想跟你的好朋友说什么呢？用绘画的方式怎么表示呢？（教师根据幼儿的讨论方法进行总结示范）

2. 幼儿自主选择写信的方式。

区域活动

益智区：恐龙乐园（3~6岁）

材料（见图4-77）：

骰子、恐龙乐园棋谱、恐龙图片、装骰子的小盒子。

图4-77

指导重点：

1. 观察游戏材料，了解材料的用途。

2. 了解游戏玩法：每轮游戏只限四人参加，遇到小树与太阳前进，遇到仙人掌停止一次，遇到火山喷发停止两次，最先回到恐龙乐园的人就是赢家。

3. 引导幼儿遵守游戏规则，友好合作。

建构区：恐龙游乐园（3～6岁）

材料：

积木、自制树、废旧材料（瓶子等）。

指导重点：

1. 幼儿自由结伴，商量建构"恐龙游乐园"的办法。

2. 鼓励幼儿充分利用废旧的材料和自制的"树"开展建构活动。

3. 全体幼儿欣赏自制的游乐园，并将恐龙玩具带到游乐园，看一看、玩一玩，体验建构的快乐。

线索三：保护环境

集体活动

健康：雾霾天，我不怕（3～6岁）

活动目标

共性目标：对环境有一定的适应能力，能积极参加锻炼，增强体质。

层次目标一：

1. 通过谈话，了解最近的天气变化，知道雾霾对我们身体的危害。

2. 能在教师的指导下，参与室内运动，并能遵守一定的游戏规则。

层次目标二：

1. 知道雾霾对我们身体的危害，知道保护自己的方法。

2. 愿意积极参加体育锻炼，并能连续锻炼半小时以上，遵守室内体育游戏的规则。

重点：知道雾霾对我们身体的危害。

难点：在室内锻炼，能遵守一定的游戏规则，知道自我保护的方法。

活动准备

经验准备：

幼儿知道什么是雾霾。

物质准备：

垫子、保龄球、袋鼠跳、套圈、赶小猪、桌子等。

活动过程

环节一：教师引导幼儿了解最近的天气变化。

1. 教师：小朋友们，你们知道为什么今天不能户外活动吗？你们知道什么是雾霾吗？雾霾是怎么产生的？

2. 教师鼓励中、大班幼儿大胆表述自己的想法，小班幼儿认真倾听。

环节二：幼儿了解雾霾对我们身体的危害以及自我保护的方法。

1. 教师：你们知道雾霾对我们的身体有什么危害吗？

2. 师幼小结：除了雾霾天出门要保护口鼻，要戴口罩，我们还要坚持锻炼身体，让身体变得更强壮。

环节三：教师介绍室内锻炼场地以及游戏规则。

1. 教师介绍锻炼场地，指导幼儿分组选择并在听到教师口令后交换。

2. 教师重点讨论室内锻炼的规则：① 不可以在室内剧烈跑动。② 选择空地玩耍。③ 用完的器械要放回到指定的地方，不可随处乱放。④ 听到口令，幼儿交换场地玩游戏。

3. 幼儿自由选择锻炼项目，教师分组指导。① 爬桌子：幼儿排着队爬，注意上桌和下桌时的安全。② 保龄球：小班幼儿排队进行，滚完球后，把球排好方可到后方继续排队。③ 袋鼠跳：在指定范围内跳，不碰撞到别人。④ 钻椅子：尽量俯下身体钻过去，如碰倒椅子，请及时扶好。

4. 幼儿"大带小"参加锻炼，学会保护同伴。

环节四：游戏结束，值日生收拾器械。

教师：雾霾天，你们怕不怕？雾霾天虽然不能出去运动，但是我们可以在室内运动，坚持锻炼，增强体质。

活动延伸

可以提供其他小型的器械供幼儿在室内锻炼。

音乐：健康歌（3～6 岁）

活动目标

共性目标：喜欢《健康歌》，并能根据节奏进行动作创编。

层次目标一：

1. 欣赏音乐《健康歌》，了解歌词内容以及歌曲节奏。

2. 弟弟妹妹愿意模仿哥哥姐姐的动作。

层次目标二：

1. 欣赏音乐《健康歌》，探索音乐节奏。

2. 尝试运用不同的动作大胆表现歌曲的节奏。

重点：了解歌词内容以及音乐节奏。

难点：根据音乐节奏创编动作。

活动准备

经验准备：在平时活动中欣赏过歌曲。

物质准备：《健康歌》的音乐，《健康歌》动作的图片。

活动过程

环节一：播放音乐《健康歌》，熟悉音乐，了解歌词内容。

1. 教师：请小朋友们听一听，这是什么音乐？你们什么时候听到过？请大家跟着老师一起来运动吧！

2. 教师带领幼儿喊口令，并做简单的热身动作。

环节二：引导哥哥姐姐尝试创编动作，鼓励弟弟妹妹模仿哥哥姐姐的动作。

1. 教师：谁知道刚才我们运动了身体的哪些地方？（关节）

2. 教师：我们身体上还有哪些地方也需要经常运动？（腰、腿、脖子等）

3. 教师：谁来试一试，还可以做什么动作？请你跟着音乐一起做一做。哥哥姐姐上来试一试，弟弟妹妹们可以跟着学一学。

环节三：观察图片，学习新动作。

1. 教师示范。

教师：你们真棒，想出了那么多锻炼身体的动作。看，老师也找到了一些锻炼身体的方法，请你们看一看我是怎么运动的。

教师：你们听，歌词里说了什么？有哪些锻炼身体的动作呢？身体的哪些部位需要活动呢？做哪些动作时需要用力呢？

2. 个别幼儿示范歌曲里的动作。

教师引导幼儿注意歌词内容，从而调整动作的方向、力度。

3. 幼儿集体看一看图片，并且模仿动作。

4. 师幼交流图片的动作，能看懂箭头的含义，并尝试做一做。

5. 师幼一起按着图片的顺序做动作。

环节四：集体学习新动作。

哥哥姐姐带着弟弟妹妹和老师一起跳《健康歌》，动作合拍、节奏准确，练习2~3遍。

活动延伸

教师：请大家想一想，还可以创编什么动作？我们一起用新的动作来跳《健康歌》。

社会：保护环境 从我做起（3~6岁）

活动目标

共性目标：能够爱护身边的环境，学会节约资源，增强幼儿的环保意识。

层次目标一：

1. 通过图片、视频，了解环境对动物、植物的作用。

2. 在成人的提醒下，能够节约水电、粮食等。

层次目标二：

1. 通过图片、视频，能够认识当下环境的变化。

2. 能够从自己做起，节约生活资源，自觉爱护环境。

重点：了解环境对动物、植物的作用。

难点：能够自觉爱护环境。

活动准备

经验准备：

幼儿了解一些保护环境的方法。

物质准备：

1. 公益环保广告。

2. 动物、植物、人类生活环境的图片等。

活动过程

环节一：教师帮助幼儿回忆已有经验，加深幼儿对环境的认识。

1. 教师：小朋友们，之前的学习中我们了解到恐龙是怎么灭绝的，环境发生了哪些变化。现在请你们回忆一下。

2. 教师鼓励小班幼儿大胆发言，请中、大班幼儿提升、总结。

环节二：教师播放视频，引导幼儿认识环境对我们生活的作用。

1. 教师：这个视频讲了什么内容？环境发生了哪些变化？

2. 教师：环境对我们的生活有什么作用呢？

环节三：教师根据幼儿的回答，出示图片，指导幼儿通过讨论了解保护环境的方法。

1. 教师出示图片，谈谈环境对植物、动物以及我们人类生活的影响。

教师：图片里的植物怎么了？为什么？图片里的动物怎么了？为什么？这张图片里出现了什么？人们为什么要戴口罩？

2. 教师：环境为什么变差了呢？那我们该怎么办？

环节四：教师引导小、中、大班幼儿分组讨论、思考自己可以做哪些事情来保护环境，并记录下来。

1. 教师整理幼儿记录情况，分享每个小组对保护环境的想法。

教师：刚才小朋友们说得都特别好，但有些事情要等你们长大了才能做到。在现在还是一个小朋友的时候，你觉得可以做些什么来保护我们的环境呢？

2. 师幼小结：节约粮食，节约用水、用电，有些用过的东西可以再次回收，提醒爸爸妈妈少开私家车、多使用公共交通工具……爱护环境人人有责，应该要从小做起。

美术：美丽的树（4～5岁）

活动目标

1. 欣赏图片，初步了解树的结构，感受大树丰富的色彩，愿意用语言表达对大树的感受，用肢体动作表现大树的姿态。

2. 大胆运用多种材料创造性地表现树，体验运用各种自然物创作的乐趣。

活动准备

物质准备：

1. 废旧报纸、卡纸、毛根、爆米花、乳胶、果皮（橘子皮、火龙果果皮）、狗尾巴草、雪糕棒、种子等。

2. 图片PPT《美丽的树》，背景音乐班得瑞轻音乐。

活动过程

环节一：教师请幼儿逐页欣赏图片PPT《美丽的树》，并用身体动作表现大树的姿态。

1. 教师：小朋友们，今天老师给大家带来了一些图片，你们看看是什么？（树）这些树是什么样的？

2. 教师：请你来学学这棵树的样子，可以怎么做呢？

3. 教师小结：刚才小朋友们做了很多的大树造型，有的笔直的、有的弯弯曲曲的……姿态万千。

4. 教师：大树除了它的姿态很美之外，还有什么美丽的地方呢？（树叶的颜色）

5. 教师：今天，我想请小朋友们给我们礼堂制作一片美丽的树林风景。你们想制作什么样的树呢？

环节二：教师指导幼儿探索树的创作方法。

1. 教师引导幼儿观察操作材料，初步探索树的创作方法。

（1）认识材料。

教师：我们一起来看看，今天这里有些什么材料呢？（重点介绍自然材料）这些材料你们认识吗？我们可以用它制作树的什么部位呢？

（2）探索方法。

教师：这里有几张图片，是其他小朋友制作的，我们来看看他们用了哪些材料？是怎样使用的？

教师请个别幼儿初步尝试创作方法，然后帮助幼儿总结操作方法，如先制作树干、树枝，然后装饰树叶。

环节三：幼儿分组操作。

1. 教师请小朋友们自主选择材料，然后尝试操作表现树的造型。

2. 教师巡回观察并指导，重点指导幼儿塑造树的造型，引导幼儿塑造跟同伴不一样的树，并且用不同颜色的材料装饰树。

环节四：幼儿展示作品。

幼儿将自己的作品展示在礼堂，相互欣赏。

教师：这片树林好漂亮啊！你们喜欢哪棵树，为什么？

美术：瓶瓶罐罐大变身（3～4岁、5～6岁）

活动目标

层次目标一：

1. 尝试用玻璃瓶、奶粉罐来制作花瓶，懂得废物利用。

2. 大胆运用现有的不同的材料对瓶身进行装饰，乐于与同伴合作，能够先商量再合作。

层次目标二：

1. 了解并感受废旧材料的多样性，探索运用绕、贴、裹、扎等方法装饰花瓶。

2. 能相互帮助，相互协商，共同完成作品。

3. 体验利用废旧材料创作的乐趣。

活动准备

物质准备：

1. 各种花瓶图片的 PPT，半成品的花瓶 3 ~ 4 个，展台一个。

2. 各种各样的玻璃瓶、奶粉罐若干。

3. 两组操作材料。

（1）大玻璃瓶组，麻绳、毛线、彩绳、镂空胶带、蝴蝶结、波点贴纸、双面胶、剪刀。

（2）奶粉罐组，各种包装废旧包装纸、花边、丝带、纽扣、毛根、彩纸、双面胶、剪刀。

活动过程

环节一：教师引起幼儿制作花瓶的兴趣。

1. 教师出示一束花：老师这儿有一束花，我们怎么把他们放到班级的各个地方呢？

2. 教师出示瓶子、奶粉罐等废旧材料：你们想的办法可真不错！今天老师带来许多废旧材料，想请小朋友们和我一起把它们变成漂亮有用的花瓶。你们打算怎么做呢？

环节二：幼儿探索学习用绕、贴、裹、扎等方法装饰花瓶。

1. 教师出示各种废旧材料：这里有一些大家收集来的东西，想想看怎样装饰这些瓶子才能让它们变得像花瓶呢？

2. 教师出示半成品的花瓶、请幼儿自由选择自己需要的材料进行简单的花瓶制作和装饰。

3. 教师播放 PPT，师幼共同欣赏有创意的 DIY 的花瓶图片，教师引导幼儿观察花瓶装饰的方法：这些花瓶是用什么方法进行装饰的？

4. 教师重点讲解绕的方法。

环节三：幼儿"大带小"分组制作，教师巡回指导。

1. 教师出示操作材料的照片，提出操作要求。

（1）介绍每组材料，请幼儿选择一组自己最喜欢的废旧材料来装饰花瓶。

（2）充分利用现有材料来装饰得与别人不一样。

（3）大班幼儿与小班幼儿合作，共同制作花瓶。

2. 请幼儿将花插在花瓶里，放在展台上相互欣赏。

环节四：幼儿相互欣赏与评价。

1. 幼儿介绍自己制作花瓶的材料、方法，并指出自己觉得最好看的是什么地方。教师：大班的小朋友，请你说说是如何跟弟弟妹妹合作的。

2. 和没有装饰前的瓶子做比较，让幼儿感受创作的魅力，以及废旧物品再利用带来的乐趣。

生活区：垃圾分类（3~4岁）

材料（见图4-78）：

1. 一次性手套、垃圾桶2个。

2. 可回收、不可回收标志。

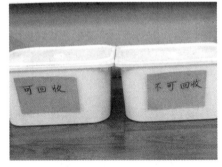

图4-78

指导重点：

1. 当天的值日生负责将班级各个区域的垃圾进行分类摆放。

2. 引导幼儿按照可回收、不可回收标志进行垃圾分类摆放。

3. 启发幼儿理解垃圾分类的意义，增强环保意识。

科学区：设计环保标志（4～5岁）

材料（见图4-79）：

　　方形卡纸、笔、胶棒。

指导重点：

　　1. 讨论班级的哪个地方需要张贴环保标记。

　　2. 能合作设计环保标记，并张贴在明显的地方。（见图4-80）

　　3. 能根据标记执行班级环保的任务，共同维护班级环境。

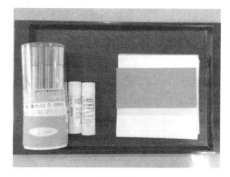

图 4-79

图 4-80

班本混龄课程方案五：班里来了蚕宝宝

主题来源：

春天来了，班上有小朋友带来了小蝌蚪、蚕宝宝来幼儿园饲养，不仅让班级充满生机，也给孩子们近距离地认识和观察小动物提供了条件。孩子们对蚕宝宝有极其浓厚的兴趣，每天入园后、点心后、游戏时、离园前……只要有时间都会来观察蚕宝宝，每次看着蚕宝宝吃桑叶都是那么地入迷，每天早晨都会有热心的幼儿带来很多桑叶，细心地为蚕宝宝更换桑叶，他们是那么热爱蚕宝宝。课程来源于生活，为了满足孩子们的好奇心，抓住他们的兴趣点，我们因此开展了教学活动"班里来了蚕宝宝"。

开展时间：

建议三周。

主题目标：

1. 饲养、观察蚕宝宝，知道蚕宝宝的生活习性及喂养方式，了解蚕的一生经历蚕卵—蚁蚕—蚕茧—蚕蛾的周期。

2. 初步了解动物可基本分为无脊椎动物和有脊椎动物。对小动物感兴趣，能通过多种方式探究小动物的生活习性。

3. 对中国传统蚕艺感兴趣，知道蚕艺最早源于中国，知道蚕宝宝吐出的丝可以织成服饰等，感知蚕丝细如线、柔软、轻薄等特点。

4. 尝试制作蚕宝宝成长小书等，表现蚕宝宝的特征和生活习性。

主题活动网络图：

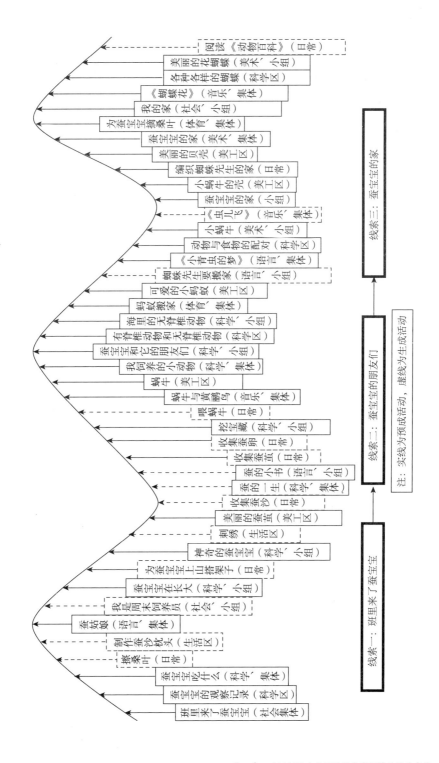

主题活动实施路径：

集体活动	小组化活动	区域活动	日常活动
线索一：班里来了蚕宝宝			
1. 社会：班里来了蚕宝宝（3～6岁） 2. 科学：蚕宝宝吃什么（3～6岁） 3. 语言：蚕姑娘（3～6岁） 4. 科学：蚕的一生（4～6岁）	1. 科学：蚕宝宝在长大（4～6岁） 2. 科学：神奇的蚕宝宝（5～6岁） 3. 语言：蚕的小书（5～6岁） 4. 社会：我是周末饲养员（4～6岁）	1. 科学区：蚕宝宝的观察记录（4～6岁） 2. 生活区：刺绣（5～6岁） 3. 美工：美丽的蚕茧（4～6岁） 4. 生活区：制作蚕沙枕头（5～6岁）	1. 晨间活动：引导幼儿将蚕宝宝食用的桑叶用毛巾擦拭干净，给蚕宝宝喂食桑叶。 2. 餐后活动：用干净的袋子收集蚕沙。 3. 离园活动：和幼儿一起用稻草为蚕宝宝上山搭架子。
线索二：蚕宝宝的朋友们			
1. 体育：蚂蚁搬家（4～6岁） 2. 音乐：《蜗牛与黄鹂鸟》（3～6岁） 3. 科学：我饲养的小动物（3～6岁） 4. 语言：《小青虫的梦》（3～6岁）	1. 科学：蚕宝宝和它的朋友们（4～6岁） 2. 科学：挖宝藏（3～6岁） 3. 语言：蜘蛛先生要搬家（5～6岁） 4. 科学：海里的无脊椎动物（4～6岁）	1. 科学区：有脊椎动物和无脊椎动物（3～6岁） 2. 美工区：蜗牛（3～6岁） 3. 美工区：可爱的小蚂蚁（3～6岁） 4. 科学区：动物与食物的配对（3～5岁）	1. 晨间活动：引导幼儿喂蜗牛吃莴笋叶。 2. 点心后活动：和幼儿一起收集蚕卵。 3. 餐后活动：和幼儿一起收集蚕茧。
线索三：蚕宝宝的家			
1. 音乐：《虫儿飞》（3～6岁） 2. 美术：蚕宝宝的家（3～6岁） 3. 音乐：《蝴蝶花》（3～6岁） 4. 体育：为蚕宝宝摘桑叶（3～6岁）	1. 美术：小蜗牛（3～6岁） 2. 科学：蚕宝宝的家（3～4岁） 3. 美术：美丽的花蝴蝶（4～6岁） 4. 社会：我的家（3～5岁）	1. 美工区：美丽的贝壳（3～6岁） 2. 美工区：小蜗牛的壳（3～5岁） 3. 科学区：各种各样的蝴蝶（3～6岁）	1. 离园活动：下午离园前和幼儿一起用麻绳编织蜘蛛先生的家。 2. 餐后活动：阅读图书《动物百科》。
家园共育	1. 参观：周末家长带孩子去大自然观察春天里的小动物（蝌蚪、蝴蝶、蚂蚁等）。 2. 调查：家长协助孩子完成调查表《我的家人》。 3. 亲子活动： （1）家长协助孩子通过网络、书籍等途径了解动物百科知识。 （2）家长和孩子一起饲养小动物，并做好观察记录。 （3）家长和孩子一起收集贝壳。		

教育环境：

1. 主题墙

"毛毛虫的一生"主题展示墙。（见图 4-81）

2. 实物展示台

（1）幼儿从家里带蚕宝宝到幼儿园饲养。（见图 4-82）

（2）幼儿从家中带来的桑蚕生活史标本。（见图 4-83）

图 4-81

图 4-82

图 4-83

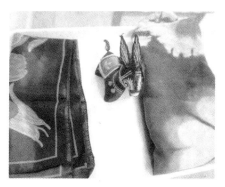

图 4-84

（3）幼儿和家长一起收集的各种丝巾、衣饰、摆件等蚕丝制品。（见图4-84、图4-85）

图 4-85

3. 幼儿作品展示区

（1）幼儿制作的《蚕的一生》小书。（见图4-86）

（2）幼儿用油泥制作的小蜗牛。（见图4-87）

图 4-86

线索一：可爱的蚕宝宝

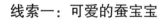
集体活动

社会：班里来了蚕宝宝（3~6岁）

活动目标

共性目标：学会照顾蚕宝宝，激发幼儿关心、照顾蚕宝宝的情感。

层次目标一：

1. 会用礼貌的方式和班级来的小客人打招呼，并能和其他幼儿一起讨论应该如何照顾蚕宝宝。

2. 乐于承担照顾蚕宝宝的工作。

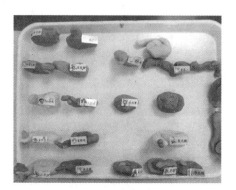

图 4-87

层次目标二：

1. 能够与其他幼儿一起设计照顾蚕宝宝的流程图，当同伴和自己的想法不一样时，能够认真倾听他人的想法。

2. 在设计照顾蚕宝宝的流程图时能积极出主意、思考设计流程图的办法。

重点：学习采用合适的方式照顾、关心蚕宝宝。

难点：合作绘制照顾蚕宝宝的流程图。

活动准备

经验准备：

中、大班幼儿有照顾蚕宝宝和设计照顾植物流程图的经验。

物质准备：

每组几只蚁蚕，桑叶若干，一个盒子，水彩笔、白纸若干。

活动过程

环节一：教师出示蚁蚕，鼓励幼儿主动与蚁蚕打招呼。

1. 教师出示被桑叶覆盖的蚁蚕，引导幼儿用学过的歌舞《Hello 歌》欢迎小客人。

2. 教师请幼儿猜测小客人是谁。

教师：今天我们班来了很多小客人，你们猜猜他们是谁？

3. 引导小班的幼儿拿开桑叶，揭示桑叶下面的小客人的真实面目。

4. 请个别大班幼儿向大家介绍小客人，并鼓励其他幼儿向小客人打招呼。

环节二：师幼共同讨论照顾蚕宝宝的方法。

1. 请幼儿自由讨论如何照顾蚕宝宝。

教师：如何照顾蚕宝宝呢？可以和你旁边的小朋友说一说。

2. 幼儿分享照顾蚕宝宝的方法。

幼儿：每天早晨来园后要先观察蚕宝宝吃桑叶的情况，先用小刷子将蚕宝宝轻轻地刷到另一个干净的盒子里，然后将蚕宝宝的大便和它们吃剩下的桑叶倒在垃圾桶中，最后再为蚕宝宝铺上新鲜的桑叶，注意桑叶从冰箱中拿出来后要用毛巾擦拭干净。

3. 幼儿示范照顾蚕宝宝的方法。

教师：谁愿意向大家示范为蚕宝宝更换桑叶的方法呢？

请有经验的幼儿为大家示范为蚕宝宝更换桑叶。

环节三：教师引导幼儿设计照顾蚕宝宝的流程图。

教师引导幼儿讨论设计照顾蚕宝宝的流程图：刚才小朋友们说了很多照顾蚕宝宝的方法，可是如何让大家都知道这些方法呢？请你们互相讨论。

环节四：幼儿"大带小"合作设计照顾蚕宝宝的流程图。

教师：请每一位大班小朋友找一位中班或小班小朋友，一起商量设计照顾蚕宝宝的流程图。

环节五：请每组选一位代表向全班幼儿介绍自己设计的流程图。

环节六：选择适合的照顾蚕宝宝的流程图摆放在蚕宝宝盒子的旁边。

科学：蚕宝宝吃什么（3~6岁）

活动目标

共性目标：认识桑树，学习喂养蚕宝宝的方法，引导幼儿在观察、探究中发现保存桑叶的方法。

层次目标一：

1. 初步认识桑树及桑叶的外形特征，知道蚕宝宝最爱吃桑叶。

2. 小班幼儿通过观察中、大班幼儿照顾蚕宝宝，聆听中、大班幼儿的照顾经验，学习喂养蚕宝宝的方法。

层次目标二：

1. 能够想办法，使用椅子、叉梯采摘桑叶。

2. 在观察、探究中发现保存桑叶的方法。

重点：认识桑叶，学会用桑叶喂养蚕宝宝。

难点：在观察、探究中发现保存桑叶的方法。

活动准备

经验准备：

幼儿认识桑叶，有养蚕的经验。

物质准备：

1. 桑叶和桑树的图片。

2. 椅子、叉梯。

活动过程

环节一：教师提出问题，引发幼儿思考。

1. 教师：你们知道蚕宝宝爱吃什么吗？你们知道桑叶是长在哪里的吗？

2. 请中、大班认识桑树的小朋友介绍一下桑树，用语言描述出桑叶的样子，同时出示桑树的照片请幼儿欣赏。

3. 蚕宝宝爱吃什么样的桑叶。

教师：你们知道蚕宝宝爱吃什么样的桑叶吗？

教师：你们可以和好朋友一起讨论，蚕宝宝爱吃什么样的桑叶？

4. 幼儿讨论、交流。

5. 教师启发幼儿总结：蚕宝宝爱吃新鲜的、嫩嫩的桑叶。如果桑叶太多，蚕宝宝一次吃不完，可以放在冰箱里面冷藏，拿出来后一定要用干毛巾将桑叶擦拭干净，以免蚕宝宝吃了有水的桑叶导致拉肚子。

环节二：幼儿寻找幼儿园中的桑树，一起采摘桑叶。

1. 幼儿"大带小"寻找幼儿园中的桑树。

教师：我们的幼儿园中有一棵大大的桑树，还有几棵小小的桑树，请大班的哥哥姐姐们带着小、中班的弟弟妹妹们寻找一下桑树在哪里。

2. 幼儿"大带小"自主采摘桑叶。

教师：现在我们一起来采摘最新鲜的桑叶给蚕宝宝吧！采摘时要注意不能折断桑树枝哦！

3. 教师引导幼儿学习使用椅子、叉梯采摘高处的桑叶。

教师：有些桑叶长在树的上端，我们够不着，就要借助椅子、叉梯等工具来采摘，我们在使用椅子、叉梯时需要注意什么呢？（使用工具采摘时我们一定要注意安全，在有老师保护的情况下才能采摘）

环节三：幼儿亲自喂养蚕宝宝。

1. 幼儿喂蚕宝宝吃桑叶。

教师：现在就让我们将最新鲜的桑叶送给我们的蚕宝宝，我们一起观察蚕宝宝是怎么样吃桑叶的。

环节四：师幼共同讨论如何保存摘下的桑叶。

1. 教师引导幼儿思考桑叶的保存方法。

教师：今天我们摘了很多桑叶，可是如何保存蚕宝宝没有吃完的桑叶呢？谁有好的方法与建议？

2. 幼儿与同伴相互讨论保存桑叶的方法。

3. 请有经验的中、大班幼儿介绍保存桑叶的方法。

教师总结保存桑叶的方法：将桑叶一张一张整齐地垒起来，用湿毛巾包裹，然后将包裹好的桑叶放入保鲜袋，最后把保鲜袋放进冰箱，在需要时再取出。

语言：蚕姑娘（儿歌）（3~6岁）

活动目标

共性目标：理解儿歌的内容，愿意表达自己的想法。

层次目标一：

1. 初步理解儿歌内容，尝试学说儿歌中"又……又……"的词句。

2. 喜欢蚕宝宝，能安静倾听教师和同伴的发言。

层次目标二：

1. 理解儿歌内容，能说出自己喜欢的句子。

2. 认真观察图片，迁移养蚕的经验，了解蚕成长的基本过程。

层次目标三：

1. 理解儿歌内容，尝试完整地朗诵儿歌。

2. 通过观察图片、回忆养蚕的经验，能简单描述蚕成长的基本过程。

重点：理解儿歌内容，学说"又……又……"的词句。

难点：通过观察图片，理解儿歌的内容。

活动准备

经验准备：

幼儿有养过蚕的经验，观察过蚕。

物质准备：

1. 自制教学挂图"蚕姑娘"。

2. 图片"蚕宝宝的生长过程"。

3. 儿歌《蚕姑娘》（见附儿歌）。

活动过程

环节一：教师通过让幼儿猜谜语引出蚕的话题。

教师：一个姑娘真可爱，专把树叶当饭菜。辛勤吐丝献终身，织成丝绸做穿戴。

环节二：教师引导幼儿回忆、讨论蚕的成长过程。

1. 幼儿回忆自己养蚕的经验。

教师：你们养过蚕吗？蚕宝宝喜欢吃什么呢？

幼儿根据已有经验自由表达。

2. 幼儿讨论蚕宝宝的生长过程，大班幼儿尝试进行总结。

教师：蚕宝宝是怎样长大的呢？它们小时候是什么样的？长大后是什么样的？最后，又变成了什么呢？

教师根据幼儿的回答出示相应的图片。

大班幼儿小结：蚕宝宝是吃桑树叶长大的，小时候是蚕卵，然后慢慢地长大，身体的颜色由黑变白，再吐丝、结茧，最后破茧成了蚕蛾。

环节三：幼儿通过观察教学挂图学习儿歌，学说"又……又……"的词句。

1. 幼儿引导幼儿观察教学挂图，说一说图中有什么。

教师提问小、中班幼儿：你在图中看到了什么？

教师鼓励小班幼儿积极参与，对回答声音响亮的幼儿给予表扬。

2. 教师边朗诵儿歌《蚕姑娘》，边借助教学挂图，引导幼儿学说儿歌中"又……又……"的词句。

教师：春天天气暖洋洋，蚕卵里钻出蚕姑娘。钻出来的蚕姑娘是什么样的呢？

教师引导幼儿学说"又小又黑的蚕姑娘"。

3. 幼儿分段落依次看挂图，学说儿歌中"又……又……"的词句。

4. 教师边指教学挂图边完整地朗诵儿歌。

环节四：幼儿在教学挂图的提示下朗诵儿歌。

1. 幼儿尝试朗诵儿歌，教师用轻声提示、延音的方式引导幼儿朗诵儿歌。

教师：多么好听的儿歌呀！我们一起看着挂图来朗诵一遍吧！

2. 幼儿分享自己最喜欢的句子。

教师：你最喜欢儿歌中的哪一句？

鼓励幼儿和大家分享自己喜欢的儿歌中的句子。

3. 幼儿分小组、分段落朗诵儿歌。

环节五：幼儿"大带小"画一画蚕姑娘的成长过程。

教师：现在请哥哥姐姐带着弟弟妹妹，用你们的笔画下蚕姑娘的成长过程吧！

附儿歌：

蚕姑娘

春天天气暖洋洋，蚕卵里钻出蚕姑娘。

又黑又小的蚕姑娘，吃了几天桑叶，就睡在蚕床上，不吃也不动，脱下黑衣裳。醒了，醒了，变成黄姑娘。

又黄又瘦的蚕姑娘，吃了几天桑叶，又睡在蚕床上，不吃也不动，脱下黄衣裳。醒了，醒了，变成白姑娘。

又白又嫩的蚕姑娘，吃了几天桑叶，又睡在蚕床上，不吃也不动，脱下旧衣裳，换上新衣裳。醒了，醒了，从此一天天发胖。

又白又胖的蚕姑娘，吃了几天桑叶，又睡在蚕床上，不吃也不动，脱下旧衣裳，换上新衣裳。醒了，醒了，从此一天天发亮。

睡了四回的蚕姑娘，吃了几天的桑叶，就爬到蚕山上，吐出丝儿来，要盖新的房。成了，成了，茧子真漂亮。

茧子里面的蚕姑娘，一声也不响。过了好几天，茧子开了窗。变了，变了，变成了蛾姑娘。

科学：蚕的一生（4~6岁）

活动目标

共性目标：感知和了解蚕的生长变化、生活习性，在探究中了解蚕的一生经过蚕卵、蚁蚕、蚕茧、蚕蛾四个阶段。

层次目标一：

1. 感知和了解蚕的生长变化、生活习性。

2. 在探究中初步了解蚕的一生经过蚕卵、蚁蚕、蚕茧、蚕蛾四个阶段。

层次目标二：

1. 能知道蚕的外形特征、生活习性与生存环境之间的适应关系。

2. 在探究中了解蚕的一生经过蚕卵、蚁蚕、蚕茧、蚕蛾四个阶段。

重点：感知和了解蚕的生长变化、生活习性。

难点：在探究中了解蚕的一生经过蚕卵、蚁蚕、蚕茧、蚕蛾四个阶段。

活动准备

经验准备：

幼儿饲养过蚕宝宝，亲身经历了饲养蚕宝宝的过程。

物质准备：

蚕宝宝生长图片、"蚕的一生"网络视频。

活动过程

环节一：教师抛出话题，引起幼儿活动的兴趣。

1. 请幼儿说一说最近蚕宝宝的变化。

教师：最近你们发现我们班的蚕宝宝发生了什么变化？

2. 请大班幼儿将自己的发现介绍给大家。

幼儿：有的蚕宝宝开始吐丝结茧了，有的已经变成了蚕蛾。

环节二：幼儿交流蚕宝宝的生长过程。

1. 幼儿回忆蚕宝宝的生长过程。

教师：谁愿意和我们说一说蚕宝宝刚来到我们班时是什么样的？后来又长成了什么样？最后又变成了什么？

2. 请大班幼儿介绍蚕宝宝的生长过程。

幼儿在介绍时，教师出示对应的蚕卵、蚁蚕、蚕茧、蚕蛾的图片。

3. 教师帮助幼儿总结蚕的生长变化。

教师总结：蚕宝宝刚来我们班的时候是黑色的，叫蚁蚕，过了一周后，变成了细细的、小小的蚕宝宝，谁还记得那时候的蚕宝宝是什么颜色的？（浅灰色）过了一周后蚕宝宝变得大一些了，皮肤的颜色也有了变化，又过了一周，蚕宝宝长得又白又胖，就开始吐丝了，慢慢地蚕宝宝吐丝将自己包裹起来，就变成了蚕茧，一周后蚕宝宝破茧而出，变成了蚕蛾，这就是蚕宝宝的一生。

环节三：幼儿讨论蚕宝宝的生活习性以及喂养方式。

1. 幼儿讨论蚕宝宝的生活习性。

教师：蚕宝宝最爱吃什么？蚕宝宝喜欢吃什么样的桑叶？

2. 教师鼓励中班幼儿总结蚕宝宝爱吃什么样的桑叶。

幼儿小结：蚕宝宝爱吃嫩嫩的、新鲜的桑叶，不能将打过药水的桑叶给蚕宝宝吃，桑叶可以放在冰箱里保鲜，为了保留桑叶的水分，要用湿润的毛巾包裹好桑叶，从冰箱拿出的桑叶要用干毛巾擦拭干净，表面不能有水，否则蚕宝宝吃了会拉肚子。

3. 幼儿讨论如何为蚕宝宝打扫房子。

教师：如何为蚕宝宝打扫房子？打扫时应该注意哪些问题？

幼儿：打扫时要用柔软的毛刷将蚕宝宝轻轻地从桑叶上刷下来，动作一定要轻柔，不能伤害到蚕宝宝。

环节四：幼儿交流饲养蚕宝宝的过程中不一样的发现。

教师：在饲养蚕宝宝的过程中你们还有什么不一样的发现？有没有发生一些有趣的事情？

幼儿：蚕宝宝在吃桑叶时会发出声音，蚕宝宝会蜕皮。

教师：蚕宝宝是怎样蜕皮的？

环节五：师幼观看"蚕的一生"网络视频，更直观地了解蚕宝宝一生的变化过程。

小组化活动

科学：蚕宝宝在长大（4～6岁）

活动目标

共性目标：共同探究，学习照顾蚕宝宝的方法。

层次目标一：

1. 学习照顾蚕宝宝的方法。

2. 中班幼儿能够参与大班幼儿的讨论，协助设计蚕宝宝的观察记录表。

层次目标二：

1. 与同伴共同探究照顾蚕宝宝的方法。

2. 大班幼儿能够带领中班幼儿设计蚕宝宝的观察记录表。

重点：学习照顾蚕宝宝的方法。

难点：设计蚕宝宝的观察记录表。

活动准备

经验准备：

幼儿有照顾蚕宝宝的经验、有设计观察植物记录单的经验。

物质准备：

每人1张空白记录单、每组1盒蚕宝宝。

活动过程

环节一：幼儿分组观察蚕宝宝的变化，提出设计观察记录的想法。

1. 幼儿分组，自由观察蚕宝宝的变化。

幼儿分成四组，自由观察蚕宝宝。

教师：我们一起看看我们班的蚕宝宝经过几天幼儿园的生活有什么变化吧。

2. 幼儿模仿蚕宝宝的运动方式、进食动作。

教师：蚕宝宝是怎么走路、吃桑叶的呢？谁来说一说、演一演？

教师邀请幼儿表演，鼓励幼儿大胆地在同伴面前表演模仿蚕宝宝的动作。

3. 幼儿讨论怎么记录蚕宝宝每天的变化。

教师：蚕宝宝在一天天地长大，如何能够将蚕宝宝的变化记录下来呢？

教师引导幼儿讨论、设计蚕宝宝观察记录表。

环节二：师幼共同讨论如何设计蚕宝宝的观察记录表。

教师：你们觉得设计时需要注意哪些问题呢？

教师引导大班幼儿带领中班幼儿进行讨论。

幼儿：观察记录表需要有日期、观察者的名字，需要记录是否喂了桑叶，需要记录蚕宝宝的图片。

环节三：大班幼儿与中班幼儿分组合作，设计蚕宝宝观察记录表，教师指导。

教师引导幼儿先进行讨论再设计。

环节四：小组代表介绍本组设计的观察记录表。

教师：老师会将小朋友们设计的观察记录表放在蚕宝宝的旁边，每天你们可以先照顾蚕宝宝，然后再进行记录。

科学：神奇的蚕宝宝（5~6岁）

活动目标

1. 了解蚕宝宝吐出的丝可以织成服饰、被子，大便可以制成蚕沙枕头。

2. 通过观察，感知蚕丝细如线、柔软、轻薄等特点。

3. 对中国传统蚕艺感兴趣，知道蚕艺最早源于中国。

重点：知道蚕宝宝吐出的丝可以织成服饰、被子，大便可以制成蚕沙枕头。

难点：通过观察，感知蚕丝细如线、柔软、轻薄等特点。

活动准备

物质准备：

1. 蚕丝丝巾两条、宝宝蚕丝被一床、蚕沙枕头一个。

2. 蚕丝织衣视频、蚕丝旗袍 T 台时装秀视频。

活动过程

环节一：幼儿欣赏蚕丝丝巾，感知蚕丝特点。

1. 教师手拿蚕丝丝巾表演一段民族舞蹈，请幼儿欣赏。

教师：你们知道老师刚刚跳舞时手上拿的是什么吗？它是什么做成的？

2. 请幼儿看一看、摸一摸丝巾，交流对丝巾的认识。

教师：它看起来是什么样子的？摸起来的感觉呢？

教师引导幼儿感知丝巾柔软、滑爽、透气、轻薄等特点。

环节二：观察丝巾纹理，知道蚕丝可以制成丝巾、服饰。

1. 教师请幼儿观察丝巾，帮助幼儿了解丝巾是由蚕丝制作而成的。

教师：你们猜这条丝巾是用什么制成的？你是怎么知道的？

教师引导幼儿观察蚕丝一条条紧密、有序排列织成面的布局，知道丝巾由丝线制成。

2. 教师让幼儿观看纺织工人用蚕丝织衣的视频。

教师引导幼儿了解蚕丝就是蚕宝宝吐出的丝，它能够被织成服饰。

3. 欣赏蚕丝旗袍的 T 台时装秀，感知蚕丝的中国元素艺术。

教师引导幼儿了解我国是最早发明养蚕、缫丝、织绸的国家，蚕丝艺术源于中国。

环节三：知道蚕丝可以制成蚕丝被，驱寒保暖。

1. 出示蚕丝被图片，引导幼儿回想冬日睡觉盖被保暖的经历。

2. 观察蚕丝被的填充物。

教师：为什么盖上蚕丝被会很暖和？蚕丝被里面塞满了什么？

请幼儿摸一摸、按一按宝宝蚕丝被，拆开观察里面的填充物，引导幼儿了解大量蚕丝填充的被子能够起到保暖的作用。

环节四：了解蚕宝宝的大便可以做蚕沙枕头，具有保健功能。

1. 教师引导幼儿猜测蚕沙的作用。

教师：蚕宝宝吐出的丝可以制衣、做被，蚕宝宝的大便也有很大的用处呢！你们猜蚕宝宝的大便可以用来干什么？

2. 请幼儿观察蚕沙枕头，摸一摸、按一按，拆开观察里面的填充物，引导幼儿了解蚕宝宝干燥的大便可以和药物一起填充枕头。

3. 引导幼儿了解蚕沙枕头具有缓解疲劳、治疗颈椎等保健作用。

环节五：师幼共同总结蚕丝的神奇作用，畅想蚕丝的其他用途。

1. 教师带领幼儿一起总结蚕宝宝吐出的丝和大便的用途，引导幼儿明白蚕宝宝身体虽然很小却大有用处。

2. 教师引导幼儿畅想自己可以使用蚕丝做什么。

教师：如果你有很多蚕宝宝，你想用它们吐出的丝做什么？用它们的大便做什么？

请幼儿自由想象可以用蚕宝宝来帮助自己做什么，畅想蚕丝的其他神奇作用。

语言：蚕的小书（5~6岁）

活动目标

1. 学习制作蚕宝宝成长小书，能有序、连贯、清楚地讲述蚕的一生在颜色、形态上的变化。

2. 通过自制小书，知道蚕宝宝的一生要经历蚕卵、蚁蚕、蚕茧、蚕蛾四个阶段。

3. 体验自制小书的成就感。

重点：学习制作蚕宝宝成长小书。

难点：能有序、连贯、清楚地讲述蚕的一生的颜色、形态变化。

活动准备

物质准备：

1. 每人一套自制蚕宝宝成长小书的图片。

2. 订书机、彩色铅笔。

活动过程

环节一：教师出示蚕宝宝成长图片，请幼儿排序。

1. 教师引导幼儿尝试将图片排序。

教师：这是蚕宝宝成长图片，有谁能按照它们的成长过程将图片进行排序？

教师：我们一起来看一看，他排得对吗？如果不对该怎样调整？

2. 教师小结：蚕的一生要经历蚕卵、蚁蚕、蚕茧、蚕蛾四个阶段。

环节二：幼儿制作蚕的小书。

1. 幼儿回忆蚕在不同生长阶段身体的颜色。

教师：谁来说说蚕卵、蚁蚕、蚕茧、蚕蛾分别是什么颜色的？

2. 教师鼓励幼儿完整地描述蚕的一生中各种颜色、形态的变化。

教师引导幼儿总结：蚕卵是黄色的、圆圆的、小小的；蚁蚕是黑色的、细长的；蚕茧是雪白的、椭圆形的；蚕蛾是白色的，像蝴蝶一样。

环节三：幼儿制作小书，教师指导。

教师：接下来就用彩色铅笔为我们的蚕宝宝涂上漂亮的颜色吧！

提醒幼儿涂色时要小心，尽量做到均匀、细致。

使用订书机时如果有困难可以请老师帮忙。

环节四：幼儿互相欣赏小书，体验自制小书的成就感。

社会：我是周末饲养员（4~6岁）

活动目标

共性目标：学习自我推荐、投票的方法，通过自我推荐、讨论、投票决定谁来当周末照顾蚕宝宝的人，体验当养蚕人的荣誉感与自豪感。

层次目标一：

1. 初步学习自我推荐、投票。

2. 参与讨论、投票，争当周末蚕宝宝饲养员。

层次目标二：

1. 学习自我推荐、投票。

2. 积极参与讨论、投票，争当周末蚕宝宝饲养员。

重点：通过自我推荐、讨论、投票的方法争当周末蚕宝宝饲养员。

难点：勇于自我推荐，学会投票。

活动准备

物质准备：

白板一块，每人一个红色五角星、白板笔。

活动过程

环节一：师幼集体讨论周末蚕宝宝由谁照顾。

1. 教师提出问题：周末谁来照顾蚕宝宝。

教师：周一到周五都有小朋友照顾蚕宝宝，可是星期六、星期天蚕宝宝由谁来照顾呢？

2. 教师启发幼儿主动提出周末带蚕宝宝回家照顾的建议。

环节二：师幼共同讨论用什么方法决定谁是周末饲养员。

1. 幼儿相互讨论采用什么方法选择周末蚕宝宝饲养员。

教师：大家都愿意周末照顾蚕宝宝，可是有什么好方法可以决定谁来担当周末蚕宝宝饲养员呢？

2. 幼儿大胆表述自己想到的好方法，教师分析是否合理。

教师：你们想到好方法了吗？可以和大家说一说。

3. 教师总结幼儿提出的方法，向幼儿介绍如何进行自我推荐、投票。

4. 教师询问幼儿是否同意通过投票决定谁当周末饲养员。

教师：刚才你们想到了很多好的方法，为了让我们的选择公平、公正，下面我们通过自我推荐与投票的方法选出周末蚕宝宝饲养员，你们同意吗？

环节三：幼儿通过自我推荐、投票的方法选出周末蚕宝宝饲养员。

1. 教师鼓励中班幼儿积极报名。

教师：愿意当周末蚕宝宝饲养员的现在可以积极报名。

2. 幼儿积极报名。

3. 教师介绍投票的方法。

教师：接下来你们可以为刚才进行了自我推荐的小朋友投票，你认为谁适合当周末蚕宝宝饲养员，就将红色的五角星粘贴在他的名字下面，谁得到的五角星最多谁就是周末蚕宝宝饲养员。

4. 教师将自我推荐的幼儿姓名写在白板上，小朋友们进行投票。

环节四：教师统计投票结果，公布周末蚕宝宝饲养员名字。

教师：得星最多的就是周末蚕宝宝饲养员。没有选上的小朋友也不要气馁，下周还会有机会。

区域活动

科学区：蚕宝宝的观察记录（4～6岁）

材料：

观察记录表、铅笔、水彩笔若干。

指导重点：

1. 学习使用观察记录表记录观察蚕宝宝的日期，绘制出蚕宝宝的生长图片。

2. 通过仔细观察，能够用水彩笔画下蚕宝宝的生长变化。

3. 体验记录蚕宝宝成长过程的成就感。

生活区：刺绣（5~6岁）

材料：

    绣绷、真丝线、剪刀、针。

指导重点：

    1. 学习使用真丝线绣出自己画好的图案。

    2. 通过刺绣，锻炼手眼协调能力及手指的灵活性。

    3. 感受刺绣作品的美，陶冶情操。

美工区：美丽的蚕茧（4~6岁）

材料：

    蚕茧、颜料、毛笔若干。

指导重点：

    1. 感知蚕茧的形态、特征。

    2. 尝试为蚕茧上色，然后将上了色的蚕茧粘贴成自己喜欢的作品。

    3. 体验用蚕茧作画的快乐。

生活区：制作蚕沙枕头（5~6岁）

材料：

    蚕沙、针、布袋若干。

指导重点：

1. 学习使用针线缝制蚕沙枕头。

2. 通过收集蚕沙、缝制蚕沙枕头、使用蚕沙枕头，感受蚕宝宝的作用之大。

3. 体验手工缝制的成就感。

线索二：蚕宝宝的朋友们

（集体活动）

体育：蚂蚁搬家（4~6岁）

活动目标

　　共性目标：能坚持参加体育活动，不怕困难，敢于挑战。

　　层次目标一：

1. 在成人的帮助下，能在竹梯上进行手脚爬行。

2. 通过观察同伴的动作，学习爬行经验，获取成功感。

　　层次目标二：

1. 能根据自身的能力，选择难度适合的材料进行活动。

2. 不怕困难，敢于挑战，体验成功的喜悦。

　　重点：在竹梯上进行手脚爬行，保持手脚协调。

　　难点：能根据自身的能力，选择难度适合的材料进行活动。

活动准备

　　经验准备：

　　幼儿能手脚协调地在垫子上爬行。

物质准备：

1. 竹梯 2 架、沙包若干、塑料筐若干、轮胎 4 个（用来架空竹梯）。

2. "蚂蚁的家" 图片 2 张。

活动过程

环节一：热身活动："蚂蚁郊游操"。

师幼一起跳 "蚂蚁郊游操"。

教师：小蚂蚁们，我们一起去郊游吧！

蚂蚁郊游操（共四个八拍）：

第一个八拍：原地踏步走。

第二个八拍：第一、二拍蹲下，第三到八拍缓慢起立，双手跟着节奏一拍一下做向上爬的动作。

第三个八拍：重复第二个八拍。

第四个八拍：双手上举模仿蚂蚁触角的样子，腿原地踏步走，最后一拍双手还原至腿两侧。

环节二：幼儿模仿蚂蚁爬行。

1. 教师引导幼儿模仿蚂蚁爬行。

教师：蚂蚁是怎么爬行的？请你试一试。

幼儿趴在地上练习蚂蚁爬行。

2. 幼儿尝试在竹梯上爬行。

教师：小蚂蚁们都爬得很好。如果你们能在竹梯上爬行，那就更厉害啦！请你们去试一试吧！

教师指导幼儿活动，帮助有困难的幼儿。

3. 请大班幼儿分享爬行方法，引导其他幼儿学习爬行经验。

教师：你是怎样爬的？怎样才能爬得既快又不掉下来？

请动作规范的幼儿分享自己爬行的方法。

4. 幼儿再次尝试爬竹梯，大班幼儿和中班幼儿结伴，"大带小"练习爬竹梯。

教师：你是怎样帮助别的小朋友的？他们都学会了吗？

环节三：游戏"蚂蚁搬家"。

1. 教师介绍游戏玩法。

教师：小蚂蚁要把食物搬到新家里，有两条路能到达新家，1号路是平铺在地面上的竹梯；2号路是架空30厘米高的竹梯（2号路比1号路长度短），请小蚂蚁们根据自己的能力，选择难度适合的路线爬行。

2. 幼儿玩游戏"蚂蚁搬家"。

教师：小蚂蚁们，快把食物搬到新家去吧！

教师重点保护在架空竹梯上爬行的幼儿，鼓励幼儿大胆尝试2号路。

环节四：放松活动。

1. 教师表扬幼儿勇敢、不怕困难的精神，引导幼儿体验挑战带来的快乐。

教师：你们不怕困难，真勇敢！小蚂蚁的食物已经成功搬到了新家，你们开心吗？

2. 幼儿结伴放松身体。

教师：今天小蚂蚁都很累了，请小朋友们自由结伴，互相拍拍身体，放松一下吧。

音乐：《蜗牛与黄鹂鸟》（歌唱）（3～6岁）

活动目标

共性目标：喜欢地方童谣，尝试演唱歌曲，体会歌曲诙谐幽默的特点。

层次目标一：

1. 喜欢听地方童谣，能安静地倾听成人和同伴演唱歌曲。

2. 愿意用拍手的方式为歌曲打节拍，心情愉悦。

层次目标二：

1. 初步理解歌词内容，尝试演唱歌曲。

2. 通过观察图片、倾听教师范唱，尝试记忆歌词内容。

层次目标三：

1. 理解歌词内容，学习演唱歌曲，掌握"阿"字重叠的表现手法。

2. 借助图片感知理解歌曲中的角色，通过倾听范唱，感知地方童谣的特色。

重点：理解歌词内容，学习演唱歌曲，掌握"阿"字重叠的表现手法。

难点：借助图片感知理解歌曲中的角色和地方童谣的特色。

活动准备

经验准备：

幼儿在"小舞台"听过歌曲《蜗牛与黄鹂鸟》。

物质准备：

1. 小蜗牛、小鸟、葡萄藤的图片。

2. 紫色的笔。

3. 钢琴伴奏《蜗牛与黄鹂鸟》。

活动过程

环节一：通过猜谜语、讲故事，教师帮助幼儿感知歌曲的背景内容。

1. 教师出示谜面，引起幼儿的兴趣。

教师：没有脚，没有手，背上房子到处走，有谁把它碰一碰，赶紧躲进房里头。请小朋友们猜一猜是什么？

2. 幼儿猜谜语。

3. 教师讲述故事，幼儿了解歌曲的内容。

教师：小蜗牛家门前有一棵葡萄树，葡萄树和小蜗牛是好朋友。葡萄树邀请小蜗牛来吃葡萄，当葡萄藤刚长出绿色的嫩芽的时候，小蜗牛就背着重重的壳出发了，它一步一步地沿着葡萄藤向上爬，猜一猜，后来会发生什么事情呢？

教师：有一首歌会告诉我们答案，现在我们来听一听！

环节二：幼儿欣赏歌曲《蜗牛与黄鹂鸟》，理解歌曲内容。

1. 教师完整演唱歌曲《蜗牛与黄鹂鸟》，幼儿倾听。

2. 教师引导幼儿回忆歌词内容。

教师提问小班幼儿：你们听到歌里唱到了什么？

教师根据幼儿的回答出示图片，引导幼儿用歌词里的话回答。

3. 幼儿看图片再次完整欣赏歌曲，教师借助图片引导幼儿理解歌曲内容。

教师提问中、大班幼儿：小蜗牛遇见了谁？它对蜗牛说了什么？小蜗牛听了黄鹂鸟的话，又是怎么回答的？

环节三：幼儿尝试演唱歌曲《蜗牛与黄鹂鸟》。

1. 幼儿唱歌曲第一句，掌握"阿"字重叠的表现手法。

教师：我们再来听听歌曲，找找这首歌什么地方比较有趣，什么地方跟我们以前唱的歌不一样。我们应该怎样唱？

教师小结：这是一首台湾童谣，在句首会先唱一个"阿"，和我们以前唱的方法不一样，是台湾的地方特色唱法。

2. 教师带领幼儿唱一唱富有地方特色的"阿"字。

3. 幼儿看图片尝试完整地演唱歌曲。

教师：想一想，小蜗牛爬到葡萄藤上时，葡萄会变成什么样子呢？为什么？

4. 小、中、大班幼儿分角色演唱歌曲。

幼儿分年龄段演唱、表演：大班幼儿演唱蜗牛部分，中班幼儿演唱黄鹂鸟部分，小班幼儿用拍手的方式为中、大班幼儿打节拍。

环节四：教师引导幼儿要像小蜗牛一样不怕困难、坚持不懈，激发幼儿对歌曲的喜爱之情。

教师：你喜欢这首歌吗？你喜欢小蜗牛吗？为什么？

教师：小蜗牛不怕困难，坚持不懈，一步一步地往上爬，最后爬到葡萄藤上，葡萄成熟了，小蜗牛也吃到葡萄了。我们要像小蜗牛一样，做一件事情就坚持到底。

附歌曲：

蜗牛与黄鹂鸟

1=E 2/4
中速

陈弘文 词
林建昌 曲

```
5  5  5  5  3 5 | 1  6   5   |    5  5  5  5 3 2 | 1  3   2     |
```

阿门 阿前 一棵 葡萄 树， 阿嫩 阿嫩 绿地 刚 发 芽。
阿树 阿上 两只 黄鹂 鸟， 阿嘻 阿嘻 哈哈 在 笑 它。

```
2. 3  5 5 | 3 3 2 1 1 |  2. 3  1 1 6 | 5  5  5   :|  5  5  5  5 3 2 |
```

蜗 牛背着那 重重的壳呀， 一 步一步地 往上 爬。   阿黄阿 黄鹂儿
葡 萄成熟 还早得很哪， 现 在上来 干什 么。

```
1  6  5 ∨ 5 6 | 1  2  1 2 | 3   2  |  1  —  | 1  —  ||
```

不要 笑，等我 爬上 它就 成   熟   了。

科学：我饲养的小动物（3～6岁）

活动目标

共性目标：对小动物感兴趣，通过回忆自己饲养小动物的经验，了解小动物的生活习性。

层次目标一：

1. 知道自己饲养的小动物喜欢吃什么食物。

2. 小班幼儿愿意跟着中、大班幼儿一起探索、发现蚯蚓和蜗牛喜欢吃的食物。

层次目标二：

1. 在教师的帮助下回忆自己饲养小动物的经验，初步了解小动物的生活习性。

2. 通过同伴的讲述，了解蚯蚓、蜗牛的生活习性。

层次目标三：

1. 通过回忆、讲述自己饲养小动物的经验，了解小动物的生活习性。

2. 能从小动物的外形特征、习性与生存环境等方面进行描述。

重点：了解蚯蚓、蜗牛等小动物的生活习性。

难点：回忆、讲述自己饲养小动物的经验。

活动准备

经验准备：

幼儿在家饲养过蚯蚓、蜗牛。

物质准备：

1. 饲养小动物的场景照片（课前请家长准备）。

2. 投影仪。

活动过程

环节一：看一看"我饲养的小动物"。

教师用投影仪展示幼儿照顾小动物、与小动物游戏的照片，幼儿欣赏照片，回忆自己饲养小动物的经验。

教师：照片中的你在干什么？你饲养的是什么动物？你是怎样照顾它们的？

教师：小动物喜欢吃什么？你们之间有什么开心的事情发生过吗？

环节二：说一说"我饲养的小动物"。

1. 幼儿分组，互相说一说"我饲养的小动物"。

教师：请小朋友们分组说一说，你饲养的是什么小动物？小动物喜欢吃什么？你是怎样照顾它的？

2. 请每组的大班幼儿从动物的外形特征、生活习性和生存环境等方面描述自己饲养的小动物。

教师：请每组的大班小朋友作为小代表，向大家介绍你饲养的小动物。

环节三：幼儿给蜗牛、蚯蚓喂食，探索它们喜欢吃的食物。

1. 教师出示蜗牛、蚯蚓，引起幼儿给它们喂食的兴趣。

教师：这里有一只蜗牛和一条蚯蚓，它们还没有吃东西呢！请你们猜猜它们喜欢吃什么呢？

幼儿根据自己的经验回答。

2. 教师出示事先准备好的几种食料，请幼儿猜一猜：它们可能还喜欢吃什么？幼儿猜测并投放食料。

教师：它们可能还喜欢吃什么呢？你们去喂喂它们吧！

3. 教师鼓励幼儿坚持每天给蜗牛和蚯蚓喂食，并提醒幼儿做好记录。

教师：想要知道小蜗牛和小蚯蚓喜欢吃什么，你们就要坚持每天都去观察它们，如果发现它们把你喂的食物吃掉了，要在这种食物的包装盒上做好标记。

环节四：师幼一起做动物模仿操。

教师播放音乐，幼儿跟随教师做动物模仿操。

教师：请中、大班哥哥姐姐带着小班的弟弟妹妹，我们一起来做小动物模仿操吧。

小动物模仿操：小鸡小鸡叽叽叽，小鸭小鸭呷呷呷，小狗小狗汪汪汪，小猫小猫喵喵喵。

动作：双手十指、大拇指相对扮作小鸡；双臂放于身体两侧，手掌左右摆动扮作小鸭；双手放于额头两侧，手掌上下摆动扮作小狗；双手五指张开在脸颊两侧扮作小猫。

语言：《小青虫的梦》（早期阅读）（3～6岁）

活动目标

共性目标：了解蝴蝶蜕变的过程，尝试用动作和对话表达对作品的理解；仔细观察小青虫的表情和动作，体验小青虫从不自信到自信的心理变化。

层次目标一：

1. 喜欢听故事，能安静地倾听教师和同伴的讲话。

2. 初步理解故事内容，通过模仿小青虫的表情和动作，体验小青虫的心理变化。

层次目标二：

1. 理解故事内容，尝试用动作和对话表达对作品的理解。

2. 仔细观察小青虫的表情和动作，体验小青虫从不自信到自信的心理变化。

层次目标三：

1. 感受故事的语言美、意境美，理解故事中角色的心情，体验小青虫由遭受冷落到蜕变成功后的心理变化。

2. 了解蝴蝶蜕变的过程，知道美丽是可以慢慢创造的，能用自己的话表达对作品的理解。

重点：理解故事内容，尝试用动作和对话表达对作品的理解。

难点：感受故事的语言美、意境美，理解故事中角色的心情，体验由小青虫遭受冷落到蜕变成功后的心理变化。

活动准备

经验准备：

幼儿阅读过绘本《好饿的毛毛虫》，知道毛毛虫能蜕变成蝴蝶。

物质准备：

1. PPT"小青虫的梦"。

2. 音频：《小青虫的哭声》。

3. 虫、茧、破茧、蝴蝶的图片。

活动过程

环节一：教师以谈话导入，引出主题。

教师播放 PPT"小青虫的梦"和音频《小青虫的哭声》，引起幼儿的兴趣。

教师：你看到了什么？你知道小青虫为什么哭吗？到底是怎么回事呢？让我们一起来听一听关于小青虫的故事。

环节二：师幼再次仔细观看PPT"小青虫的梦"，幼儿倾听故事，并进行讨论。

教师引导幼儿仔细观察小青虫的表情和动作，感受小青虫的情绪变化。

1. 教师播放故事第一部分。

教师：夏夜的草丛里开起了音乐会，小蟋蟀的琴声特别优美。小青虫在干什么呢？她为什么感到害怕呢？

请小、中、大班幼儿分组进行讨论，大班幼儿带领小、中班幼儿模仿小青虫害怕的样子。

教师小结：我是一只胖胖的小青虫，我不会演奏也没什么本领，朋友们都会不喜欢我的，所以我不敢出去和他们一起听音乐会。

教师：这是一条怎样的小青虫？

教师小结：原来这是一条胆小、不够勇敢、不太自信的小青虫。你们知道什么是自信吗？（相信自己一定行）

2. 教师播放故事的第二部分。

教师：小青虫是怎么变成蝴蝶的？

请小、中、大班幼儿分组进行讨论，引导大班幼儿用故事中的对话将小青虫变成蝴蝶的经过描述给小、中班的幼儿听。

教师：小青虫的梦想成真了吗？小青虫现在的心情是怎样的？请你和旁边的小朋友说一说。

环节三：幼儿回忆故事情节，感受小青虫从不自信到自信的心理变化。

1. 教师引导幼儿回忆故事情节。

教师：小青虫做了个什么梦？

2. 幼儿结合图片，了解小青虫变成蝴蝶的过程。

教师：小青虫是怎样变成蝴蝶的呢？她一开始是什么样子的？后来又变成什么样子了？

根据幼儿的回答出示相应的图片：虫—茧—破茧—蝴蝶。

3. 师幼通过讨论，了解小青虫从不自信到自信的心理变化。

教师：小青虫的梦实现了吗？她一开始自信吗？什么时候变得自信了呢？

教师：她是怎样的一只小青虫？你们喜欢她吗？

环节四：教师讲述故事，幼儿完整欣赏故事。

教师：我们一起再来听一听这个好听的故事吧。

环节五：教师迁移幼儿经验，结束活动。

教师：小青虫从不自信变得自信。小朋友，你有没有不自信的时候呢？你是怎样战胜不自信的呢？

请小朋友们手牵手，做蝴蝶飞舞的动作走出活动室。

附故事：

小青虫的梦
作者：冰波

夏夜的草丛里，音乐响起来了，它和月光一样，仿佛会流淌似的。

"吉铃铃……"那是蟋蟀在开音乐会。他的琴弹得特别好，油亮亮的样子也特别神气。"哦！伟大的音乐家！"到草丛里来听音乐会的昆虫们都这么说。

躲在一片草叶底下的小青虫，动也不敢动，她在偷偷地听着。小青虫虽然长得难看，但她爱音乐，爱得那么深。"唉——"每当蟋蟀弹完一曲，小青虫都会发出一声轻轻的叹息："太美了！"

音乐，总会把小青虫带到一个遥远的梦境里。可是，蟋蟀不喜欢小青虫，常常把她赶走。他挥着优雅的触须，不耐烦地说："我的音乐这么美，你这么丑，去去去！"

小青虫只好伤心地爬开，躲在远远的地方流眼泪。眼泪里，映着满天冷冷的小星星。"吉铃铃……"音乐又传来了。小青虫抬起头来，凝神听着，望着那远远的、朦胧的草丛。那里显得更加迷人了。

她轻轻地向前爬去，后脚踩着前脚的脚印。她爬到一棵小树上，谁也没有发现她。月亮是那么圆，星星是那么亮。蟋蟀就在这棵树下弹琴。"这里就像是那个梦境。"小青虫在心里说。

　　小青虫躲在一片树叶底下，悄悄地织了一个茧。她想：藏在茧里面听，蟋蟀就看不见我了。一个淡灰色的茧，在风里轻轻摇晃着。细丝织成的茧，把别的声音全挡在外面，只有音乐能传进来，在茧里面轻轻回响。

　　听着优美的音乐，小青虫睡着了。她做了一个梦，梦见自己长出了一对可以跳舞的翅膀。音乐一直陪伴着这个好长好长的梦……当小青虫醒来时，她已经变成了一只美丽的蝴蝶，美丽得让她自己也吃惊。

　　蝴蝶从茧里飞出来。蟋蟀仰起头来，看着她。"啊，像个仙女！仙女……"蟋蟀说。蟋蟀大概还不知道，这只美丽的蝴蝶就是那丑陋的小青虫变的；蝴蝶大概也不知道，如果没有音乐，她会是什么样子。

　　琴声又响了。音乐融在月光里，在草丛里流淌。蝴蝶合着音乐，翩翩起舞。昆虫们都在想：是蟋蟀的音乐使蝴蝶变得更美呢，还是蝴蝶的舞蹈让音乐变得更美？

小组化活动

科学：蚕宝宝和它的朋友们（4～6岁）

活动目标

　　共性目标：初步了解动物基本分为无脊椎动物和有脊椎动物。

　　层次目标一：

　　1. 借助图片、实物，能感知、发现无脊椎动物和有脊椎动物各自的特点。

　　2. 通过对无脊椎动物和有脊椎动物进行比较，发现它们的不同。

　　层次目标二：

　　1. 通过猜测、提问、比较的方法，区分并说出常见的无脊椎动物和有脊椎动物。

　　2. 在成人的帮助下，能制订简单的调查计划并执行。

活动准备

物质准备：

1. 几只蚕宝宝。

2. 无脊椎动物、有脊椎动物的图片。

3. 纸、笔。

活动过程

环节一：引起幼儿兴趣，教师引导幼儿了解蚕的外形特征。

1. 教师出示蚕宝宝，引导幼儿观察蚕宝宝的外形特征。

教师：你们喜欢蚕吗？它的身体是什么样的？

幼儿自由回答。

教师小结：蚕的身体是长条形的，摸上去软软的、凉凉的。

2. 教师引导幼儿仔细观察蚕宝宝，进一步了解蚕宝宝的特点。

教师：蚕是怎样爬行的？它有脚吗？有背上的大骨头（脊柱）么？

教师请中、大班幼儿分小组讨论，每组请一名幼儿回答。

教师小结：蚕是蠕动爬行的，它没有脚，身上光溜溜的。

环节二：教师介绍动物分为无脊椎动物和有脊椎动物，引导幼儿知道蚕是无脊椎动物。

教师：动物分为无脊椎和有脊椎动物，像蚕这样没有脊柱的动物都是无脊椎动物。

你还知道哪些动物属于无脊椎动物？

环节三：教师出示图片，幼儿进行分类。

1. 教师请幼儿对图片进行分类。

教师：请你猜一猜这些动物是无脊椎动物还是有脊椎动物。

幼儿自由猜测。

2. 幼儿通过观察图片、讨论、猜测、查资料验证的方法，对图片进行准确分类。

请中班幼儿摆放图片，并和大班幼儿讨论图片上的动物是无脊椎动物还是有脊椎动物。

在教师的帮助下，通过查阅电脑，验证自己的猜测，最后确定分类。

无脊椎动物：蚕、蚯蚓、毛毛虫、蜗牛。

有脊椎动物：鱼类、鸟类、两栖动物、哺乳动物。

活动延伸

教师：你还想知道无脊椎动物的其他特点吗？如：无脊椎动物有心脏吗？等等。

请大班幼儿制订调查计划，调查无脊椎动物的神经系统、消化系统、生殖系统、生活环境等方面的知识。

科学：挖宝藏（3～6岁）

活动目标

共性目标：寻找收集花园里泥土中的各种小动物，并乐在其中。

层次目标一：

1. 喜欢动手寻找花园里泥土中的小动物。

2. 弟弟妹妹能专心和哥哥姐姐一起收集小动物，不乱跑。

层次目标二：

1. 喜欢动手寻找花园里泥土中的小动物，并乐在其中。

2. 通过观察和倾听同伴交流，了解小动物的生存环境。

层次目标三：

1. 寻找并收集花园里泥土中的小动物，体会探索中有所发现时的兴奋和满足感。

2. 能与同伴分工合作，大胆猜测小动物的生活环境并与同伴交流。

活动准备

物质准备：

1. 小铲子、透明小盒子若干。

2. 班级饲养的蜗牛。

活动过程

环节一：教师展示班级饲养的蜗牛，激发幼儿去"挖宝藏"的兴趣。

1. 教师出示班级饲养的蜗牛，请幼儿猜测小蜗牛生活在哪里（土壤、水、天空）。

教师：小朋友们，你们知道小蜗牛的家在哪里吗？它生活在什么地方？它吃什么呢？

教师小结：小蜗牛生活在潮湿的泥土中，下雨后会爬出来散步，它喜欢吃小草的叶子和植物的果实。

2. 教师提问，激发幼儿去"挖宝藏"的兴趣。

教师：幼儿园的泥土中会有蜗牛吗？还可能有哪些其他小动物呢？你们想不想去挖一挖、找一找？

环节二：教师带领幼儿到户外，分组进行"挖宝藏"活动。

1. 请幼儿带上盒子、铲子等工具来到户外，教师请幼儿"大带小"，分组到草地上、后院里、操场上寻找小动物。

教师：请大班小朋友带小、中班的小朋友去"挖宝藏"，可以到花园里的草地上、后院里、操场上去找一找。

2. 幼儿将找到的小动物放在透明盒子里饲养。

活动延伸

幼儿可将找到的小动物（蚂蚁等）带回家进行饲养，定期带回幼儿园，交流饲养小故事。

语言：《蜘蛛先生要搬家》（5～6岁）

活动目标：

1. 学习一问一答的句式。

2. 通过与同伴分享蜘蛛织网的经验、分析故事，清晰地理解故事内容。

3. 感知问答式句式的趣味性。

重点：通过与同伴分享蜘蛛织网的经验、分析故事，清晰地理解故事内容。

难点：学习一问一答的句式。

活动准备

物质准备：

一本教学故事大书，幼儿每人一本《蜘蛛先生要搬家》小书。

活动过程

环节一：教师通过提问，引导幼儿分享蜘蛛织网的经验。

1. 教师抛出问题，激发幼儿对蜘蛛网的兴趣。

教师：你们知道蜘蛛的家在哪里吗？（蜘蛛网）他的家是用什么做的？（肚子里面的丝）你们看过蜘蛛织网吗？

2. 幼儿分享蜘蛛织网的经验。

教师：今天我带来了一个有关蜘蛛的故事和大家分享。

环节二：幼儿欣赏封面，教师引出故事。

教师：封面上有什么？（蜘蛛、蜘蛛网、蜘蛛先生要搬家）蜘蛛先生为什么要搬家呢？你们想知道原因吗？下面就请大家一起来阅读故事，揭晓答案。

环节三：幼儿自主阅读图书，可以与同伴分享交流经验。

环节四：幼儿交流讨论，蜘蛛先生为什么要搬家。

1. 幼儿讨论蜘蛛先生为什么要搬家。

教师：现在你们知道蜘蛛先生为什么要搬家了吗？

幼儿：和扫把小姐的裙子缠在了一起。

2. 教师引导幼儿观察蜘蛛先生的表情。

教师：你们看蜘蛛先生的表情是什么样的？

幼儿：不开心。

3. 教师引导幼儿回忆故事内容。

教师：后来蜘蛛先生搬到了哪里？它是怎么搬家的？我们一起再来阅读这个有趣的故事。

环节五：教师带领幼儿再次阅读故事，通过提问分析故事。

1. 教师在讲故事时尽量当提问者，让幼儿当回答者。

（1）教师：蜘蛛先生什么时候搬的家？它是怎么搬的？当它爬到了屋顶后他的动作是什么样的？最后蜘蛛先生又到了哪里？蜘蛛先生找到盖房子的地方了吗？蜘蛛先生用什么盖房子呢？蜘蛛先生的新房子漂亮吗？蜘蛛先生以后还会不会搬家？

（2）教师：蜘蛛先生搬家辛苦吗？

（3）教师：但是他还是很努力、很认真地去做，真是个不怕吃苦的蜘蛛先生。

2. 幼儿自由结伴，采用一问一答的方式加深对故事的理解。

附故事：

蜘蛛先生要搬家

你说谁呀？

我说蜘蛛先生啊！

蜘蛛先生怎么了？

蜘蛛先生要搬家。

蜘蛛先生为什么要搬家？

蜘蛛先生的家和扫把小姐的裙子缠在一起了。

蜘蛛先生什么时候搬的家？

太阳一出来，蜘蛛先生就搬家了。

蜘蛛先生是怎么搬的？

蜘蛛先生用八只脚，一二三四五六七八地爬到屋顶上。

爬到屋顶上以后呢？

蜘蛛先生像荡秋千一样，从屋顶荡到电线杆，

又从电线杆荡到树枝上。一站一站地荡过去。

最后呢？

最后就荡到玩具店的屋顶上了。

蜘蛛先生找到盖房子的地方了吗？

是啊！蜘蛛先生在玩具店的墙角边，找到盖房子的地方了。

蜘蛛先生用什么盖新房子呢？

用肚子里的丝线啊！蜘蛛先生会从肚子里吐出长长的丝线来。

蜘蛛先生的新房子漂亮吗？

很漂亮！他的房子又大又通风，是世界上最漂亮的房子。

蜘蛛先生以后还会不会搬家？

我也不知道，你说呢？

科学：海里的无脊椎动物（4～6岁）

活动目标

共性目标：了解无脊椎动物的含义，通过观察、比较与分析，分辨出大海里哪些动物是无脊椎动物。

层次目标一：

1. 能对水母、虾、八爪鱼进行观察，发现它们是无脊椎动物。

2. 通过观看图片、视频、实验，初步理解无脊椎动物的含义。

层次目标二：

1. 能通过观察、比较与分析，发现水母、虾、八爪鱼是无脊椎动物，鲨鱼是有脊椎动物。

2. 通过观看图片、视频、实验，理解无脊椎动物的含义。

重点：能通过观察、比较与分析，发现水母、虾、八爪鱼是无脊椎动物。

难点：掌握无脊椎动物的特征。

活动准备

经验准备：

幼儿去过海底世界或者见过海里动物的标本、图片。

物质准备：

1. 鱼、水母、虾的标本或图片。

2. 一段水母、八爪鱼、海星、章鱼、虾在海里活动的短视频。

活动过程

环节一：教师以谈话导入，出示图片帮助幼儿回忆已有经验。

1. 教师鼓励大班幼儿介绍海里的动物。

假期里有很多小朋友都跟爸爸妈妈去了海底世界，教师请幼儿谈论海里面的动物，先请大班幼儿介绍（鲸鱼、鲨鱼、水母、海参、海星、虾等），幼儿边列举，教师边出示图片，幼儿回忆不出来时，教师可以出示图片帮助幼儿回想。

2. 教师引导大班幼儿尝试分类无脊椎与有脊椎的海洋动物。

教师：小朋友们刚才说的那些海洋动物，哪些是有脊椎的？哪些是无脊椎的？

教师：他们被科学家们分成了两类：一类是无脊椎动物，一类是有脊椎动物。他们看上去是不同的，无脊椎动物看上去很柔软（如水母），而有脊椎动物看上去很坚硬也不容易变形（如鱼类），这是为什么呢？

3. 教师引导中、大班幼儿思考、讨论是什么让鲸鱼、鲨鱼和水母、八爪鱼看起来不同。

环节二：教师出示鲨鱼的图片以及标本（骨架），提出"什么是脊椎"的问题。

1. 大班幼儿带领中班幼儿仔细观察鲨鱼的标本，发现鲨鱼的肚子里面有许多的骨头（刺），它们支撑着鲨鱼的身体。

2. 在老师的引导下大班幼儿带领中班幼儿做"无脊椎"实验。

教师拿出一个鱼形状的橡皮泥：现在这个橡皮泥"大鲨鱼"，它是没有鲨鱼肚子里的那些骨头（刺）的，你们猜猜老师如果用力一捏它会变成什么样子？它还能保持原来的形状吗？鼓励中班幼儿大胆试想后，教师捏橡皮泥鲨鱼，验证幼儿所说的鲨鱼会变扁（变形）的猜想。

3. 中、大班幼儿一起尝试、操作、实验。

让幼儿直观地感受到没有骨头（刺）的"鲨鱼"，很容易就变形了，而现实中的鲨鱼因为身体里有骨头（刺），它们支撑着鲨鱼身体，所以不容易变形。

4. 教师介绍脊椎的含义。

教师：鲨鱼身体的骨头（刺）其实就是科学家所说的脊椎。脊椎就是动物支撑身体的骨架，像海里的鱼类，它们的身体中间有一条大大的粗粗的鱼骨，能使它们的身体不会有太大的变化，总是保持一定的形状，它们就是有脊椎动物。（出示鱼化石、鱼骨架的图片）

环节三：对比水母与鲨鱼的标本图片。

1. 教师播放一个水母在海里活动的短视频，出示水母的标本图片与鲨鱼的标本图片，进行对比。

2. 教师引导幼儿发现水母和鲨鱼在海里游动时身体、动作的区别。

教师：水母和鲨鱼在海里活动时有什么区别？水母和鲨鱼谁看上去更坚硬？（鼓励大班幼儿回答）

3. 幼儿探索发现水母没有骨头（脊椎），是无脊椎动物，所以它的外形才会有那么大变化，身体看起来那么柔软。

环节四：幼儿通过视频，更直观地感受无脊椎动物的身体是柔软的。

幼儿再次观看水母在海里活动的短视频，验证刚才的发现，教师播放八爪鱼、海星、章鱼、虾活动时的短视频，鼓励中、大班幼儿讨论，引导幼儿发现因为它们没有骨架，所以身体更加柔软，它们都是无脊椎动物。

科学区：有脊椎动物和无脊椎动物（4～6 岁）

材料：

有脊椎与无脊椎动物图片。

指导重点：

1. 了解生活中常见的动物哪些是有脊椎动物，哪些是无脊椎动物。
2. 通过同伴交流能够正确分类，辨别有脊椎动物与无脊椎动物。
3. 体验探索动物特征获得的快乐。

美工区：蜗牛（3～6 岁）

材料：

1. 泥工板、牙签。
2. 各色油泥。

指导重点：

1. 能运用将油泥搓长并盘旋长条的技巧表现蜗牛的壳。
2. 观察蜗牛并讨论交流，了解蜗牛的外形特征。
3. 体验通过泥工制作蜗牛的乐趣。

美工区：可爱的小蚂蚁（3~6岁）

材料：

1. 小蚂蚁轮廓图、工字钉。
2. 软泡沫板。

指导重点：

1. 能沿着蚂蚁的外形轮廓将蚂蚁刺下来。
2. 能认真专注、针脚均匀地完成刺工。
3. 体验坚持完成一件事情的满足感。

科学区：动物与食物的配对（3~5岁）

材料：

动物图片、与动物相对应的食物图片。

指导重点：

1. 认识小动物，了解小动物的生活习性。
2. 能将小动物与相对应的食物图片匹配。
3. 有良好的整理材料的常规习惯，操作有秩序。

线索三：蚕宝宝的家

（集体活动）

音乐：《虫儿飞》（歌唱、表演）（3~6岁）

活动目标

共性目标：理解歌词内容，感受优美的歌词和轻柔的旋律，心情愉悦。

层次目标一：

1. 熟悉歌曲旋律，能用简单的动作表现歌曲内容。

2. 感受轻柔的旋律，体验表演的快乐。

层次目标二：

1. 理解歌词内容，尝试用优美轻巧的声音演唱歌曲。

2. 借助教学挂图、教师的动作提示，尝试记忆歌词。

层次目标三：

1. 尝试根据歌词内容创编动作，并大方地与同伴分享。

2. 借助图片理解歌词的含义，在理解歌曲内容的基础上有感情地唱歌。

重点：理解歌词内容，用优美轻巧的声音演唱歌曲。

难点：借助图片理解歌词的含义，在理解歌曲内容的基础上有感情地唱歌。

活动准备

经验准备：

幼儿听过歌曲《虫儿飞》。

物质准备：

1. 自制教学挂图《虫儿飞》。

2. 歌曲《虫儿飞》。

3. 钢琴。

活动过程

环节一：练声。

幼儿起立，保持身体和头部的正直、放松，两臂自然下垂，两眼平视，两肩放松。

教师：请小朋友们起立，仔细听钢琴的伴奏，用优美轻巧的声音唱歌。

钢琴弹奏：**1 2 3 4 5 － | 5 4 3 2 1 － |**

师幼对唱：小 朋 友 们 好！　　　　老 师 你 也 好！

环节二：幼儿完整地欣赏歌曲《虫儿飞》，教师借助教学挂图帮助幼儿记忆歌词。

1. 教师播放歌曲《虫儿飞》，幼儿欣赏歌曲。

教师：这首歌好听吗？你们听到歌里唱什么？

教师：歌曲中虫儿飞去了哪里？你还在歌曲中听到了什么？

2. 教师借助教学挂图，帮助幼儿理解、记忆歌词。

教师：虫儿飞去了哪些地方？

教师根据幼儿的回答出示教学挂图，帮助幼儿理解、记忆歌词。

3. 幼儿再次欣赏歌曲，并拍手打节拍。

教师：我们再来听一听这首好听的歌曲，你们可以边看图边听，还可以跟着节奏拍手。

环节三：幼儿尝试演唱歌曲。

1. 幼儿借助教学挂图尝试演唱歌曲。

教师播放音乐，请幼儿轻声地跟唱：请小朋友们跟着音乐轻声地唱。

教师借助教学挂图和动作提示幼儿歌词的内容。

2. 教师钢琴伴奏，幼儿演唱。

教师放慢节奏弹钢琴，幼儿借助教学挂图演唱歌曲。

环节四：小、中、大班各一名幼儿，三人为一组，尝试根据歌词内容创编动作。

1. 小、中、大班各一名幼儿，三人为一组，分组讨论并创编动作。

教师：每个大班的小朋友去找一个中班和一个小班的小朋友，一起为这首歌曲编排舞蹈动作。

引导中、大班的幼儿根据歌词内容和歌曲节奏创编动作，小班幼儿跟随中、大班幼儿做简单的动作。

教师：歌曲里面唱的是什么？可以做什么动作？小班小朋友可以跟着中、大班的小朋友一起学跳舞哦！

2. 教师请每一组的大班幼儿分享本组创编的动作。

3. 全体幼儿跟随音乐伴奏，边唱边做创编的动作。（小班幼儿跟着中、大班的小朋友一起跳舞）

附歌曲：

虫儿飞

简谱制作：虎川

美术：蚕宝宝的家（手工）（3～6岁）

活动目标

共性目标：喜欢主动探索，用自己喜欢的方式为蚕宝宝做新家，体验手工活动带来的乐趣。

层次目标一：

1. 能用团圆、粘贴的方法为蚕宝宝装饰新家。

2. 喜欢参与手工活动，体验为蚕宝宝做新家的快乐。

层次目标二：

1. 尝试探索折纸盒的方法，用折、剪、粘贴等方法为蚕宝宝做新家。

2. 乐意自己动手为蚕宝宝制作新家，体验折纸带来的乐趣。

层次目标三：

1. 通过反复拆看范例、同伴讨论、动手操作，探索折纸盒的方法。

2. 在制作过程中不怕困难，体验获得成功的喜悦和自豪感。

重点：尝试探索折纸盒的方法，用折、剪、粘贴等方法为蚕宝宝做新家。

难点：通过反复拆看范例、同伴讨论、动手操作，探索折纸盒的方法。

活动准备

经验准备：

幼儿有折手帕的经验，能边对边、角对角对折，小班幼儿有团圆、粘贴的经验。

物质准备：

1. 彩色纸、皱纹纸、剪刀、胶棒若干。

2. 范例纸盒4个。

活动过程

环节一：师幼围绕"蚕宝宝的家"进行讨论，引出活动主题。

1. 教师出示拥挤在小盒子里的蚕宝宝，引出话题。

教师：这么多蚕宝宝住在一个小盒子里，它们会觉得舒服吗？

幼儿自由回答。

教师小结：蚕宝宝越长越大，住在一起太拥挤了，这个家已经住不下它们了，它们需要我们的帮助。

2. 教师启发幼儿想办法帮助蚕宝宝解决拥挤的问题。

教师：住在一个盒子里太拥挤了，怎么办呢？你们有好办法吗？

3. 教师指导幼儿帮助蚕宝宝制作新家。

教师：你们愿意帮助蚕宝宝制作新家吗？

环节二：幼儿按小、中、大班分组，尝试通过拆看范例、同伴讨论，探索蚕宝宝新家的制作方法。

1. 教师出示范例纸盒，帮助幼儿探索行为。

教师：这是蚕宝宝的家，这个纸盒是怎么做成的呢？

幼儿猜测并回答。

2. 幼儿按小、中、大班分组，尝试探索纸盒的制作方法。

教师：请你们拆开纸盒仔细看一看，纸盒是怎么做成的？

3. 请幼儿分享自己的发现。

教师：你发现制作纸盒的方法了吗？请你和旁边的小朋友说一说你的发现。请每一组的小朋友选出代表分享本小组的发现。

教师总结幼儿的发现并加以提升。

环节三：幼儿尝试为蚕宝宝做新家。

1. 教师出示操作材料，幼儿分组操作，教师引导中、大班幼儿向小班幼儿传授团圆、粘贴的技能，装饰蚕宝宝的新家。

教师出示皱纹纸、胶棒：这些材料可以为蚕宝宝的新家做些什么呢？

教师：中、大班的小朋友有什么方法可以帮助小班小朋友装饰蚕宝宝的新家？请你告诉他们。

2. 幼儿分组操作，教师巡回指导。

每组幼儿的方法可能会有不同，教师巡回指导。

环节四：教师展示幼儿制作的纸盒，为蚕宝宝搬新家。

教师：蚕宝宝住进了新家，再也不用挤在一个房间里了！你们帮助了蚕宝宝，开心吗？

活动结束。

音乐：蝴蝶花（韵律）（3~6岁）

活动目标

共性目标：熟悉乐曲，感受乐曲优美、抒情的旋律，乐意参与表演。

层次目标一：

1. 熟悉乐曲，能随乐曲节奏做蝴蝶飞舞的动作。

2. 感受乐曲优美、抒情的韵律特点，乐意参与韵律表演。

层次目标二：

1. 感知乐曲的节奏，能用身体动作表现乐曲的节拍。

2. 通过教师的提示和观察同伴的动作，记忆动作的顺序。

层次目标三：

1. 掌握乐曲节奏的特点，能根据歌词内容和乐曲旋律创编动作。

2. 乐意接受同伴创编的动作，体验自编自演的满足感。

重点：掌握乐曲节奏的特点，能根据歌词内容和乐曲旋律创编动作。

难点：通过教师的提示和观察同伴的动作，记忆动作的顺序。

活动准备

经验准备：

幼儿已熟悉歌曲《春天在哪里》。

物质准备：

1. 歌曲《春天在哪里》《蝴蝶花》。

2. 手腕花每人 1 对。

活动过程

环节一：教师以律动导入，激发幼儿兴趣。

教师播放音乐《春天在哪里》，带领幼儿边唱边做动作。

教师：你们还记得这是什么歌吗？我们一起来边唱边跳。

环节二：幼儿欣赏乐曲《蝴蝶花》，感知乐曲的旋律和节拍。

1. 教师播放乐曲《蝴蝶花》，引导幼儿用拍手的方式感受乐曲的节奏特点。

教师：你喜欢这首歌曲吗？听完了你的心里感觉是什么？

幼儿自由回答，教师对幼儿的回答表示赞同。

2. 教师再次播放音乐，引导幼儿感受乐曲的节拍。

教师：我们再来听一遍，这一次要带着愉快的心情来听！请小朋友们边听边随音乐节奏拍手。

教师和幼儿边听音乐边随音乐节奏拍手。

环节三：教师帮助幼儿熟悉歌词内容，幼儿按小、中、大班分组，尝试根据歌词内容创编动作。

1. 幼儿熟悉歌词内容。

教师：你听到歌曲里唱到了什么？

幼儿自由回答，教师引导幼儿用歌词的内容回答。（根据需要再次听音乐）

2. 幼儿按小、中、大班分组，教师引导中、大班幼儿根据歌词创编动作，鼓励小班幼儿跟着中、大班幼儿做蝴蝶飞舞的动作。

教师：我们做什么动作才能像歌里唱的那样美？中、大班的小朋友做蝴蝶飞舞的动作真美，小班小朋友也来扮演蝴蝶飞舞。

教师引导幼儿互相学习动作经验。

3. 教师播放音乐，帮助幼儿回忆、整理创编的动作。

教师：我们刚才编排了好多好看的动作，我们边听音乐边把动作串联起来，编成一个优美的舞蹈。

引导幼儿观察同伴和教师的提示，帮助幼儿学习同伴创编的动作。

环节四：幼儿表演律动"蝴蝶花"。

教师请幼儿带上手腕花、听音乐表演（中、大班幼儿帮助小班幼儿带上手腕花，带着小班幼儿进行表演）。

教师：你们现在是美丽的"蝴蝶花"，你们跳舞的时候就像歌曲里唱的那样美。现在就跟着音乐来表演吧！

活动延伸

幼儿带手腕花在小舞台表演。

附歌曲：

春天在哪里

望　安　词
潘振声　曲

| 5 0 3 0 | 2 1 0 : ‖ 4 4 4 4 5 | 6 6 6 0 | 2 2 2 2 2 | 5 — |

小　黄　鹂。　　　　　滴哩哩　哩哩　滴哩哩，　滴哩哩　哩哩哩　哩，

眼　睛　里，　　　还　有那　会唱歌的　小黄　鹂。

| 1 1 1 1 2 | 3 3 3 0 | 5 5 5 5 5 | 2 — | 5 6 5 6 | 5 4 3 1 |

滴哩哩　哩哩　滴哩哩，　滴哩哩　哩哩哩　哩，　春　天　在　那小　朋友

| 2　5 | 1 3 0 | 5 6 5 6 | 5 4 3 1 | 5 0 3 0 | 2 1 0 ‖

眼　睛　里，　　还　有那　会唱歌　的小　黄　鹂。

蝴蝶花

屠晓霞　词
朱德诚　曲

1=F 2/4

(3 1　3 6 | 5　　3 1 | 5656 1212 | 3523 1261) 5 1 1 1 | 2 3 3 |

你看那边　有一只

| 6̣　6̣ 1 | 5̣ 5̣ 5̣ | 1 3　1 3 | 5 5 5 | 2　6̣ 1 | 2 2 2 |

小　小　花蝴蝶，　我轻　轻地　走过去，　想　要　捉住它，

| 5.　3 | 2.　3 | 6̣ 1　3 1 | 2 0 | 5.　3 | 2.　3 | 6̣ 1　2 6̣ |

为　什　么　　蝴蝶　不害　怕？　为　什　么　　蝴蝶　不害

| 5̣　0 | X　0 | 5　5̣ 3̣ | 6̣ 5 | 2 5 5 3 2 | 1 — ‖

怕？　　哟！　原　来是　一　朵　美丽的蝴蝶　花。

体育：为蚕宝宝摘桑叶（3～6岁）

活动目标

共性目标：学习挑战各种障碍，锻炼身体的灵活性与协调性，乐于参加体育锻炼活动，体验挑战成功的快乐。

层次目标一：

1. 能走过高 20 厘米、宽 30 厘米的平衡木。

2. 乐于参加体育锻炼活动，体验挑战成功的快乐。

层次目标二：

1. 能在垫子上侧身滚动、匍匐前进，助跑跨跳过宽为 30 厘米的"小河"。

2. 乐于参加体育锻炼活动，体验挑战成功的快乐。

层次目标三：

1. 能在垫子上侧身滚动、匍匐前进、助跑跨跳过宽为 40 厘米的"小河"。

2. 乐于参加体育锻炼活动，体验挑战成功的快乐。

重点：挑战通过各种障碍物，锻炼身体灵活性与协调性。

难点：小班幼儿学习走平衡木，中、大班幼儿学习助跑跨跳。

活动准备

经验准备：

小班幼儿有爬垫子的经验，中、大班幼儿有侧身滚动、匍匐前进的经验。

物质准备：

平衡木 1 个、垫子 6 个、自制"绿草地" 2 块、自制"小河" 1 条、自制"桑树" 3 棵。

活动过程

环节一：热身运动。

1. 教师用自己的热情带动幼儿投入到热身运动中。

教师：今天的阳光真好，我们一起来做运动吧！

2. 播放热身音乐，教师带领幼儿做热身运动。

教师带领幼儿活动头部、肩部、腰部、腹部、腿部，为后面的活动做准备。

环节二：幼儿学习新本领：小班幼儿学习走平衡木，中、大班幼儿学习助跑跨跳。

1. 教师激励幼儿参与挑战。

教师：蚕宝宝饿了，在河的对岸有三棵桑树，在桑树上有新鲜的桑叶，必须要成功通过障碍才能摘到桑叶，你们有信心吗？

2. 教师介绍小、中、大班幼儿不同的挑战项目。

（1）教师介绍小班幼儿的挑战项目。

教师：在小班小朋友摘桑叶的路上，要先灵活、迅速地爬过垫子，再勇敢地走过平衡木，才能摘到桑叶。

请小班幼儿自由尝试挑战走平衡木。

教师：今天我们走的平衡木要比以前的都要高一些，小班小朋友在走的时候如果感到害怕，可以请中、大班的小朋友帮忙，中、大班的小朋友可以搀着小班小朋友的一只手，鼓励小班小朋友勇敢地走过去。

（2）教师介绍中班幼儿的挑战项目。

教师：中班小朋友在摘桑叶的路上要用身体完全贴着草地爬过去，再助跑跨跳过小河，才能摘到桑叶。

（3）教师介绍大班幼儿的挑战项目。

教师：大班小朋友在摘桑叶的路上要以匍匐、膝盖悬空的方法爬过草地，再助跑跨跳过小河，才能摘到桑叶。

3. 中、大班幼儿自由练习匍匐爬过草地、助跑跨跳的动作，配班教师鼓励小班幼儿勇敢地走平衡木。

4. 请个别幼儿示范助跑跨跳的动作，教师讲解要领：双臂摆动，单脚发力腾空做跨步动作，跳过小河，然后前脚掌轻轻落地。

5. 幼儿再次自由练习动作。

环节三：闯关游戏"为蚕宝宝摘桑叶"。

1. 教师介绍挑战方法。

教师：想要摘到新鲜的桑叶，必须要挑战成功，小朋友们要分成红、黄、蓝三队，小班小朋友爬过垫子，走过平衡木；中、大班小朋友先侧身滚过垫子，再匍匐爬过草地，跨过小河，摘一片桑叶。五分钟内看哪一队桑叶摘得最多，哪一队就获胜。

2. 幼儿分成三组进行竞赛，教师提醒幼儿闯关时遵守竞赛规则，不怕困难，尽量加快速度。

3. 点数桑叶，大家为获胜的那一队祝贺。

环节四：放松活动。

教师播放音乐，带领幼儿做放松动作。

小组化活动

美术：小蜗牛（3~6岁）

活动目标

共性目标：观察、了解蜗牛壳、触角的特点，尝试用搓长条、盘旋长条等方法制作小蜗牛。

层次目标一：
观察蜗牛，尝试用搓长条的方法制作小蜗牛的身体。

层次目标二：
观察、了解蜗牛壳的特点，尝试用盘旋长条的方法制作蜗牛壳。

层次目标三：
观察蜗牛触角的特点并尝试制作，将小组成员制作的蜗牛身体部分连接起来。

活动准备

物质准备：

1. 蜗牛。

2. 各色油泥、泥工板、剪短的牙签。

活动过程

环节一：教师出示小蜗牛，引导幼儿观察蜗牛的外形特点。

教师：蜗牛长什么样子？它的身体是什么样子？壳是什么样的？你还看到了蜗牛的什么地方？

教师小结：蜗牛的身体是长条形的，蜗牛的壳是螺旋状的，头部有两只小触角。

环节二：教师出示操作材料，幼儿讨论制作方法。

1. 教师出示油泥，请幼儿自由讨论制作方法。

教师：请你想一想，再和旁边的小朋友说一说，怎样用油泥制作一只小蜗牛呢？

2. 幼儿讨论，教师请 1 ~ 3 名幼儿分享自己的制作方法。

教师：你想怎样做小蜗牛？请来试一试。

请个别幼儿尝试自己的制作方法。

3. 教师总结制作经验，指导幼儿学习。

蜗牛的身体：搓长条。

蜗牛的壳：搓长条，盘成螺旋状。

蜗牛的触角：牙签插接在蜗牛的头部。

4. 教师出示牙签，指导幼儿为蜗牛制作触角。

教师：这里还有些剪短的牙签，可以做蜗牛的什么部位呢？

5. 教师引导幼儿探索将蜗牛的身体各部位连接起来的方法。

教师：蜗牛的身体、壳、触角都做好了，怎样才能拼成一只完整的小蜗牛呢？

教师请个别幼儿尝试将蜗牛的身体各部位进行连接。

环节三：幼儿"大带小"制作小蜗牛，教师巡回指导。

教师为幼儿分组，小、中、大班各一名幼儿三人一组，一起制作小蜗牛。

教师：小班的小朋友可以做小蜗牛的身体（搓长条），中班的小朋友可以制作小蜗牛的壳，大班的小朋友制作蜗牛的触角，最后连接起来。

环节四：展示幼儿作品。

教师请幼儿将制作好的小蜗牛摆放在展示台上，幼儿互相欣赏。

科学：蚕宝宝的家（3～4岁）

活动目标

1. 了解常见动物的家，知道小动物的生活环境的特点。

2. 通过观察、讨论，将小动物和它的家进行配对。

3. 体验帮助小动物找到家的快乐情感。

活动准备

1. 图片：鱼、蜘蛛、蜜蜂、小鸟、蚯蚓、熊、青蛙、大海、蜂巢、树枝间的鸟窝、蜘蛛网、土壤、树洞、荷叶。

2. 音乐（任意音乐，时长30秒）。

活动过程

环节一：幼儿相互介绍自己的家庭住址，引出话题。

1. 教师以问题导入。

教师：你可以告诉我，你的家住在什么地方吗？（请个别幼儿回答）

2. 教师引导幼儿互相介绍自己的家庭住址。

教师：请你和旁边的小朋友互相说一说自己的家住在什么地方。

环节二：教师出示小动物图片，引起幼儿兴趣。

1. 教师出示小动物的图片，请幼儿说出图片内容。

教师：它们是谁呀？你知道它们的家住在什么地方吗？

2. 教师一张一张地出示图片，请幼儿为小动物找家。

教师出示小鱼图片：小鱼的家住在哪里？

请幼儿说一说，幼儿说时教师出示小动物对应的家的图片。

3. 教师将剩下的图片分成两组：小动物图片为一组，小动物对应的家的图片为一组，请两名幼儿操作。

教师请拿家的图片的幼儿出示一张图片，拿小动物图片的幼儿把小动物的图片送到家的图片旁边。

环节三：游戏"找家"。

请幼儿每人拿一张图片，当教师播放音乐时，"小动物"和"家"互相寻找对方，找到后碰一碰。音乐停止时，找到的两人并排站好。

美术：美丽的花蝴蝶（4~6岁）

活动目标

共性目标：在欣赏蝴蝶标本和优秀美术作品的基础上，感受对称美，并能大胆地表现。

层次目标一：

1. 欣赏蝴蝶标本和优秀的美术作品，发现对称美。

2. 能用对称的线条和色块装饰蝴蝶的翅膀。

层次目标二：

1. 能独立绘画出蝴蝶的翅膀，画面饱满，基本对称。

2. 借助欣赏蝴蝶标本和优秀的美术作品，丰富绘画经验，大胆创造蝴蝶的花纹。

活动准备

物质准备：

1. 蝴蝶标本展览墙、优秀的美术作品。

2. 水彩笔，两种画纸：完整的蝴蝶轮廓图、没有翅膀的蝴蝶轮廓图。

3. 背景音乐《化蝶》。

活动过程

环节一：教师引导幼儿观察蝴蝶标本，发现对称的美。

1. 教师出示布置好的蝴蝶标本展览墙，中、大班幼儿两人一组，欣赏蝴蝶标本展览墙，互相交流自己的发现。

教师：蝴蝶漂亮吗？什么地方最漂亮？

请幼儿互相说一说自己的发现。

2. 教师引导幼儿感受蝴蝶翅膀上花纹的对称美。

教师：蝴蝶两边的翅膀一样吗？请你说一说哪些地方是一样的？

教师引导幼儿发现蝴蝶两边翅膀不仅形状一样，图案也一样。

3. 引出"对称"一词。

教师：对称是什么意思？（请大班幼儿回答）

请大班幼儿总结：像这样两边一模一样的叫作"对称"，对称很好看！

环节二：幼儿欣赏优秀的美术作品，丰富绘画经验，教师鼓励幼儿大胆地创造新的绘画方法。

1. 教师出示优秀的美术作品，请幼儿欣赏。

教师：你最喜欢哪一幅画？你觉得哪里画得最好看？我们还可以怎样画能画出更漂亮的蝴蝶？

2. 教师总结绘画经验，并给以幼儿经验的提升。

环节三：幼儿绘画，教师巡回指导。

教师播放背景音乐《化蝶》，幼儿作画。

环节四：教师和幼儿一起布置作品展示墙，幼儿分享交流。

1. 教师引导幼儿欣赏同伴的作品。

教师：你最喜欢谁的画？为什么？

2. 幼儿"大带小"布置作品展示墙。

社会：我的家（3～5岁）

活动目标

共性目标：能够清楚地说出自己的家庭成员，包括职业、爱好，以及如何互相关爱的，理解自己与家庭成员之间的关系，体验拥有家人关爱的幸福感。

层次目标一：

1. 能够说出自己的家庭成员，以及如何互相关爱的。

2. 初步理解自己与家庭成员之间的关系。

层次目标二：

1. 能够清楚地说出自己的家庭成员，包括职业、爱好，以及如何互相关爱的。

2. 通过自我介绍，与倾听别人的介绍，理解自己与家庭成员之间的关系。

重点：通过自我介绍，与倾听别人的介绍，理解自己与家庭成员之间的关系。

难点：能够清楚地说出自己的家庭成员，包括职业、爱好。

活动准备

经验准备：

幼儿已经完成《家庭成员调查表》（见附表）。

物质准备：

音乐《我爱我的家》。

活动过程

环节一：幼儿随《我爱我的家》音乐入场，用音乐将幼儿引入活动氛围。

幼儿随着音乐一边唱，一边做动作。

环节二：幼儿借助《家庭成员调查表》介绍自己的家庭成员、职业、爱好。

1. 教师鼓励幼儿介绍自己的家庭成员、职业、爱好。

教师：谁愿意主动介绍自己的家庭成员？要介绍他们的工作以及平时喜欢在家干什么。

教师鼓励中班幼儿先介绍，为小班幼儿做示范。

2. 幼儿借助《家庭成员调查表》介绍自己的家庭成员包括他们的职业、爱好。

幼儿在介绍遇到困难时教师给予适当的帮助。

环节三：教师帮助幼儿理解自己与家庭成员之间的关系。

1. 教师解释家庭成员的含义。

教师：有的小朋友家里有三口人，爸爸、妈妈和自己；有的小朋友家里有五口人，有爷爷奶奶、爸爸妈妈和自己，有的小朋友家里也是五口人，是外公外婆、爸爸妈妈和自己。

2. 教师鼓励幼儿介绍自己与家庭成员的关系。

教师：你们知道爷爷奶奶是谁的爸爸妈妈吗？外公外婆是谁的爸爸妈妈呢？你们是谁的孩子？

请中班幼儿介绍自己与家庭成员的关系。

环节四：幼儿说说家庭成员是如何互相关爱的。

教师：平时你的家人是怎样关心你的？你又是怎样关心家人的？你有做到尊老爱幼吗？

鼓励小班的幼儿讲述自己与家庭成员是如何互相关心的。

环节五：由孩子的各自家庭引申到班级大家庭。

1. 教师引导幼儿明白班级也是一个大家庭。

教师：我们的班级也是一个大家庭，有爱你们的老师，有可爱的弟弟妹妹，还有每天关心、照顾、谦让你们的哥哥姐姐。你们喜欢我们的这个大家庭吗？

2. 教师鼓励幼儿讲述与班级中哥哥姐姐、弟弟妹妹相亲相爱的故事。

附表:

家庭成员调查表

姓名:　　　　　　　　时间:

1. 请问你家有几口人? 分别是谁?
2. 你的爸爸妈妈分别叫什么名字? 在哪里工作?
3. 你的爸爸妈妈的爱好是什么?
4. 请在此处粘贴全家福照片。

区域活动

美工区: 美丽的贝壳 (3~6岁)

材料:

1. 各类贝壳。

2. 丙烯颜料、毛笔等。

指导重点:

1. 在欣赏艺术作品的基础上尝试在贝壳上作画。

2. 发现对称的美，尝试对称着装饰贝壳。

3. 作品完成后会整理材料，将桌面收拾干净。

美工区：小蜗牛的壳（3～5岁）

材料：

1. 大背景图。

2. 勾线笔、油画棒。

指导重点：

1. 通过观察小蜗牛的壳，能画出螺旋线。

2. 在理解故事的基础上尝试进行添画。

3. 体验添画的乐趣。

科学区：各种各样的蝴蝶（3～6岁）

材料：

蝴蝶标本。

指导重点：

1. 欣赏蝴蝶标本，了解蝴蝶的外形特征。

2. 通过讨论、查阅资料，初步了解蝴蝶的生长过程。

3. 体验动手动脑获得知识的乐趣，获得满足感。

班本混龄课程方案六：茶韵

主题来源：

中国是茶叶的故乡，是产茶大国。茶文化是我们中华民族所特有的，是中国传统文化的重要组成部分。随着社会的发展与进步，茶逐渐成了人们日常生活的必需品。只要稍稍留意，就会发现茶叶与我们的生活联系密切。

茶叶在中国有上千年的历史，自古至今，人们都有品茶的习惯。中国的茶文化对世界茶文化的产生起着重要的作用。古城南京有着享誉中外的"雨花茶"。

本次主题我们将引领幼儿一起走进"茶的世界"，领略中国茶文化的精髓，品茗茶的芬芳！

开展时间：

建议三周。

主题目标：

1. 通过主题探索，从家长、同伴、书本、网络等多种途径初步感受中国茶的文化与历史、茶的种植与生产、茶与健康、茶的种类、茶的美食、家乡的茶以及茶的礼仪，等等。

2. 通过唱歌、讲述、绘画等有趣的认知方式，了解茶与人们的生活密切相关和茶的用途，进一步让幼儿全面感受中国的茶文化。

3. 在参观、实践、亲子等活动中，让幼儿知道茶叶是从茶树上摘下来后制成的，通过学习采茶的技能，让幼儿了解制作茶叶的工序。

4. 锻炼主动提问、积极讨论、大胆表达等多方面的能力，体验与同伴共同学习的快乐，产生民族自豪感。

主题活动网络图:

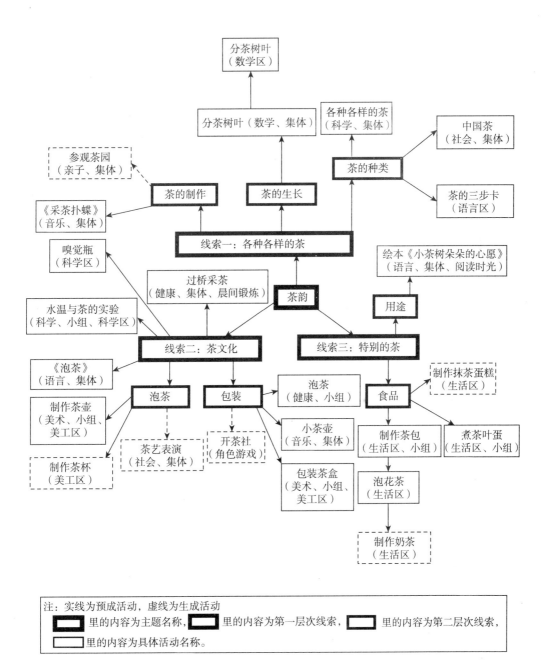

注: 实线为预成活动, 虚线为生成活动

▮▮ 里的内容为主题名称, ▭▭ 里的内容为第一层次线索, ▭ 里的内容为第二层次线索, ▭ 里的内容为具体活动名称。

主题活动实施路径：

集体活动	小组化活动	区域活动	日常活动
线索一：各种各样的茶			
1. 科学：各种各样的茶（3～6岁） 2. 社会：中国茶（3～6岁） 3. 亲子活动：参观茶园（3～6岁） 4. 音乐：《采茶扑蝶》（3～6岁） 5. 数学：分茶树叶（4～6岁）		1. 语言区：茶的三步卡（3～6岁） 2. 数学区：分茶树叶（4～6岁）	1. 晨间锻炼：过桥采茶。幼儿踩着高跷走各种类型的桥（不同高度和不同宽度的平衡木，不同的间隔物），发展幼儿的平衡性和灵活性
线索二：茶文化			
1. 社会：茶艺表演（3～6岁） 2. 语言：《泡茶》（3～6岁） 3. 健康：过桥采茶（3～6岁） 4. 音乐：小茶壶（3～6岁）	1. 科学：水温与茶的实验（4～6岁） 2. 健康：泡茶（3～6岁） 3. 美术：包装茶叶盒（3～6岁） 4. 美术：制作茶壶（3～6岁）	1. 科学区：嗅觉瓶（3～6岁） 2. 科学区：水温与茶的实验（4～6岁） 3. 美工区：制作茶壶（3～6岁） 4. 美工区：制作茶杯（3～6岁） 5. 美工区：包装茶盒（3～6岁）	1. 角色游戏：开茶社。提供各种各样的茶壶、茶杯和茶叶，学会叫卖自己的茶水有多好喝
线索三：特别的茶			
语言：绘本《小茶树朵朵的心愿》（3～6岁）	1. 生活区：制作茶包（3～6岁） 2. 生活区：煮茶叶蛋（3～6岁）	1. 生活区：制作茶包（4～6岁） 2. 生活区：制作奶茶（3～6岁） 3. 生活区：制作抹茶蛋糕（4～6岁） 4. 生活区：泡花茶（3～6岁）	1. 阅读时光：绘本《小茶树朵朵的心愿》
家园共育	1. 收集：请家长帮助幼儿收集各种各样的茶。请家长带领幼儿初步领略茶文化。 2. 家长义工：请家长给幼儿展示功夫茶的泡法。 3. 亲子活动：请家长和幼儿一起收集各种各样的茶叶、制作精美的茶具。		

教育环境：

1. 主题墙

　　（1）茶的展示台背景。（见图4-88）

　　（2）茶是怎么来的。（见图4-89）

　　（3）"原来茶是这么来"的主题背景墙。（见图4-90）

2. 实物展示区（见图4-91）

　　（1）各种各样的茶叶和装茶叶的器皿。

　　（2）各种茶具。

图4-88

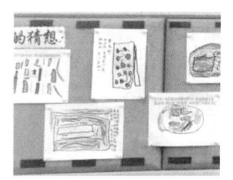

图4-89

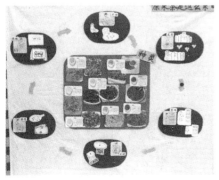

图4-90

图4-91

3. 幼儿作品展示区

（1）幼儿制作的茶壶茶具。（见图4-92）

图 4-92

（2）幼儿泡茶的图片。（见图4-93）

（3）用茶叶制作的美食图片。（见图4-94）

图 4-93

（4）幼儿制作的装饰茶盒。（见图4-95）

（5）家长带领幼儿泡功夫茶的图片。（见图4-96）

图 4-94

线索一：各种各样的茶

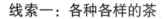
集体活动

科学：各种各样的茶（3～6岁）

活动目标

共性目标：具有初步的探索能力，并能在探索过程中认识到各种茶叶之间的异同。

层次目标一：

1. 运用多种感官感知各种茶叶的不同特征。

2. 能够感知和发现茶叶泡在水里之后的变化。

图 4-95

图 4-96

层次目标二：

1. 能通过观察、比较对各种茶叶进行分类，学习简易统计方法。

2. 能够探索并发现不同的茶叶泡在水里的不同之处。

重点：运用多种感官了解茶的种类，观察各种茶叶之间的异同。

难点：能对各种茶叶分类，学习简易统计方法。

活动准备

经验准备：

幼儿初步认识一些茶叶。

物质准备：

1. 红茶、绿茶、花茶、乌龙茶。

2. 茶壶、茶杯。

3. 儿歌《小茶叶》。（见附儿歌）

4.《茶叶记录单》。（见附表）

活动过程

环节一：师幼共同回忆对茶叶的已有经验。

1. 教师引导小班幼儿回忆知道的茶叶的名称。

教师：茶叶本身就有许多不同种类，你们知道哪些茶的名称？

2. 教师引导中、大班幼儿说一说每种茶叶的不同。

教师：昨天在班上你喝了什么茶？认识了几种茶叶？它们有什么不同？

环节二：教师引导幼儿再次寻找、观察茶叶之间的异同。

1. 教师将不同的茶叶分装于小碗中给幼儿看，请幼儿观察它们之间的相同和不同之处。

教师：小朋友们，你们看一看这几种茶叶之间有什么不同，可以和同伴讨论一下。

2. 教师从每种茶叶中取些来泡茶，请幼儿再次观察。

教师：你们看看茶叶泡在水里和刚刚有什么不同，有什么样的变化呢？

环节三：请幼儿分享观察、讨论的结果。

1. 教师根据茶的种类制成一张资料表，对幼儿观察、讨论的结果进行记录。

2. 教师再次请幼儿去展示台观察泡好的各种茶：茶水的颜色有什么不同？闻起来有什么不同？

环节四：幼儿"大带小"自由结伴共同完成《茶叶记录单》。

1. 教师将幼儿比较的结果，继续记录在表上，请幼儿用投票的方式选出自己最喜欢喝的茶，将结果也记录于统计表上。

教师：小、中、大班各一名小朋友三人一组共同完成记录单，我们来看一看哪一种茶最受大家的欢迎？

环节五：教师带领幼儿欣赏儿歌《小茶叶》，再次感受茶叶的特点。

师幼共同欣赏儿歌《小茶叶》。

附儿歌：

小茶叶

小茶叶，真神奇，

颜色味道各不一，

有些深，有些浅，

有些苦，有些甜。

小茶叶，真神奇，

形状也有小秘密，

有些长，有些短，

有些大，有些小。

小茶叶，真神奇，

泡泡水，味道好，

我们大家都爱你！

附表：

茶叶记录单

茶叶	形状	泡水	最喜欢的茶叶
乌龙茶			
绿茶			
红茶			
花茶			

社会：中国茶（3～6岁）

活动目标

共性目标：能感受到中国茶文化的悠久历史，产发民族自豪感。

层次目标一：

1. 认识中国茶的几种代表名茶，并能说出它们的名称。

2. 喜欢和同伴一起参与说茶、品茶的活动。

层次目标二：

1. 能够主动和同伴一起讨论关于茶的种类、特征、名称及产地的话题。

2. 在体验、讨论和观赏过程中，了解茶与人们生活的关系。

重点：知道中国几种名茶，初步了解茶叶的种类。

难点：了解茶与人们生活的关系，感受中国的茶文化。

活动准备

经验准备：

幼儿完成《茶叶调查表》。

物质准备：

1. 中国几种名茶（龙井茶、普洱茶、白茶、铁观音）。

2. 茶具。

3. 中国地图、茶叶的标记。

活动过程

环节一：幼儿观茶、闻茶，调动对茶的兴趣。

1. 教师课前泡好茶，课上提问：杯子里装的是什么呢？

2. 教师引导幼儿观察杯子里的茶叶、闻一闻茶水的气味。

环节二：师幼共同说茶、品茶。

1. 教师出示《茶叶调查表》引导幼儿了解茶叶名称，鼓励中、大班幼儿介绍自己的调查表。

教师：我们一起来看一看小朋友们都知道哪些茶叶的名称？我们可以请中、大班的哥哥姐姐向小班的弟弟妹妹介绍一下自己的调查表。

2. 教师出示准备好的茶叶，引导小班幼儿从外观上观察茶叶。

教师：今天老师为大家预备了一些茶叶，你们看一看、摸一摸、闻一闻它是什么样的，你之前见过吗？

3. 请幼儿品尝泡好的茶。

教师：我这里还有一些泡好的茶，假如你想品尝一下它的味道，可以拿小杯子品一品。

环节三：幼儿自由结伴分享感受。

1. 教师引导中、大班幼儿更仔细地观察茶叶，分辨茶叶之间的异同。

教师：小朋友们来看一看茶叶和茶叶之间有什么样的不同和相同之处呢？

2. 幼儿"大带小"结伴泡茶品尝，互相交流各种茶的味道。

教师：刚才你品到的是哪一种茶叶，它是什么味道的？当你喝到嘴里的时候你有什么样的感觉？可以和你的同伴说一说。

环节四：教师介绍中国几种名茶，让幼儿初步了解其特征、名称及产地。

1. 教师请幼儿观看几种茶叶，了解产地的信息。

普洱茶：猜猜看普洱茶产于中国的什么地方？（产地：云南）

白茶：白茶有"白茶仙子"的美称，颜色像玉石一样，是茶中珍品。（产地：浙江安吉）

龙井茶：上有天堂，下有苏杭。（产地：浙江杭州）

2. 教师出示中国地图，在地图上标出各种茶叶的产地的位置。

3. 幼儿分享一些去茶叶产地的旅游经验。

4. 教师小结：茶的品种是多种多样的，味道也不尽相同，但是每一种茶叶都代表着一个地方的特色。中国自古就有品茶的文化，中国是世界上最早发现和利用茶树的国家。可以说，茶是中国文化的一个显著标记。

附表：

茶叶调查表

茶叶的名称和照片				
茶叶的外形特征				
喝茶对我们的身体有哪些好处？				

亲子活动：参观茶园（3～6岁）

活动目标

共性目标：通过参观、亲子活动了解和感受茶文化，体验茶文化的魅力以及劳动的乐趣。

层次目标一：

1. 通过参观茶园，知道茶叶是从茶树上摘下来的，并了解茶叶的制作过程。

2. 尝试自己动手采茶，体验采茶的乐趣。

层次目标二：

1. 通过参观茶厂知道茶叶分很多品种，并了解采茶和包茶的技巧。

2. 通过学习采茶的技巧，体验劳动的乐趣。

活动准备

经验准备：

幼儿对采茶、制茶的过程有初步了解。

物质准备：

1. 茶园。

2. 茶叶、茶饼、包装袋。

3. 茶具。

活动过程

环节一：教师带领幼儿了解茶叶及茶叶的制作过程。

1. 教师带领幼儿参观茶园。

教师：小朋友们，这是什么地方？茶园里的茶树是什么样的？茶园里有很多品种的茶树。

2. 幼儿了解制作茶的过程。

教师：从茶园里采来的茶叶马上就可以泡着喝吗？要经过加工、制作后才能喝，那么茶是怎么制作而成的？

环节二：亲子共同采茶，体验劳动的乐趣。

1. 茶农介绍采茶的方法。

教师：我们请茶园的伯伯来向我们介绍一下如何采茶，还有采茶的时候需要注意的事项。

2. 家长和幼儿一起采茶。

教师：刚刚我们都已经看过茶农伯伯是怎么采的，现在小朋友们可以和爸爸妈妈一起动手试试采茶。

环节三：幼儿欣赏茶艺表演。

1. 欣赏茶园的工作人员进行茶艺表演。

教师：刚才我们看茶艺师泡茶和你们爸爸妈妈泡茶一样吗？有哪些不一样呢？

2. 共同品茶。

教师：我们一起来品一品茶的味道。

环节四：访问茶农后幼儿分组自己动手操作包茶叶。

1. 教师介绍包茶叶的方法。

教师：我们一起看看茶农伯伯包装好的茶叶。小朋友们想不想自己来包茶、泡茶呢？我们请茶农伯伯来介绍一下包茶的技巧。（挑茶梗—包茶—泡茶）

2. 幼儿动手操作，家长和教师指导。

3. 幼儿与家长一起整理、归类各种操作用具。

环节五：幼儿分享参观茶园的感想。

教师：小朋友们今天和爸爸妈妈一起来参观茶园，大家都非常开心。你觉得让你最开心的事情是哪一件呢？请说给我们大家听一听。

音乐：《采茶扑蝶》（韵律）（3～6岁）

活动目标

共性目标：感受民间音乐的旋律特点，学跳《采茶扑蝶》的舞蹈。

层次目标一：

1. 熟悉音乐，能够跟随音乐节奏用动作表现"采茶"与"扑蝶"。

2. 感受曲子欢快的旋律，体会热闹、繁忙的采茶氛围。

层次目标二：

1. 能够与同伴两两合作，跟随音乐旋律进行表演。

2. 在表演中体验采茶扑蝶的欢乐。

重点：通过音乐律动练习，熟悉节奏，从而体会乐曲活泼、欢快的节奏。

难点：了解舞蹈动作轻柔、欢快的风格，尝试用动作表现采茶的劳动情景。

活动准备

经验准备：

幼儿已经参观过茶园，知道了采茶和制茶的工序。

物质准备：

1. 幼儿参观茶园采茶的视频片段。

2. 乐曲《采茶扑蝶》。（见附乐曲）

3. 茶叶及杯子。

活动过程

环节一：教师带领幼儿随音乐入场，引导幼儿感受音乐。

教师带领幼儿在音乐声中入场，用生动的语言引导幼儿欣赏音乐。

教师：小朋友们，我们一起去郊游吧！这里的景色可真美。看！我们来到了什么地方？

环节二：幼儿回忆参观茶园时是如何采茶叶的。

1. 教师引导幼儿观看参观茶园采茶的视频片段。

教师：小朋友们还记得我们在茶园是怎么采茶的吗？

2. 教师请幼儿来做采茶的动作。

环节三：幼儿欣赏乐曲《采茶扑蝶》，再次感受乐曲的欢快。

1. 教师引导幼儿欣赏乐曲《采茶扑蝶》。

教师：我们一起来欣赏一下这首乐曲，听完你有什么样的感觉？

2. 教师鼓励小班幼儿听着音乐随意做出喜欢的动作。

教师：听到这首乐曲小班小朋友可以随意做一些你喜欢的动作。

3. 教师与中、大班幼儿一起探讨采茶的方法。

教师：左手提篮子，右手大拇指和食指将茶叶采摘下来。

教师指导幼儿放茶叶的时候要注意不要把茶叶放在篮子外面。

环节四：教师引导幼儿根据采茶的音乐创编动作。

1. 教师让幼儿体会和感受音乐中繁忙的劳动场面和气氛，并做动作。

2. 教师把音乐分成两部分，第一段为采茶，第二段为扑蝶。幼儿分段讨论创编动作并进行表演。

环节五：幼儿"大带小"合作表演。

1. 教师引导幼儿"大带小"共同讨论合作表演的动作。

2. 教师引导幼儿尝试在音乐的伴奏下完整地表演律动。

3. 幼儿再次进行讨论如何做动作、如何合作表演。

4. 教师播放音乐激发幼儿对采茶律动的兴趣，幼儿进行完整的合作表演。

附乐曲：

采茶扑蝶

1＝E $\frac{2}{4}$ 全按作 $\dot{5}$

（5 65 3 2 | 1 1 2 | 1 3 2 | 1 6 1 21 | 6 — ）| 6 5 |

3 5 6 5 | 6. 5 6 | 6. 1 5 | 3 6 5 2 | 3. 2 3 | 6. 1 5 |

3 5 6 5 | 6. 5 6 | 6. 1 5 | 3 6 6 5 2 | 3. 2 3 | 6. 5 6 0 |

3. 2 3 0 | 3 5 3 5 | 5 3 2 | 1 6 1 | 2 — | 5 65 3 2 |

1 1 2 | 1 3 2 | 1 6 1 21 | 6 — | 6 5 | 3235 6165 |

6165 6 0 | 6 5 | 3561 5652 3532 3 0 | 6165 6 0 | 3532 3 0 |

3 55 3 5 | 56 3 23 | 126 13 | 2 — | 5165 3532 | 1261 2 |

数学：分茶树叶（4～6岁）

活动目标

共性目标：初步感知和理解生活中的数与数之间的关系。

层次目标一：

1. 感知和体会数与数之间的关系。

2. 能够通过游戏尝试探索数字 3 和 4 的分合。

层次目标二：

1. 通过游戏发现把数字 3 分成两份有 2 种分法，知道把数字 4 分成两份有 3 种分法。

2. 在操作活动中不断探索数的多种分法，懂得交换两个部分数的位置合起来总数不变，并进行记录与同伴交流。

重点：知道把数字 3 分成两份有 2 种分法，知道把数字 4 分成两份有 3 种分法。

难点：在游戏中懂得交换两个部分数的位置合起来总数不变。

活动准备

经验准备：

幼儿对数字 1 ~ 10 有概念。

物质准备：

1. 红、黄、绿三种颜色的圈各一个。

2. 红、黄、绿三种颜色的树叶若干。

3. 每个幼儿 1 个盒子、自制骰子、数字卡片。

4. 操作树叶牌。

5. 《操作单》。（见附表）

活动过程

环节一：教师创设游戏情景"分茶树叶"。

1. 教师出示红、黄、绿三种颜色的圈以及树叶若干。

教师：今天老师和小朋友们玩一个分叶子的游戏，这里有三种颜色的圈和树叶，你用骰子掷到几就拿出几片树叶放进相应颜色的圈里。

环节二：幼儿通过游戏探索数字 3 的分合。

1. 教师鼓励幼儿说出数字 1 和 2 合成数字 3。

教师：这是数字 3，如果圈里有 3 片树叶，你就可以全部拿走。

教师：刚刚那个小朋友掷了 1，他这次要掷到几才能把树叶拿走呀？

教师：你刚刚掷了 2，现在圈里有几片树叶呀？再掷一个 1 就能把树叶全部拿走。我们一起说"1 和 2 合成 3"。

2. 幼儿尝试如何才能拿到树叶。

环节三：幼儿尝试探索数字 4 的分成。

1. 教师出示数字卡片 4，引导中班幼儿回答问题。

教师：现在是数字卡片 4，你们能不能把树叶拿走呢？

2. 教师鼓励幼儿说出"1 和 3 合成 4""2 和 2 合成 4"。

教师：你刚刚掷了 2，现在圈里有 2 片树叶呀，那你就可以把树叶全部拿走了，为什么呀？我们一起说"2 和 2 合成 4"或者"1 和 3 合成 4"。

环节四：教师引导大班幼儿尝试如何才能让自己拿的树叶最多。

教师：你有多少片树叶啦？你刚刚掷了 2，你怎么放才能拿到树叶呢？如果你拿不到树叶，你要怎么放呢？为什么？

环节五：巩固概念，幼儿分组练习。

1. 幼儿"大带小"两人一组，根据操作单上的数字，出示相应的数字，对方幼儿要出示一个能合成 3 或者 4 的数字。

教师：中、大班小朋友互相合作进行操作后，再完成操作单。

2. 幼儿合作完成操作单。

附表：

操作单

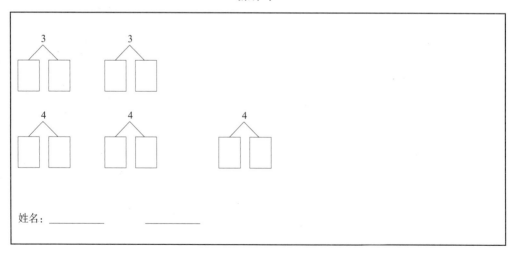

语言区：茶的三步卡（3~6岁）

材料（见图4-97）：

多种茶的三步卡。

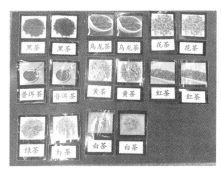

图 4-97

指导重点：

1. 通过观察认识各种茶叶，并说出茶叶名称。

2. 幼儿自由探索，尝试进行二步卡和一步卡的配对。

3. 通过合作游戏让幼儿进行三步卡的配对。

数学区：分茶树叶（4~6岁）

材料（见图4-98）：

1. 红、黄、绿三色圈各一个。

2. 红、黄、绿三色树叶若干。

3. 每个幼儿1个盒子、自制骰子、数字卡片。

4. 操作树叶牌。

图 4-98

指导重点：

1. 通过游戏探索数字 3 的分成，尝试探索数字 4 的分成。

2. 尝试如何才能让自己拿的树叶最多。

3. 两名幼儿一组，根据操作单上的数字，出示相应的数字，对方幼儿要出示一个能合成 3 或者 4 的数字。

线索二：茶文化

集体活动

社会：茶艺表演（3~6 岁）

活动目标

共性目标：欣赏茶艺表演，感受、体验中国的茶文化，产生民族自豪感。

层次目标一：

1. 欣赏茶艺表演并品尝功夫茶。

2. 初步了解品茶的基本礼仪。

层次目标二：

1. 观看茶艺教师的表演，模仿茶艺教师的动作进行闻香、品茶。

2. 了解品茶需要使用的器具以及它们的名称和用途。

重点：初步了解品茶礼仪。

难点：初步感受、体验中国的茶文化，产生民族自豪感。

活动准备

经验准备：

幼儿喝过红茶和绿茶，见过常用茶具。

物质准备：

1. 功夫茶茶具、品茗杯、茶叶。

2. 泡在透明杯中的红茶、绿茶、乌龙茶。

3. 古筝曲《高山流水》。

4. 邀请茶艺教师进行表演。

活动过程

环节一：幼儿欣赏茶艺表演，感受茶文化。

1. 教师播放古筝曲《高山流水》，茶艺教师进行功夫茶茶艺表演。

教师：今天老师请大家喝功夫茶，你们知道什么是功夫茶吗？

2. 教师介绍功夫茶。

教师：之所以叫功夫茶是因为泡茶的方式极为讲究，操作起来要有一定的功夫，泡茶、沏茶、品茶都有很多的学问。

3. 幼儿再次欣赏茶艺表演，教师引导中、大班幼儿学习简单的茶道术语。

教师在茶艺教师操作精致的功夫茶茶具的时候用简洁易懂的语句介绍茶道。

4. 教师示范闻香品茗，引导幼儿试一试。

教师：小杯的茶应该怎样欣赏和品尝呢？小朋友们可以自己试一试。

环节二：幼儿品茶，感受茶的味道。

1. 幼儿品茶，尝试学习"三龙护鼎"手法。

教师：喝功夫茶的时候拿杯子的手法也是有讲究的，要以拇指与食指扶住杯沿，以中指抵住杯底，俗称"三龙护鼎"。小朋友们可以试着摆摆看。

2. 幼儿手拿品茗杯，一起闻香品茗。

教师：每人面前现在都有一个杯子，老师给你们斟茶，请你们来品一品。

3. 幼儿互相说说乌龙茶的茶香、茶味以及品茶时心里的感觉。

教师：小朋友们品过茶后，有什么样的感觉可以和同伴说一说。

环节三：幼儿自己泡茶、品茶，交流感受。

1. 教师介绍提供的茶具，提醒幼儿泡茶时注意安全，品茶、请茶时注意手法和礼仪。

2. 幼儿"大带小"尝试自己泡茶、品茶、请茶，互相交流感受。

（1）小、中、大班幼儿可以自由组合去选择茶壶和茶叶。

（2）教师启发幼儿先观察茶叶、茶水的变化，再品一品自己泡的茶。

（3）幼儿互相交流自己泡茶的感受。

环节四：师幼一起交流喝茶后的感觉。

教师：中国人喝茶非常有讲究，不同的茶叶要用不同的茶具和不同的泡茶方法，我们下次再来了解更多的中国茶的学问。

语言：《泡茶》（听说游戏）（3~6岁）

活动目标

共性目标：通过游戏理解一问一答的语言游戏规则，并能做出相应的反应。

层次目标一：

1. 通过轮流交换角色尝试简单地说出儿歌的基本内容。

2. 愿意安静地倾听同伴的发言。

层次目标二：

1. 能够根据儿歌的句式，替换茶叶名称进行仿编。

2. 专心倾听同伴的发言，愿意尝试表达自己的想法。

重点：学习儿歌，并随儿歌轮流交换角色。

难点：仿照儿歌句式，初步练习与集体协调动作，丰富掌握的茶叶名称。

活动准备

经验准备：

幼儿已经知道一些茶叶的名称。

材料准备：

儿歌《泡茶》。（见附儿歌）

活动过程

环节一：教师通过提问，引导幼儿回忆对茶的已有经验。

1. 教师引导小班幼儿回忆关于茶的经验。

教师：你喝过茶吗？在哪里喝的？谁泡给你喝的？

2. 教师引导中、大班幼儿运用已有的生活经验说出自己知道的茶叶名称。

教师：小朋友们可以说一说自己知道的茶叶名称。

3. 教师介绍游戏"泡茶"。

教师：今天我们要玩一个游戏，名字叫"泡茶"。

环节二：幼儿通过尝试游戏，了解游戏规则。

1. 师幼共同进行游戏，帮助幼儿逐步了解游戏规则。

教师：我们要边拍手边问泡茶的人："什么茶？""给谁泡？"

2. 游戏中遇到问题共同讨论解决。

教师：游戏过程中泡茶的人必须随着儿歌的节奏迅速回答出："××茶"和"××泡。"如果他答不上来怎么办呢？

环节三：幼儿"大带小"进行"泡茶"游戏。

1. 教师先扮演泡茶的人，与幼儿进行对答游戏。

教师：先由老师来扮演泡茶的人，小朋友们和我对答。

2. 幼儿进行游戏。

教师：请大班的小朋友带着小、中班的小朋友一起进行游戏，你们可以在游戏中互相提醒。

环节四：教师请幼儿扮演泡茶人进行游戏。

1. 幼儿交流讨论在游戏中怎样才能接得又快又准。

教师：请小朋友们来说一说你们是怎么玩的？

2. 教师让幼儿围成半圆，教师先请一个幼儿自愿来当泡茶人，大家一起边拍手边进行问答游戏。

教师：刚刚我们都和同伴玩过游戏了，现在请大班的小朋友来扮演泡茶的人，我们其他小朋友来对答，等会儿再换其他的小朋友。

附儿歌：

泡茶

甲：我的茶壶要泡茶？

齐：什么茶？

甲：×× 茶。

齐：给谁泡？

甲：×× 泡。

健康：过桥采茶（3~6岁）

活动目标

共性目标：能够具有一定的平衡能力和动作协调性并有一定的自我保护意识。

层次目标一：

1. 尝试在较窄的低矮物体上平稳地走一段距离。

2. 根据自身能力选择走不同的桥，增强自我保护的意识和能力。

层次目标二：

1. 尝试踩着高跷绕过障碍物走上一段距离。

2. 愿意尝试更高难度的障碍物，能够克服困难。

重点：利用高跷在桥上练习平衡。踩高跷上下桥时注意保持身体平衡。

难点：根据自身能力选择走不同的桥，提高幼儿自我保护的意识和能力。

活动准备

经验准备：

幼儿在晨间活动中踩过高跷。

物质准备：

1. 高跷，各种水果模型。

2. 音乐播放器，音乐《安溪铁观音》《苍竹滴翠—束竹壶》。

3. 搭桥的各种材料，场地布置。

活动过程

环节一：热身准备活动。

幼儿听着音乐做热身运动，分散在场地四周踩高跷。

环节二：幼儿自由探索过桥的方法。

1. 幼儿"大带小"共同探索过桥的方法。

教师：这里有许多小桥，请你们想想怎样才能稳稳当当地走过小桥。

2. 幼儿第一次成功过桥之后进行交流。

教师：你过桥时有没有碰到困难？我们可以怎么解决？怎样才能稳稳地过桥？

3. 教师小结：线要拉紧，脚和高跷要做朋友，上桥时脚抬高一点，下桥时每一步不要跨太大。

环节三：幼儿再次尝试过桥。

1. 幼儿尝试走不同类型的桥。（高低、间隔、宽窄不同等）

2. 教师观察并鼓励幼儿走不同的桥。

环节四：幼儿合作搭桥，并尝试走自己搭的桥。

教师：这里有一条"河"，"河"上什么也没有，我们要过"河"，怎么办呢？请你们自己找些好朋友来，搭一座能过"河"的桥。

1. 教师启发提问：在河上可以搭什么样的桥呢？

2. 幼儿"大带小"合作利用各种材料自己搭桥。

3. 幼儿尝试走自己搭成功的桥。

环节五：游戏"过桥采茶"。

1. 教师介绍游戏规则：每个幼儿选择一座自己能过的桥，过桥后采茶。然后从旁边的道路返回，把茶叶放在篮子里，再过桥去采茶。

2. 幼儿自由进行游戏，教师鼓励幼儿三次选择不同的桥进行采茶。

环节六：放松活动。

1. 幼儿跟着舒缓的音乐做放松腿部、手部肌肉的动作。

2. 幼儿互相合作做身体放松运动。

音乐：小茶壶（3~6岁）

活动目标

共性目标：喜欢和同伴一起学唱歌曲，并将歌词内容用动作较合拍地表现出来。

层次目标一：

1. 学习用自然的声音演唱歌曲，并尝试学习分角色演唱。

2. 迁移对茶壶的认知经验，尝试探索用身体动作表现茶壶的不同造型。

层次目标二：

1. 熟悉歌曲的旋律，感受和表现歌曲风趣、活泼的节奏氛围。

2. 通过与同伴进行茶杯和小茶壶的角色扮演游戏，享受同伴交流带来的快乐。

重点：熟悉歌曲，尝试根据歌词内容较合拍地做动作。

难点：尝试用肢体动作表现茶壶的造型，体验与同伴结伴游戏的乐趣。

活动准备

经验准备：

幼儿认识茶壶，知道茶壶的功用、各种小茶壶的造型等基本知识。

物质准备：

1. 茶壶 1 只、茶壶图片。

2. 音乐播放器、儿歌《我是一只小茶壶》(见附儿歌)。

活动过程

环节一：幼儿欣赏茶壶图片，教师帮助幼儿整理与儿歌有关的茶壶的经验。

1. 幼儿通过已有经验回忆茶壶的特征。

教师：你们见过茶壶吗？茶壶是什么样子的？谁会用身体来模仿茶壶的样子？

2. 教师：除了你们知道的这些茶壶，还有哪些茶壶呢？请你们看一看老师带来的茶壶。

3. 教师引导幼儿观察图片，帮助幼儿了解小茶壶的结构和造型。

教师：这些茶壶你们见过吗？它们的壶柄和壶嘴在哪儿呢？分别是什么样子的？

4. 教师帮助小班幼儿理解"水开了"的意思，知道泡茶要用开水。

教师：泡茶要用什么样的水？

环节二：教师范唱儿歌。

教师：今天我来唱一首关于小茶壶的儿歌，请你们听听儿歌里的小茶壶是什么样子的？

环节三：师幼共同讨论歌词，初步学唱歌曲，幼儿"大带小"合作表演。

1. 根据大班幼儿说出的动作，教师与幼儿共同讨论如何用身体和动作来表现"我是茶壶，肥又矮"这句歌词，鼓励大班幼儿带领小班弟弟妹妹模仿学习。

2. 教师：现在我来唱儿歌，你们来做动作。

3. 教师放慢速度，带领幼儿练习边唱边做动作。

教师：我们一起来唱这首歌。

环节四：幼儿熟悉并尝试学习舞蹈动作，教师引导中、大班幼儿观察动作的顺序。

1. 教师：什么时候茶壶给茶杯倒水？应该怎么做动作呢？

2. 教师：现在你们想一想，先做什么？再做什么？最后做什么？

环节五：幼儿"大带小"结伴进行游戏。

教师播放音乐，幼儿自由结伴，边唱歌边做游戏。

教师：请大班的哥哥姐姐带着小、中班的弟弟妹妹一起来表演，一边唱歌一边做动作。

附儿歌：

我是一只小茶壶

我是茶壶，肥又矮，

我是茶壶，肥又矮，

这是壶嘴，这是柄，

这是壶嘴，这是柄，

水滚了，倒茶咯！

小组化活动

科学：水温与茶的实验（4~6岁）

活动目标

层次目标一：

能够感知、发现水的冷热对泡茶的影响。

层次目标二：

1. 能探索并发现水温和茶叶之间的关系，能够清楚地表述观察结果。

2. 能与同伴共同分享感受泡茶的乐趣，对小实验产生探索的兴趣。

活动准备

经验准备：

幼儿已经初步认识了茶，并在家里都喝过茶。

物质准备：

1. 透明茶壶 3 个，幼儿每人 1 个水杯。

2. 热水、温水、凉水各 1 壶。

3. 茶叶若干。

5. 温度计。

6. 《水温与茶的记录单》。（见附表）

活动过程

环节一：教师通过对中、大班幼儿提问引出问题。

1. 教师：我们平时喝的茶是热的还是凉的呢？

2. 教师：泡茶一定要用热水吗？凉水行不行？

3. 教师：用热水和凉水分别泡出来的茶有什么区别呢？

环节二：师幼共同实践做实验。

1. 教师先用温度计测量三壶水（一壶热水、一壶温水、一壶凉水）的温度，然后按相同的程序泡茶。

2. 请幼儿仔细观察比较结果，看看有什么不同。

3. 幼儿看一看、闻一闻、摸一摸、尝一尝，看看茶水的颜色有什么不同？摸摸茶壶有什么不同？茶水喝起来有什么不同？

环节三：幼儿"大带小"合作猜想实验结果，进行总结。

1. 教师：三壶茶为什么会有不同的结果？请你们用完整的话说出来，用三种不同温度的水泡茶的区别。

2. 请幼儿将自己的猜测记录下来，"大带小"交流各自猜测的，并通过实验验证结果。

环节四：教师幼共同品尝自己泡的茶水。

教师：小朋友们一起来尝一尝自己泡的茶。

附表：

水温与茶的记录单

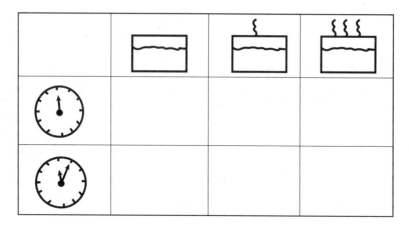

健康：泡茶（3～6岁）

活动目标

层次目标一：

初步了解各种花茶的名称。

层次目标二：

自己动手泡茶，知道花也能泡茶，对花茶产生兴趣。

活动准备

经验准备：

幼儿认识几种常见的花茶，已有泡茶的经验。

物质准备：

1. 花茶（玫瑰花、菊花、荷叶、茉莉花、桂花、金银花）若干。

2. 一次性透明杯、小勺若干。

3. 开水壶（茶桶）6 只。

4. 几种花的名字卡。

活动过程

环节一：教师带领幼儿认识可以用来泡茶的花。

1. 教师：请你们先来看看，我的茶杯里有什么？

2. 教师：你们拿好自己想知道的花的名字卡，问老师它叫什么名字，喝了之后对我们有什么作用。老师告诉你之后要牢牢记住哦，并把它告诉你周围的好朋友，这样大家就都认识了。

环节二：幼儿尝试自己泡茶。

1. 幼儿自己泡茶，并说说自己泡的茶叫什么名字，是什么颜色，味道如何。

2. 教师提醒幼儿需要注意的事项。

（1）花不能放很多。

（2）水只能倒半杯。

（3）先用勺子将花放入杯中，再加入水，小心开水烫，注意秩序。

（4）细心观察，相互交流，内化迁移。

3. 教师：请朋友或客人喝茶，应该如何敬茶？为什么要用双手端茶？

环节三：幼儿"大带小"创意泡茶。

幼儿"大带小"将多种花放在一起泡着喝，或者再加上一些其他食物，思考可以放哪些食物。（水果、冰糖、干果等）

美术：包装茶叶盒（3~6 岁）

活动目标

层次目标一：

了解茶叶盒的结构，尝试运用多种材料和方法装饰盒子。

层次目标二：

通过与同伴共同合作，尝试在盒子上进行创造，艺术地表现茶叶盒的独特风格。

活动准备

经验准备：

幼儿初步认识一些茶叶以及茶叶盒。

物质准备：

1. 提前收集好盒子。

2. 各种宣传海报、彩纸、毛线。

活动过程

环节一：幼儿了解材料，分享各种材料的用法。

教师：我们来一起看看这里有哪些材料，你们知道怎么使用它们吗？

环节二：幼儿欣赏茶叶盒。

教师：猜猜看，这个盒子是用来装什么的？你是怎么知道的？你觉得这个盒子最吸引人的地方是哪里？

环节三：幼儿相互讨论怎样装饰盒子。

1. 教师：如果请你们来设计茶叶盒，你觉得盒子上要有什么？你想把它放在盒子的什么地方？

2. 教师：你准备用什么材料？选什么颜色？

3. 教师请幼儿再次去展示台观察泡好的各种茶，看看茶水的颜色有什么不同，闻起来有什么不同。

环节四：教师布置任务，幼儿"大带小"装饰盒子。

1. 幼儿"大带小"进行盒子装饰。

2. 操作活动结束后，教师引导幼儿协助收拾活动室并布置作品展示区。

美术：制作茶壶（3~6岁）

活动目标

层次目标一：

尝试用分泥、组合等方式表现茶壶的主要特征。

层次目标二：

与同伴合作、尝试，共同探索连接茶壶的壶嘴和壶把的方法。

活动准备

经验准备：

幼儿会搓、揉、捏等泥塑技法。

物质准备：

1. 修刀、油泥。

2. 茶壶。

活动过程

环节一：教师出示茶壶引出活动。

1. 教师：小朋友们看看茶壶是什么样子的呀？

2. 教师小结：茶壶由壶身、壶嘴、壶盖、壶底和壶把组成。

环节二：幼儿共同探索讨论制作茶壶的方法。

1. 幼儿"大带小"分组尝试制作茶壶。

2. 幼儿互相分享制作茶壶的方法。

教师：我们请每组的大班小朋友介绍一下你们是如何制作茶壶的。

3. 幼儿"大带小"自由操作。

（1）教师鼓励幼儿大胆地操作，重点指导一些动手能力弱的幼儿。

（2）教师鼓励大班幼儿带领小、中班的幼儿一起制作茶壶，在制作的基础上对茶壶进行大胆创作。

环节三：幼儿展示作品并收拾桌面。

1. 教师：小朋友们，我们一起来欣赏一下大家制作的茶壶。

2. 幼儿分享自己的茶壶，说一说自己是怎么制作的。

区域活动

科学区：嗅觉瓶（3~6岁）

材料（见图4-99）：

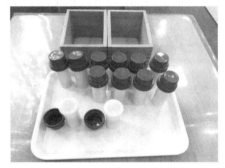

图 4-99

    1. 乌龙茶嗅觉瓶2个。

    2. 菊花茶嗅觉瓶2个。

    3. 玫瑰花茶嗅觉瓶2个。

指导重点：

    1. 通过观察、探索嗅觉瓶的特征，幼儿"大带小"将瓶子根据瓶盖的颜色排列好。

    2. 先请小班幼儿尝试取一个瓶子，打开瓶盖，中、大班幼儿用鼻子闻，一个一个地找出跟它气味一样的瓶子，将味道一样的瓶子配对并进行纵向排列。

    3. 最后看瓶底的标记，如果瓶底的标记相同，则配对正确。

图 4-100

科学区：水温与茶的实验（4~6岁）

材料（见图4-100）：

    1. 透明茶壶3个，幼儿每人1个水杯。

    2. 热水、温水、凉水各1壶，一些花茶。

指导重点：

1. 按相同的程序泡茶，不同的是一壶用热水、一壶用温水、一壶用凉水。

2. 幼儿仔细观察，比较结果有什么不同。

3. 幼儿"大带小"通过各种感官探索，看一看、闻一闻、摸一摸、尝一尝。看看茶水的颜色有什么不同？摸摸茶壶有什么不同？茶水喝起来有什么不同？

4. 幼儿将自己的猜测、实验结果记录下来，进行交流。

美工区：制作茶壶（3~6岁）

材料（见图4-101）：

图 4-101

1. 修刀每组1把。

2. 各色油泥若干。

3. 茶壶范例1个。

指导重点：

1. 通过观察认识茶壶的基本特征，茶壶由壶身、壶嘴、壶盖、壶底和壶把组成。

2. 尝试取一块油泥，用搓圆、压扁、搓长、围合等方法做出壶身、壶嘴、壶把。

3. 幼儿"大带小"探索制作茶壶时如何用修刀挖空中间制作壶身，教师引导幼儿蘸一些油泥在壶嘴、壶盖和壶身上，将它们互相粘起来。

美工区：制作茶杯（3~6岁）

材料（见图4-102）：

图 4-102

1. 各色油泥若干。

2. 茶杯范例1个。

指导重点：

    1. 通过观察茶杯的外形特点，认识茶杯的基本特征。

    2. 小班幼儿尝试取出一块油泥，将油泥搓圆。

    3. 幼儿"大带小"探索如何将搓好的圆形油泥制作成茶杯的形状。

美工区：包装茶盒（3～6岁）

材料：（见图4-103）

    1. 教师提前收集好盒子。

    2. 宣传海报、彩纸、毛线。

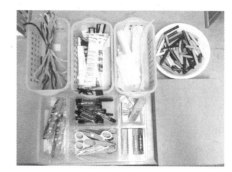

图 4-103

指导重点：

    1. 幼儿初步了解材料，知道各种材料的用法。

    2. 欣赏茶叶盒，共同讨论怎样装饰茶盒。

    3. 幼儿"大带小"探索装饰设计茶叶盒时需要哪些材料和想装饰盒子的什么部位。

    4. 操作活动结束后，师幼共同收拾活动室并布置作品展示区。

线索三：特别的茶

集体活动

语言：绘本《小茶树朵朵的心愿》（早期阅读）（3～6岁）

活动目标

    共性目标：尝试清楚地表达自己的想法，愿意倾听同伴的发言。

层次目标一：

1. 阅读、理解绘本内容，并能简单地说出小茶树朵朵的心愿。

2. 能够安静倾听同伴的发言。

层次目标二：

1. 通过猜一猜、看一看、听一听、说一说、学一学，对小茶树朵朵的心愿进行进一步表述。

2. 愿意在集体面前大胆地表达自己的想法。

层次目标三：

1. 围绕小茶树朵朵的心愿，用自己的语言表述朵朵怎样用茶叶帮助了小动物。

2. 专心倾听同伴的发言，能够简单复述出故事的大概内容。

重点：理解绘本中小茶树的心愿。

难点：能简单概括绘本的主要内容。

活动准备

经验准备：

幼儿品尝过几种茶。

物质准备：

1. 绘本《小茶树朵朵的心愿》故事图片。

2. 小茶树、风婆婆、花斑猪、花斑猪的爷爷、小老鼠、猴大哥、熊伯伯、袋鼠老师的图片。

3. 歌曲《幸福拍手歌》。

活动过程

环节一：教师出示小茶树的图片，激发幼儿对茶树的兴趣。

教师出示小茶树的图片：你们看这是什么呀？

环节二：幼儿共同猜测小茶树的心愿。

1. 教师出示绘本，与幼儿共同欣赏封面。

教师：今天老师带来一本绘本，名字叫《小茶树朵朵的心愿》，这本书的封面上是谁呢？

2. 教师讲述故事，让幼儿带着问题听故事。

教师：请你们猜一猜小茶树的心愿会是什么呢？

环节三：教师带领幼儿分段阅读绘本，幼儿初步理解故事内容。

1. 教师讲述花斑猪爷爷病好了的前半段故事。

教师：小茶树长在哪里？是谁把朵朵带到了花斑猪爷爷家？花斑猪爷爷的病是怎么好的？

2. 教师：故事里的茶叶是怎么制作出来的？

环节四：幼儿自主分享阅读，大班幼儿理解故事的后半段情节。

教师：花斑猪还用茶叶帮助了谁？

环节五：教师完整阅读绘本，幼儿"大带小"进一步理解茶叶的作用。

1. 教师完整讲述故事。

教师：故事中的这些小动物们喝了茶以后身体发生了什么变化？

2. 幼儿"大带小"共同阅读绘本，弄清楚小茶树朵朵的心愿是什么，她完成心愿了没有。

环节六：教师迁移经验，让幼儿感受帮助别人是一件幸福的事情。

1. 教师：在我们的生活中，也有许多需要帮助的人，如福利院的孤儿、敬老院的孤寡老人等，我们可以怎样去帮助她们？

2. 教师引导幼儿用自己的方式帮助别人，带给别人快乐。

教师：除了捐助钱物帮助别人，我们还有其他方法吗？（看望他们，和他们一起玩游戏，或者给他们表演节目等）

3. 教师总结：我们要做一个有爱心的、善良的人，去帮助那些需要帮助的人，生活在爱的世界里我们会感到很开心、很幸福。

4. 教师：帮助别人是一件很幸福的事情，让我们一起唱《幸福拍手歌》吧。

生活区：制作茶包（3~6岁）

活动目标

层次目标一：

通过探索，尝试将适量的茶叶塞到纸包里，初步了解制作茶包的方法。

层次目标二：

通过合作，在了解制作方法的基础上尝试讲解茶包的制作过程。

活动准备

物质准备：

1. 收集茶的知识。

2. 棉线、茶包、热水、茶杯。

3. 古筝曲《高山流水》。

活动过程

环节一：教师调动幼儿已有经验，引入茶主题。

教师：平时你在家里都喝过什么茶？把你收集来的茶的知识讲给身边的小朋友听。

环节二：教师介绍茶包的由来，激发幼儿制作茶包的兴趣。

1. 教师讲述故事，引导幼儿了解茶包的由来。

茶包的由来：1908 年 6 月，美国纽约的一个茶商汤玛士·苏利文时常寄送茶叶给一些顾客。为了降低成本，他想到一个方法，那就是将少许的松散茶叶装在几个丝制小包袋里面。一些没泡过茶的客户在收到那些丝袋之后，由于不太清楚泡茶的程序，往往直接就把这些丝袋丢入水里。可渐渐地，人们发现这样包装的茶叶方便好用，便逐渐形成了茶包。

2. 教师出示制作茶包的材料，引起幼儿的兴趣。

教师：我们来看一看制作茶包需要哪些材料。

环节三：幼儿"大带小"共同制作茶包。

教师引导幼儿结伴自由探索，"大带小"共同制作茶包。

教师：你可以用什么方法将茶叶放入茶包？什么样的茶叶适合放在茶包里？一个茶包需要放入多少茶叶合适？

生活区：煮茶叶蛋（3~6岁）

活动目标

层次目标一：

了解茶叶蛋的制作材料和方法。

层次目标二：

1. 通过共同讨论，初步掌握煮茶叶蛋的方法。

2. 体验制作食物的乐趣，喜欢制作食物。

活动准备

物质准备：

1. 鸡蛋、茶叶、花椒、姜片、盐。

2. 竹篮、长漏勺、牙签。

3. 电饭锅。

活动过程

环节一：师幼共同讨论煮茶叶蛋的材料及方法，并进行操作。

1. 教师引导幼儿观察桌面上的材料。

（1）教师介绍茶叶、酱油、花椒、姜片、盐，并请个别幼儿闻一闻、尝一尝。

（2）教师：制作茶叶蛋需要哪些材料呢？你都认识吗？

2. 幼儿自由讨论煮茶叶蛋的方法。

教师：好吃的茶叶蛋是怎么做出来的呢？制作茶叶蛋应该有哪些步骤呢？

3. 教师请 1 ~ 2 名幼儿表述自己的猜测。

4. 教师介绍煮茶叶蛋的步骤，引导幼儿按步骤进行操作。

教师总结：清洗鸡蛋放入锅内—放入适量水（高度淹过鸡蛋）—水烧开，鸡蛋煮熟—捞出鸡蛋，敲破蛋壳再放入锅内—放入佐料（根据自己的口味添加）—继续烧煮，直到颜色变深，茶叶蛋就煮好了。

环节二：幼儿"大带小"共同制作茶叶蛋。

1. 教师提醒大班幼儿带领小、中班幼儿进行操作的时候，要按照步骤进行，注意安全及卫生。

2. 幼儿"大带小"合作煮茶叶蛋。

环节三：幼儿品尝亲手煮的茶叶蛋。

教师：我们一起来品尝一下自己做的茶叶蛋，一定很美味。

区域活动

生活区：煮茶叶蛋（3~6岁）

材料（见图4-104）：

1. 鸡蛋、茶叶、花椒、姜片、盐。

2. 竹篮、长漏勺、牙签。

3. 电饭锅。

图4-104

指导重点：

　　1. 幼儿"大带小"共同讨论如何煮鸡蛋。

　　2. 大班幼儿尝试使用电饭煲，将鸡蛋放进去，等煮熟了再捞出。

　　3. 幼儿共同探索如何煮茶叶蛋能将茶叶蛋煮得入味。

生活区：制作茶包（4～6岁）

材料（见图4-105）：

　　1. 纱布、棉绳。

　　2. 茶叶。

图 4-105

指导重点：

　　1. 尝试将纱布铺开，放适量的茶叶在纱布中间。

　　2. 探索如何包扎才能不让茶叶漏出来。

　　3. 幼儿"大带小"合作把包着茶叶的纱布裹紧，用棉绳扎紧打结。（见图4-106）

图 4-106

生活区：制作奶茶（3~6岁）

图 4-107

材料（见图4-107）：

    1. 牛奶、红茶、热水、冰糖。

    2. 杯子。

指导重点：

    1. 幼儿通过已有经验，尝试先将红茶揉开，加入少量热水浸泡。

    2. 幼儿"大带小"合作，等茶味浓郁以后加入热牛奶，再放两三块冰糖搅拌均匀。

    3. 待奶茶稍凉以后，依次取杯子品尝奶茶。

生活区：制作抹茶蛋糕（4~6岁）

图 4-108

材料（见图4-108）：

    1. 抹茶味蛋糕粉、鸡蛋。

    2. 打蛋器、碗。

指导重点：

    1. 通过已有经验，幼儿"大带小"根据蒸蛋糕的操作流程正确操作。

    2. 中班幼儿尝试先将鸡蛋打散，再将蛋糕粉倒入打散的鸡蛋直至搅拌均匀。

3. 大班幼儿将做好的蛋糕放入微波炉，高火转 1 分钟。

4. 收拾操作材料并清洗干净。

生活区：泡花茶（3～6 岁）

材料（见图 4-109）：

图 4-109

1. 各种各样的花茶。

2. 透明杯、小勺若干。

3. 保温杯。

4. 几种花的名字卡。

指导重点：

1. 幼儿"大带小"共同认识可以用来泡茶的花。

2. 幼儿尝试自己泡茶。

3. 探索如何能将花茶泡得又香又好喝。

班本混龄课程方案七：有趣的布

主题来源：

秋天到了，天气变冷，小朋友们都穿上了外套、毛衣，还戴上了帽子、围巾。在和他们谈心时，有的孩子说："我的衣服是牛仔的、裙子有花边。"还有的说："我的围巾是从新疆买的。"就这样，有关"布"的各种话题展开了……

随着时代的变化，小朋友们的服装越来越漂亮、时尚，各种面料、各种图案的服饰都有。用来做服装的布与我们的生活紧密相连，平日里看得见、摸得着。教室里的窗帘、沙发，家里的桌布、被子等都与布分不开。正是种种美丽的"布"美化了我们的外表，丰富了我们的生活，帮助我们生成了混龄主题活动"有趣的布"。

开展时间：

建议三周，十一月开展。

主题目标：

1. 能运用各种感官和多种途径了解布的来源与特征，知道布在人们生活中的运用。

2. 通过说、唱、绘画、制作、剪贴等多种方式进行布的艺术创作活动，进一步感知各种不同种类的布，体验创作的快乐。

3. 在阅读、欣赏、实验等过程中，探索了解多种布的不同用途。

4. 活动中，能与他人合作与交流，并体验"有趣的布"带来的快乐。

主题活动网络图：

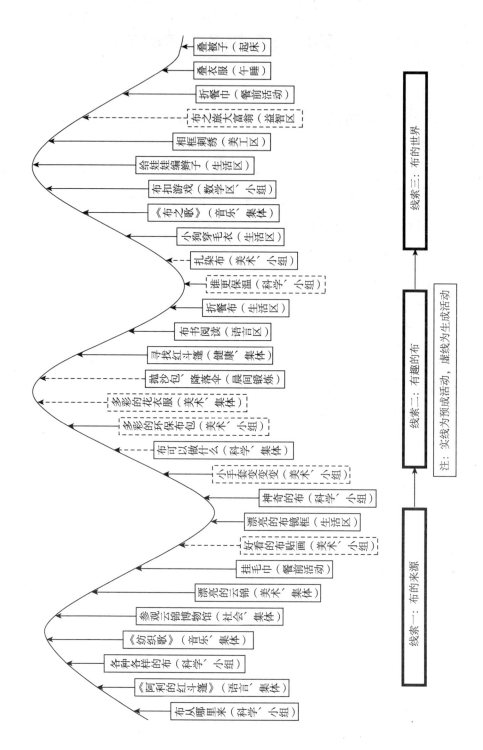

线索一：布的来源　线索二：有趣的布　线索三：布的世界

注：实线为预成活动，虚线为生成活动

主题活动实施路径:

集体活动	小组化活动	区域活动	日常活动
线索一：布的来源			
1. 语言：《阿利的红斗篷》（3～6岁） 2. 音乐：《纺织歌》（3～6岁） 3. 社会：参观云锦博物馆（3～6岁） 4. 美术：漂亮的云锦（4～6岁）	1. 科学：布从哪里来（4～6岁） 2. 科学：各种各样的布（3～5岁）		1. 餐前活动：挂毛巾
线索二：有趣的布			
1. 科学：布可以做什么（4～6岁） 2. 美术：多彩的花衣服（4～6岁）	1. 美术：好看的布贴画（4～6岁） 2. 科学：神奇的布（5～6岁） 3. 美术：小手套变变变（3～5岁） 4. 美术：多彩的环保布包（4～6岁） 5. 科学：谁更保温（4～5岁） 6. 美术：扎染布（3～6岁）	1. 生活区：漂亮的布镜框（5～6岁）	1. 晨间锻炼：抛沙包、降落伞
线索三：布的世界			
1. 健康：寻找红斗篷（5～6岁） 2. 音乐：《布之歌》（3～6岁）	1. 数学区：布扣游戏（3～4岁）	1. 生活区：折餐布（3～5岁） 2. 语言区：布书阅读（3～6岁） 3. 生活区：小狗穿毛衣（3～5岁） 4. 生活区：给娃娃编辫子（3～5岁） 5. 美工区：相框刺绣（5～6岁） 6. 益智区：布之旅大富翁（4～6岁）	1. 餐前活动：折餐巾 2. 午睡：叠衣服 3. 起床：叠被子
家园共育	1. 参观：家长带领幼儿参观南京云锦博物馆。 2. 调查：幼儿借助调查表了解布的用途。 3. 家园携手：请家长与幼儿一起收集各种各样的布料以及布制工艺品放在展示区供幼儿欣赏。		

教育环境：

1. 主题墙

将各种质地、图样的布设计成丰富的墙饰。

（1）师幼共同收集各种各样的布制品组合起来。（见图 4-110）

图 4-110

（2）师幼共同收集各种各样的布制作成"布镜框"，幼儿可以用手直接感知各种布的不同。（见图 4-111）

2. 实物展示区

（1）幼儿收集的生活中的各种布制品。（见图 4-112）

图 4-111

（2）布制作的服饰及日用品。（见图 4-113）

3. 班级悬挂

（1）幼儿在白色布上作画制成的鲤鱼旗。（见图 4-114）

图 4-112

（2）师幼共同用白布和染料手工制作的扎染布。（见图 4-115）

4. 幼儿作品展示区

（1）幼儿用丙烯颜料创作的多彩环保布包。（见图 4-116）

图 4-113

图 4-114

图 4-115

图 4-116

图 4-117

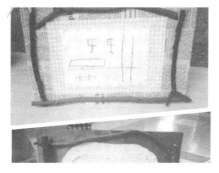

图 4-118

图 4-119

（2）幼儿用各种碎布和乳胶粘贴在气球上制成的布球。（见图 4-117）

（3）幼儿用针线在布上刺绣制成的刺绣相框。（见图 4-118）

（4）幼儿用针线缝制的帆布花瓶袋。（见图 4-119）

线索一：布的来源

语言：《阿利的红斗篷》（早期阅读）（3～6岁）

活动目标

共性目标：理解故事的主要内容，喜欢听故事，初步理解制作斗篷的过程。

层次目标一：

1. 仔细观察画面，知道阿利的红斗篷的来历。

2. 能一页页地翻看绘本，感受图书带来的乐趣。

层次目标二：

1. 观察绘本画面提供的线索，了解红斗篷制作的五个步骤。

2. 通过猜测、绘画等方式，表达对故事情节的理解。

层次目标三：

1. 能根据绘本画面提供的线索猜想羊毛是怎样变成红斗篷的。

2. 在"大带小"绘画的过程中，体验合作的乐趣。

重点：通过观察画面，了解制作斗篷是有顺序、有规律的。

难点：根据故事情节或画面猜想故事情节的发展。

活动准备

经验准备：

幼儿之前阅读过绘本。

物质准备：

1. 幼儿每人1本《阿利的红斗篷》绘本。

2. 笔、纸、尺子。

活动过程

环节一：教师与幼儿一起观察绘本封面，引出《阿利的红斗篷》。

1. 教师出示绘本，与幼儿观察、讨论绘本封面。

教师：在封面上你看到了什么？他穿的衣服很特别，谁知道他穿的是什么呢？（介绍绘本的名字《阿利的红斗篷》）

2. 幼儿猜测红斗篷的由来，激发阅读绘本的愿望。

教师：你们猜猜阿利的红斗篷是怎么来的？你们穿过这么漂亮的红斗篷吗？你们可以带着问题去绘本里找一找。

3. 幼儿自由翻阅绘本，了解故事的内容。

教师提醒幼儿从前至后有序地阅读绘本，看到自己喜欢的、感兴趣的画面可以与同伴交流。

环节二：教师带领幼儿有重点地阅读绘本，一起讨论，主要围绕红斗篷的制作过程展开。

1. 教师与幼儿一起阅读绘本的前半部分，了解故事的发生原因。

教师：阿利的斗篷破了，他为什么不买一件新的？他想到了什么办法？

2. 教师与幼儿重点阅读绘本的后半部分，知道斗篷的由来。

教师引导幼儿仔细阅读绘本的后半部分，观察画面前后的变化与故事之间的关系。

教师：斗篷是怎么制作的，从哪些画面你看到了做斗篷的过程？

环节三：幼儿"大带小"一起画出制作红斗篷的流程图。

1. 师幼一起回忆绘本内容，幼儿基本能用简单的语言说出阿利的红斗篷的由来。

教师：请你们说一说，阿利的红斗篷是怎么做成的？

2. 幼儿"大带小"一起商量红斗篷的制作过程，分工后，用连环画的方式画出流程图。

环节四：师幼再次完整阅读绘本。

师幼再次完整地阅读绘本《阿利的红斗篷》，帮助幼儿加深对故事的理解。

活动延伸

1. 教师将绘本《阿利的红斗篷》放在阅读区，便于幼儿阅读。

2. 在科学区，教师可以将红斗篷的制作工序、流程图进行展示，条件允许的情况下，可以让幼儿用废旧的布尝试制作斗篷，体验手工制作活动的乐趣。

音乐：《纺织歌》（律动）（3～6岁）

活动目标

共性目标：喜欢进行韵律活动，并能用肢体动作大胆表现乐曲节奏。

层次目标一：

1. 感受歌曲轻快的旋律，尝试用肢体动作表现音乐的节奏。

2. 乐意参与活动，体验唱歌带来的快乐。

层次目标二：

1. 能根据歌曲的旋律，尝试用肢体动作来表现乐曲的节奏。

2. 尝试创编简单的舞蹈动作，体验唱歌带来的快乐。

重点：熟悉歌曲，借助简单的节奏，探索丰富的身体动作。

难点：迁移对布的认知经验，尝试用动作表现织布的过程。

活动准备

经验准备：

幼儿对布有一定的了解，知道布是如何制作的。

物质准备：

《纺织歌》（见附歌曲），乐曲伴奏（建议采用前两段歌词）。

活动过程

环节一：幼儿集体欣赏《纺织歌》。

1. 教师介绍歌曲的名字。

教师：这里有一首好听的歌曲叫《纺织歌》，它的旋律很轻快，就像织布机在织布一样。

2. 教师：我们一起来听听它的旋律是什么样的。请你们认真听，欣赏完告诉大家你听了之后的感受。

3. 教师鼓励幼儿与大家一起分享听后的感受，表达自己对歌曲的理解。

教师：小班的小朋友们，你们觉得这首歌曲好听吗？听起来是什么样的感觉？中、大班的小朋友们，你们听了以后是什么感觉？你们从歌曲里面听到了什么？

4. 幼儿再次欣赏歌曲，可以跟着教师做简单的动作，感受歌曲轻快的旋律。

环节二：幼儿熟悉歌曲旋律，用肢体动作表现乐曲的节奏。

1. 教师播放歌曲，幼儿随音乐拍手，感受 3/4 拍的节奏。

教师：我们再次来欣赏歌曲，这次请你们跟着音乐一起来拍拍手，拍出它的三拍节奏（× × × | ×. x̲ × | × × × | ×. x̲ ×）。

2. 教师鼓励幼儿用拍手和拍肩膀、膝盖、腿等动作表现出三拍中强弱弱的节奏。

教师：刚刚我们一起边听音乐边用手打节奏，这次我们试试用身体的其他部位来做一做动作吧。

3. 教师：大班小朋友可以先试一试，小、中班的小朋友看一看。

4. 教师：请所有的小朋友和老师一起来做这个动作。

建议动作：

① 小节：第一拍双手拍一下，第二、三拍双手拍膝盖，同时身体微微右前倾，头向右侧点。

② 小节：动作相同，方向相反。

③⑤⑦ 小节：动作与 ① 小节相同。

④⑥⑧ 小节：动作与 ② 小节相同。

⑨ 小节：第一拍双手拍一下，第二、三拍双手拍肩膀，同时身体向右移动，左脚尖侧点地，重心移动到右腿。

⑩ 小节：动作相同，方向相反。

⑪ ⑬ ⑮ 小节：动作与 ⑨ 小节相同。

⑫ ⑭ ⑯ 小节：动作与 ⑩ 小节相同。

⑰ 小节：两人一组，手拉手向中心靠拢，第一拍右脚向前跨一步，第二拍左脚向前并步，第三拍右脚原地踏一步。

⑱ 小节：手拉手由里向外往两侧打开，第一拍左脚向后退一步，第二拍右脚向后退一步，第三拍左脚原地踏步。

⑲ ⑳ 小节：动作与 ⑰ 小节相同。

㉑ ㉒ 小节：动作与 ⑱ 小节相同。

㉓ ㉔ 小节：双脚并拢，双手由下至上，在胸前交叉后向前上方拉开，双手手心相对，头微微抬起，眼睛看上方。

环节三：幼儿进行自主创编，体验歌曲的韵律美。

1. 教师：那我们来想一想这首乐曲里面，哪些段落我做的动作可以用其他动作来替代呢？我们一起来做一做。你也可以找好朋友一起来做这些动作。

2. 师幼一起做这些韵律动作。

活动延伸

教师可以根据实际情况在区角设计一些道具，让幼儿真正地体验织布的乐趣，真实地参与其中。

附歌曲：

纺织歌

蔡泽龙　词
许瑞绿　曲
尹钟灵　译词
唐纪　配歌

1= G 3/4

| 5 | 6 | 6 | 6· 5· | 3 | 2 | 3 | 1 | 2· 1̣ 6̣ | 3̣ 5̣ | 6̣ |

春	天	到了	下 透	雨，	好	麻	籽	种 下	赶 野	鸟
前	屋	的	小 媳	妇，	后	屋	的	大 姑	织布 机	上
把粗	麻	布	做 几	件	公	婆	的	单 衣	把细 麻	布

1·　6̣1　｜5̣5̣6̣5̣　｜3̣ － － －　｜2̣ 2̣· 3̣　｜5̣· 3̣5̣　｜

锄　野草，　细心保护它；　　到秋天长得高

笑　嚷嚷，　织布忙又忙；　　滑溜溜的机子长

做　几件，　小姑子的嫁妆；　把好麻布送给咱

6̣　6̣5̣ 3̣2̣　｜3̣ － － －　｜1̣ 2̣ 5̣　｜3̣· 2̣3̣　｜2̣ 2̣1̣6̣5̣　｜

快　把它收割，　　剥了皮抽出线，咱们来纺

穿过来呀穿过去，　粗麻布细麻布，越织呀越

前方的将士，　　把顶粗的布给郎君做上几件工

(副歌)

6̣ － 0　｜1̣ 1̣6̣5̣　｜6̣ 6̣5̣3̣　｜1̣ 1̣6̣5̣　｜6̣ － 1̣　｜

纱。　　　哼哎哟，多美好，和平的日月，

长。

装。

2̣2̣ 3̣ 6̣　｜5̣· 3̣5̣　｜2̣3̣ 2̣1̣6̣5̣　｜1̣ － － －　‖

赶快赶快! 织麻布，趁着好时光。

社会：参观南京云锦博物馆（4～6岁）

活动目标

共性目标：了解和感受家乡南京的云锦文化，感受云锦工艺的独特魅力。

层次目标一：

1. 通过参观知道南京是云锦的产地，并了解云锦制品的多种多样。

2. 乐于参加参观活动，并能关注云锦制品的色彩、形态等特征。

层次目标二：

1. 通过参观知道云锦有很多品种，并初步了解云锦的制作工艺。

2. 欣赏云锦制品时，愿意和同伴交流、分享自己喜爱的云锦制品和美感体验。

活动准备

经验准备：

班级教室里有梅、兰、竹、菊的云锦画。

物质准备：

1. 事先与南京云锦博物馆联系好参观的时间、车辆、参观路线、讲解员。

2. 速写本、笔若干。

活动过程

环节一：参观博物馆，听讲解员介绍南京云锦的历史故事。

1. 教师带领幼儿参观南京云锦博物馆。

教师：小朋友们，这是什么地方？博物馆里有哪些云锦制品？

2. 幼儿听讲解员介绍南京云锦的历史故事，了解云锦是中国传统文化的代表之一，是四大名锦之一。

环节二：幼儿了解云锦的制作流程。

1. 幼儿参观云锦制作车间，初步了解云锦制作的五个流程。

2. 幼儿与家长共同合作，用绘画的方法表现云锦的制作流程。

环节三：亲子共同参与云锦的制作过程，体验劳动的乐趣。

1. 设计师介绍云锦的制作步骤。

教师：我们请设计师阿姨来向我们介绍一下如何设计云锦图案，还有绘画的时候如何注意色彩的搭配。

2. 家长和幼儿一起进行云锦的纹样设计。

教师：刚刚我们已经看过设计师阿姨怎么绘画了，现在小朋友们可以和爸爸妈妈一起动手试一试。

环节四：幼儿欣赏工作人员表演挑花结本。

1. 幼儿欣赏工作人员表演挑花结本。

教师：刚才我们观看了工作人员表演挑花结本，你觉得像在玩什么游戏？我们也来玩编织的游戏好不好？

2. 亲子共同进行彩绳编织的游戏。

幼儿通过与家长玩编织的游戏，感受制作云锦的乐趣。

环节五：幼儿分享参观南京云锦博物馆的感想。

教师：小朋友们今天和爸爸妈妈一起来参观南京云锦博物馆，大家都非常开心。你觉得让你最开心的事情是哪一件呢？请说一说你最喜欢的云锦作品是哪件。

美术：漂亮的云锦（欣赏）（4～6岁）

活动目标

共性目标：欣赏多种多样的中国云锦作品，感受云锦艺术的独特魅力。

层次目标一：

1. 能够专心地观看绘画及其他艺术形式的作品。

2. 尝试用叙述的方式表达所见所想，感受云锦独特的艺术魅力。

层次目标二：

1. 用多种艺术欣赏方式，比如动作、语言等表达自己的理解。

2. 愿意与同伴分享、交流自己喜欢的云锦作品和美感体验。

重点：认识欣赏中国云锦作品，感受其独特的艺术魅力。

难点：了解云锦的制作工艺，能用动作、语言描述自己喜爱的云锦作品。

活动准备

经验准备：

幼儿观察过班级中的云锦作品。

物质准备：

1. 多种云锦装饰品。

2. 有关云锦的图片。

3. 云锦制作过程的视频。

活动过程

环节一：教师出示云锦作品，让幼儿初步感受云锦的独特风格。

1. 幼儿欣赏云锦装饰品：梅、兰、竹、菊。

从外观让幼儿观察云锦的图案和色彩，了解云锦的主要特征。

2. 仔细观察云锦装饰品，可以摸一摸，感受云锦最大的特点：逐花异色。

环节二：幼儿观察各种云锦装饰品，了解云锦的各种用途。

教师：这个你认识吗？它们都是用云锦制作的，有相框、衣服、围巾、背包等。

环节三：幼儿观看视频，知道云锦制作的过程。

教师：我们一起来看一段视频，请大家从视频里找一找、谈一谈这些云锦制作的过程是怎样的。

教师小结：南京云锦是用老式的、传统的提花木机织造，由拽花工和织手两人配合完成，主要有五大步骤：纹样设计、挑花结本、造机、原料准备和织造。

环节四：同其他布制品（棉布、防水布、化纤布等）进行比较，让幼儿感受中国云锦的独特魅力。

1. 将云锦与幼儿自己的美术作品进行对比，了解云锦的特殊性。

教师：你们的画在哪种材料上画的呀？云锦的画在哪种材料上画的呢？

2. 与其他布制品比较，进一步感知云锦的美丽。

教师小结：南京云锦可以在一个服装层面上表现绢、绸、罗、缎、纱，可以将金、银、孔雀羽织进去，这些都是别的服装面料无法做到的，从各个角度看，云锦织品上面的花卉色彩是不同的，这也是云锦的独特工艺。

科学：布从哪里来（4~6岁）

活动目标

层次目标一：

1. 运用观察比较的方式，发现棉花与布的不同。

2. 通过探索、实践的方式，体验探索制作布带来的乐趣。

层次目标二：

1. 通过观察、比较、猜测等方式，探索布在制作过程中的不同变化。

2. 探索中能与同伴合作交流，体验活动的乐趣。

活动准备

物质准备：

1. 棉布、棉线、棉花。

2. 棉布加工的步骤图。

活动过程

环节一：教师给幼儿提供棉布，让幼儿猜猜布是怎么制作的。

1. 教师出示棉布，请幼儿摸一摸、猜一猜。

教师：你们看看这些是什么？它是用什么东西做的？

2. 幼儿猜测后，教师出示棉花。

教师：布是用棉花做成的。那么棉花是怎么变成布的呢？

环节二：教师请幼儿观看棉布加工的步骤图，了解棉花变成布的过程。

1. 教师重点请大班幼儿说说棉花变成布的过程。

教师：我这里有一幅图，上面画的是棉花变成布的过程，那么棉花到底是怎么变成布的呢？请你们看图说一说。

2. 教师边讲解边出示实物：将棉花纺成线，再由线织成布，最后用布做出衣裳。（棉花—棉线—棉布）

3. 让幼儿观看小型织布机的织法，进一步了解布的加工方法。

环节三：请幼儿分组观察和体验。

1. 教师提供棉花、棉布、棉线，让幼儿用手摸一摸、玩一玩，感知棉花、棉布、棉线的不同。

2. 教师在引导幼儿充分感知这些材料的同时，可以允许幼儿自由游戏：绕线团、叠棉布等。

科学：各种各样的布（3～5岁）

活动目标

层次目标一：

1. 感知布的各种特征，并能用语言大胆表达自己对布的特征的认识。

2. 在"神秘袋"的活动中，体验游戏带来的快乐。

层次目标二：

1. 通过观察、触摸等方式，感知布与其他物品的不同之处。

2. 了解布制品的多样性，知道布的用途。

活动准备

物质准备：

1. 请幼儿收集各种布制品，如：布衣裤、布娃娃、床上用品、布袋、布鞋、桌布、布书、手绢、帽子等，在教室里布置好展台。

2. 准备好用来做对比的塑料桌布、皮鞋、草帽等。

活动过程

环节一：让幼儿感知布和其他材质的区别。

1. 教师出示塑料桌布与布质桌布，请幼儿比较与讨论。

教师：这两块桌布有什么不同？你喜欢哪一块？为什么？

教师：请小班的小朋友闭上眼睛来摸一摸，两块布一样吗？布质桌布给你什么样的感觉？你更喜欢哪一块？为什么？

2. 教师出示皮鞋和布鞋，请幼儿比较与讨论。

教师：这里还有两双鞋，请中、大班的小朋友说一说它们有什么不一样？布鞋给你什么感受？穿脚上试试看，有什么不同？

环节二：幼儿感受生活中各种各样的布制品。

1. 教师出示布制品展台，引导幼儿看一看、说一说，感受生活中的各种布制品。

教师：在我们的生活中有各种布做的东西，我们一起来看看它们是用什么布做的。

教师：布还可以做什么呢？请中、大班的小朋友告诉我，如果请你用布做东西，你想用它做什么？

环节三：幼儿进行触觉游戏"神秘袋"。

1. 教师准备一个大袋子，里面放些用布、塑料、陶瓷、橡皮做的玩具。

2. 请一个幼儿上台来，闭上眼睛，在袋子里摸布玩具。确定后，其他幼儿喊"一、二、三"，台上的幼儿把摸到的玩具拿出来看一看。如果他摸到的是布玩具，请其他幼儿为他鼓掌奖励，如果没有摸到布玩具，可以请他再试一次。

线索二：有趣的布

科学：布可以做什么（4～6岁）

活动目标

共性目标：观察各种布的不同与相同之处，并与自己的生活联系起来。

层次目标一：

1. 能对生活中常见的布进行观察、比较，发现他们之间的异同。

2. 初步感知布与生活的关系。

层次目标二：

1. 能通过观察、比较与分析，发现并描述不同布的特征。

2. 能发现常见的布的材料和功能之间的关系。

重点：观察比较生活中不同的布，感知布与生活的关系。

难点：感受布丰富的质感，描述不同布的特征，知道布的日常用途。

活动准备

经验准备：

幼儿对各种质地的布有了一定的认识。

物质准备：

1. 幼儿带来各种质地的小块布料。

2. 各种质地的布的图片。

活动过程

环节一：幼儿讨论布的用途。

1. 教师展示幼儿带来的各种质地的布，调动幼儿日常生活经验，进行讨论。

教师：请中、大班的小朋友想一想，在平时生活中布可以用来做什么？（衣服、玩具、被子、窗帘、桌布、毛巾、袋子、包等）

环节二：幼儿初步感受不同质地的布料有不同的用途。

教师：这是谁带来的布料？你觉得它适合做什么？为什么？

环节三：幼儿寻找教室中的布制品。

教师：你带来的布料和教室里的什么东西的布料很像？它被做成了什么？你觉得它还可以被做成什么？

环节四：幼儿欣赏布制品图片，扩展思维。

教师请幼儿欣赏制作精美的布制品图片。可以请幼儿猜一猜图片中的布是用来做什么的，也可以直接向幼儿介绍那块布是用来做什么的。

活动延伸

教师收集布制品，在游戏区设置"布艺坊"供幼儿进行角色游戏。

美术：多彩的花衣服（手工）（4~6岁）

活动目标

共性目标：在环保袋原有造型的基础上，运用裁剪、绘画、缝纫等多种方法设计并制作自己喜欢的服装。

层次目标一：

1. 学习简单的裁剪方法，为自己和同伴设计制作服装。

2. 小班幼儿愿意和中、大班幼儿共同完成作品，体验合作的快乐。

层次目标二：

1. 能够运用裁剪、绘画、缝纫等多种方法制作服装。

2. 在活动中能与同伴相互配合，积极地参与到活动中。

重点：能将环保袋通过各种方法制作成服装。

难点：能用剪刀剪裁出圆形当作衣服的领子，半圆形当作衣袖。

活动准备

经验准备：

幼儿欣赏过各种服装，如背心、短袖、长袖、连衣裙等。

物质准备：

1. 各种颜色的环保袋。

2. 剪刀、胶带、丝带、水彩笔、彩色卡纸等。

3. 针、线等小物件配件。

4. 各种废旧材料制作的服装影像、图片，服装制作步骤图。

活动过程

环节一：教师通过谈话，帮助幼儿迁移已有的经验，欣赏各种服装的影像、图片，激发幼儿的兴趣。

1. 幼儿观看影像了解各种不同款式的服装。

教师：请中班的小朋友说一说，这些影像中都有什么衣服？它是什么款式的？（裙子、背心、衬衫等）

2. 师幼一起欣赏各种服装的图片。

教师：请大班小朋友说一说，你看到的这些服装是用哪些材料来装饰的？服装上有什么样的图案？

教师小结：服装上的图案有的规则，有的不规则；有的衣服只有一种图案，有的却有多种图案；有的袖子上的图案是对称的，由圆形、三角形、半圆形等圆形构成，有的袖子上的图案不对称。

环节二：师幼一起讨论如何制作服装。

教师：如果请你们来制作服装的话，你们会怎么制作？采用什么样的方法呢？

环节三：教师出示服装制作步骤图及各种材料的介绍。

教师：这里有一幅服装制作步骤图，大家看一看有哪些步骤。

教师：这里有许多材料，你们可以自由选择。大班的小朋友找一个中班或小班的小朋友进行服装设计与制作，在制作的过程中，两人要协商分工，完成好各自的任务。

环节四：幼儿各自进行服装设计与制作，教师巡回进行指导。

1. 在幼儿制作过程中，教师指导幼儿先用折叠的方法剪半圆形或者圆形进行领子、衣袖等的裁剪。

2. 在幼儿"大带小"的合作过程中，教师引导幼儿相互商量由谁先来进行"服装"绘画设计，由谁来进行裁剪部分。

环节五：师幼对制作完成的作品进行讨论、分享。

教师：你们的"服装"都已经制作完成，谁先来介绍一下，你们的作品是选用什么材料和方法制作的？你最喜欢你设计的"服装"中的哪个部分？为什么？

小组化活动

美术：好看的布贴画（4～6岁）

活动目标

层次目标一：

1. 观察、欣赏布贴画作品，能产生相应的联想。

2. 愿意尝试进行布贴画的活动，能用剪、贴等方式在轮廓线内完成布贴画。

层次目标二：

1. 欣赏各种布贴画，能用表情、语言等方式表达自己的理解。

2. 尝试用绘画、手工制作等多种方式表现自己观察或想象的事物。

活动准备

物质准备：

1. 各种颜色的小布块、双面胶、剪刀、笔、彩色纸。

2. 布贴画作品图片，轮廓画（如：花、鱼等）。

活动过程

环节一：教师出示布贴画的作品图片，与幼儿一起欣赏布贴画。

1. 教师提供布贴画作品让幼儿自由欣赏并相互讨论布贴画与其他绘画作品的不同之处。

2. 教师根据幼儿欣赏、讨论的结果，带领幼儿再次运用从整体到局部的方法观察布贴画。

教师：你们看一看太阳、树、房子是用什么样的布拼成的？草上面的花是哪里来的？

3. 幼儿进一步观察发现布贴画上有彩笔添画的部分。

教师：布贴画上大部分的地方是用布贴的，那么，花的茎也是用布做的吗？

环节二：教师介绍布贴画的制作方法并提供材料。

1. 教师介绍提供的轮廓画，与幼儿一起讨论用什么方法完成布贴画。

幼儿尝试体验把各种图案的碎布进行剪、贴，来装饰轮廓画。

2. 教师鼓励幼儿结合自己已有的绘画经验进行创意布贴画，学习运用布的色块、线条和布的原有图案进行美术创作。

环节三：幼儿合作制作布贴画。

1. 幼儿"大带小"商量合作完成布贴画的方法。

教师：刚才我们了解了制作布贴画的过程，现在请你们互相商量怎么设计画面，如何进行制作。

2. 幼儿共同制作布贴画。

教师可以建议幼儿运用分工的方法，明确自己做什么，同伴做什么，同时知道先做什么，后做什么，这样才能完成作品。

环节四：作品分享。

1. 教师将幼儿的布贴画展示在画框里，供幼儿欣赏。

2. 请幼儿说一说自己的布贴画内容和创作过程。

教师：请小朋友们来讲讲你的作品是什么图案，怎么做的，选用哪些材料制作的。

3. 教师请幼儿仔细观察同伴的作品，找出自己喜欢的布贴画，并说明喜欢的原因。

科学：神奇的布（5~6岁）

活动目标

层次目标一：

1. 通过实验感知不同布料的吸水性不同，知道布料在生活中的用途。

2. 能够对实验现象进行观察比较，提出猜想。

层次目标二：

1. 尝试用一定的方法验证自己的猜想，并用符号和表格记录实验结果。

2. 探索中能与他人合作并交流。

活动准备

经验准备：

幼儿在生活中观察过布吸水的现象。

物质准备：

1. 质地不同的布若干、带有刻度的杯子1个、玻璃容器、水。

2. 《神奇的布》操作单若干（见附表）。

活动过程

环节一：幼儿认识并了解各种各样的布料。

1. 教师出示各种各样的布料，与幼儿一起探索布的不同。

教师：这里有一些不同质地的布，你们来看一看、摸一摸，它们有什么不一样？

2. 幼儿知道各种布料的名称，并说一说每种布料在生活中的运用。

环节二：幼儿做布吸水的实验，观察实验结果。

1. 教师介绍布吸水实验的材料，了解简单的实验方法。

教师：看一看有哪些材料？应该怎么来做实验？

2. 教师鼓励幼儿与同伴进行科学小实验，感受不同质地的布的吸水性差异。

教师：每种布浸泡在同样多的水中，盆里的水发生了什么变化？

3. 幼儿交流讨论科学小实验的结果，了解不同质地的布的吸水性不同。

环节三：师幼共同讨论并学习使用《神奇的布》作业单来记录自己的实验结果。

1. 教师出示《神奇的布》作业单，观察并了解它的内容。

教师：作业单上有什么？你知道是什么意思吗？

1. 幼儿学习将自己与同伴刚才的实验结果进行记录。

环节四：师幼一起讨论实验结果，交流作业单完成情况。

1. 幼儿介绍自己的作业单完成情况，讨论记录的方法是否正确。

教师：你是怎么记录的？为什么这样记录？

2. 幼儿通过实验结果，了解生活中各种布制品的不同用途。

幼儿了解生活中不同质地的布（呢子、防雨布、化纤布等）的用途。

活动延伸

教师鼓励幼儿用同一物质在不同液体中进行实验，如：醋、油等。

附表：

神奇的布

布料	（防水布）	（棉布）	（棉毛衫布）
属性与应用			
谁吸水多			

美术：小手套变变变（3～5岁）

活动目标

层次目标一：

1. 学习利用自然物和废旧材料表现自己观察到或想象到的事物。

2. 感受手套造物的艺术表现手法。

层次目标二：

1. 能够用贴、扎等设计制作技巧，对手套进行变形和装饰，创作新的艺术形象。

2. 喜欢并积极参与手套的艺术创作活动，能与同伴分享、交流自己的作品。

活动准备

经验准备：

1. 幼儿在日常生活中见过用手套制作的相关作品。

2. 有使用胶棒、剪刀的经验。

物质准备：

1. 手套若干。

2. 橡皮筋、彩纸、剪刀、胶棒、线、彩绳、棉花、泡沫胶卡纸。

活动过程

环节一：教师以谈话形式导入，展示玩具，激发幼儿的探索欲。

教师：我给你们带来了一个好玩的玩具，小班的小朋友们能看出它是什么吗？

1. 教师请幼儿观察这个玩具，并讨论这个玩具是如何制作的。

教师：你们知道这个金鱼是用什么做的吗？那它是怎么变成金鱼的呢？

2. 教师引导幼儿尝试按讨论的方法制作。

教师：那你们看看还缺少什么呀？这个鱼看上去没有立体感，怎么办？

教师小结：首先用手套做出金鱼大致的身体轮廓，再用水彩笔、彩纸、纽扣等进行装饰。

环节二：教师带领幼儿进一步欣赏作品，发散幼儿的思维并培养幼儿的创造力。

1. 幼儿讨论手套还可以变成什么。

教师：手套还可以变成什么？

2. 教师带领幼儿一起观察手套。

教师：你们看看它像什么？想想我们用这个小手套还可以做成我们身边的什么？

环节三：幼儿"大带小"制作手套作品。

小班：提供手套、布料、纸、泡沫胶，大班幼儿可以帮助小班幼儿一起制作金鱼。

中班：提供手套、布料、纸、剪刀、胶棒制作金鱼。

大班：提供手套、针、线、纽扣、水彩笔等。自由发挥想象，创作内容不限。

环节四：师幼一起交流分享。

教师：谁来介绍一下自己的作品，并且将制作方法、创意、色彩搭配进行介绍。

教师总结：大家做得都不错！我们可以把大家的作品放在区角里面美化我们的教室环境。

活动延伸

教师可以在教室的区域里放置一些手套，供幼儿自由选择，发挥想象，制作优秀作品来展示。

美术：多彩的环保布包（4~6岁）

活动目标

层次目标一：

1. 通过观察、欣赏等方式，感受包的不同设计。

2. 能用简单的线条和色彩创作自己想象的图案。

层次目标二：

1. 能运用绘画、手工制作等方式在白色的帆布包上进行绘画装饰。

2. 用自己制作的美术作品布置环境，美化生活。

活动准备

经验准备：

幼儿观察过、了解妈妈的包。

物质准备：

1. 排笔、各色颜料。

2. 投影仪、音乐《琵琶语》。

3. 各种包的图片。

活动过程

环节一：教师与孩子一起欣赏图片。

1. 教师：谁能说说你妈妈的包是什么样子的？包上面有什么？

2. 教师小结：我们可以从包的外部形状、颜色，还有装饰物进行讲述。

3. 教师请幼儿一起欣赏图片。

教师：这里还有许多包的图片，我们一起来欣赏一下。

4. 投影仪展示各种包的图片，教师引导幼儿认真观察，说说自己的感受。

教师：看了这么多美丽的包，你是不是也想设计一个包呢？今天我们就来自己设计包。

环节二：教师介绍材料及幼儿分工合作设计。

1. 教师介绍画包材料。

教师：我们一起看看有哪些材料？你们可以自由选择材料，大班的小朋友带着中班的小朋友两人一组进行创意设计。

2. 播放音乐《琵琶语》，在优美的音乐声中，幼儿自由设计、制作。

教师：在制作的过程中，两人要协商分工好各自的任务。

3. 教师巡回指导。

教师：你们用的是什么材料？怎么设计的？

4. 教师对能力较弱的幼儿进行个别指导。

环节三：幼儿作品展示。

教师：谁能说一说你设计的包是什么样子的？

1. 幼儿相互交流、介绍自己设计的包。

2. 请个别幼儿向全班介绍自己设计的包。鼓励幼儿把自己的设计表达清楚。

科学：谁更保温（4～5岁）

活动目标

层次目标一：

1. 能感知不同布的厚薄，采用不用厚度的布进行保温实验。

2. 认识温度计，感知和体会有些事物可以用数来描述。

层次目标二：

1. 能用数字、图表记录自己的观察结果。

2. 通过与同伴的交流合作，比较、分析不同布的保温功能，体验操作的乐趣。

活动准备

1. 温度计4个，计时器4个，皮筋若干，瓶子4个，笔、保温壶各1个。

2. 各种质地的布。

3.《保温实验记录表》操作单（见附表）。

活动过程

环节一：教师以谈话活动调动幼儿的生活经验，讨论如何将水保温得更持久。

教师：现在是秋天了，你们身上穿的衣服是不是比夏天多了？衣服穿多了是不是就不冷了？我们今天来做个小小的实验，一起看看用什么方法可以使水杯里的水保温的时间更长。

环节二：教师鼓励幼儿观察各种不同的布及其他的材料，幼儿相互讨论怎样将水保温得更持久。

教师：今天我为你们准备了一些材料，你们看看都有些什么？什么样的布能使水杯里的水保温时间更长？你们可以相互讨论一下，思考我提供给你们的这些材料哪些能更好地保温？

环节三：教师交代实验的过程、要求，幼儿自由尝试操作材料。

教师：现在你们可以自由选择材料进行实验，在实验的过程中记录好结果。

环节四：幼儿猜想实验结果。

教师：你选择的是什么材料，你觉得水的温度会是什么样？

环节五：幼儿讨论水温不一样的原因，与同伴分享自己实验的经验。

教师：请你们来说一说实验的结果是什么？你是怎样操作的？

环节六：教师总结。

教师：水的温度其实和布的厚度以及布包裹的松紧程度都是有关系的。

附表：

保温实验记录表

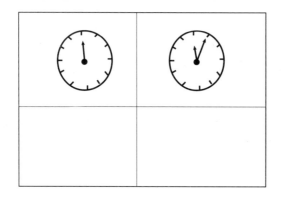

手工：扎染布（3～6岁）

活动目标

层次目标一：

1. 通过对扎染作品中点、线、面图案的欣赏猜想制作方法。

2. 欣赏扎染布的艺术美，了解民俗文化的精髓。

层次目标二：

1. 借助绳子、木棍、锅、电磁炉等各种工具及染料，与同伴合作进行扎染布的创作，通过缠绕、包、扎、卷、染、洗等方式完成扎染布的制作。

2. 感受、欣赏扎染布的艺术美，加深对民俗文化的理解。

活动准备

物质准备：

1. 班级的墙面、桌面使用扎染布艺布置。

2. 形状大小不同的白布、白色棉质小衣服若干。

3. 绳子、木棍、筷子、珠子、盆、碗、染料，扎染布艺品。

活动过程

环节一：教师带领幼儿欣赏扎染布艺品，激发幼儿创作的欲望。

教师：你们看到教室里有一些跟我们平时见到的图案不一样的布吗？你们知道那是什么？它是怎么做成的吗？

环节二：幼儿观察各种不同的图案，自由讨论扎染布艺品上的图案是怎样形成的，可以用什么方法进行扎染。

教师：现在你们随意拿一块布去看看上面是什么图案。跟你的同伴讨论怎么才能做成这个图案。用什么方法。

环节三：教师介绍各种材料（绳子、木棍、染料等）及染布的主要流程。

教师：我这里有很多材料，大家一起来看看？在制作的过程中哪些是必需的，哪些是可以选择的。

选材料—包裹—扎—放进染缸—清洗—固色—晾晒。

重点：使用任何材料后都要把材料包的绳子扎紧，以防泼溅。

环节四：幼儿合作分组尝试扎染布。

1. 在制作的过程中，两人要协商分工好各自的任务，谁固定布，谁来负责扎。

2. 教师观察幼儿的操作过程，提醒幼儿可以使用不同的材料，并在使用后将材料包的绳子扎紧。

区域活动

生活区：漂亮的布镜框（5～6岁）

材料：

　1. 针、线、剪刀、纽扣。

　2. 布上画好的底图。

指导重点：

　1. 通过观察材料，了解材料的使用方法。

　2. 能用不同的材料进行绘画和刺绣。

　3. 会保护自己，在活动中避免受伤害。

语言区：布书阅读（3～6岁）

材料（见图4-120）：

　各种各样的布书。

图4-120

指导重点：

　1. 提供丰富的布书，让幼儿充分了解每本布书的内容。

　2. 知道看布书的正确方法，一页一页地翻，看完后将布书折好放回原位。

线索三：布的世界

集体活动

健康：寻找红斗篷（5～6岁）

活动目标

共性目标：

掌握双脚用力蹬地起跳的动作要领，动作协调、灵敏。

层次目标：

1. 练习立定跳远能跳 40 ～ 60 cm，初步掌握双脚用力蹬地起跳的动作要领。

2. 借助布的宽度，通过实践、讨论等方式，找到跳得又稳又远的方法，并能将跳的动作要领运用到"寻找红斗篷"的游戏情境中。

3. 喜欢体育活动，在游戏中提高自己动作的协调性和灵活性。

重点：练习立定跳远能跳 40 ～ 60 cm。

难点：初步掌握双脚用力蹬地起跳的动作要领，找到跳得又稳又远的方法。

活动准备

经验准备：

幼儿有过向上、向前跳的经验。

物质准备：

1. 40 cm×110 cm、50 cm×110 cm、60 cm×110 cm 的布块若干。

2. 磁带、录音机。

3. 红斗篷拼图 2 份，高跷、套圈各 1 个，信件 1 封。

活动过程

环节一：教师与幼儿一起用布做热身运动。

教师：让我们带着布一起来个热身运动吧。

第一、第二个八拍双手举布向上，跟着节奏，向右侧腰、右脚跟点地，向左侧腰、左脚跟点地，来回交换，第三、第四个八拍双手拉布向前，两腿原地踏步。

环节二：师幼共同探索布的各种玩法。

1. 教师带领幼儿一起探索布的不同玩法。

教师：刚刚我们用布做了布操，现在大家想一想，布还有其他玩法吗？

2. 教师请个别幼儿分享自己玩布的经验

环节三：教师以"故事信件"情境导入。

教师：我刚刚收到一封来自阿利的信，信中说他的斗篷丢了，需要我们去帮他寻找。可是寻找斗篷的路上有一条小河，需要跳过去，而河比较宽，我们要把跳过河这个本领练好才能帮助他找到斗篷。我们可以用手上的布来当作小河练习跳远，好不好？

环节四：幼儿自由练习跳布，教师指导。

1. 教师请个别幼儿上前示范跳远。

教师：谁愿意来给大家示范跳远的动作，其他小朋友看看他是怎么跳的。

2. 教师与幼儿一起总结跳远的口诀要领：两腿微微下蹲，两臂在身体两侧来回摆动，用力向前跳，一、二、三，跳！

3. 幼儿再次尝试立定跳远。

教师：你们可以边说口诀边做动作。

环节五：游戏活动"寻找红斗篷"。

教师交代游戏要求和规则。

教师：前方我们要走过羊肠小道，跳过水沟，匍匐爬过湿草地，拿到斗篷的一块碎片，走过"地雷区"，最终到达目的地将碎片放入图形中，放好碎片的小朋友从旁边绕过，回到队里与下一位小朋友击掌后下一位小朋友才可以出发，先到达目的地将拼图拼完的队伍为胜。

环节六：放松活动。

放《Summer》的音乐，幼儿两人一组，先自己捶捶腿、揉揉手臂，再给对方捶捶手臂、肩背等。

教师：小朋友玩了这么长时间都出汗了，让我们一起来洗个热水澡放松一下吧！拿好我们的大澡巾，开始喽！（把布变成大澡巾，放轻快音乐，教师带领幼儿做放松运动）

音乐：《布之歌》（打击乐）（3～6岁）

活动目标：

共性目标：

感知《布之歌》节奏的快慢和强弱，能用各种乐器表现对音乐节奏的理解。

层次目标一：

1. 在熟悉歌曲曲调的基础上，用动作来表现对音乐节奏的理解。

2. 体验打击乐演奏的乐趣以及与其他幼儿合奏的快乐。

层次目标二：

1. 认真理解歌曲，能够看图谱用乐器演奏出相应的节奏。

2. 体验打击乐演奏的乐趣以及集体演奏的快乐。

重点：能够看图谱用乐器奏出相应的节奏。

难点：根据图谱正确使用乐器并演奏。

活动准备

经验准备：

中、大班幼儿之前接触过关于打击乐的活动。

物质准备：

1. 人手一个打击乐器（铃鼓、三角铁、串铃等）。

2.《布之歌》的音乐、图谱（见附歌曲）。

活动过程

环节一：教师以谈话形式导入活动。

教师：你们想听关于布的歌曲吗？

教师播放歌曲《布之歌》，幼儿欣赏。

环节二：教师与幼儿共同熟悉图谱。

教师：歌曲里你们听到了什么？你们有什么感觉呢？这首歌曲名字叫作《布之歌》。

1. 幼儿再次欣赏歌曲，感受歌曲的节奏。

教师：我们再来听一听，这首歌曲有什么样的节奏。

2. 教师出示图谱，介绍图谱节奏。

教师：我这里有一张图谱，你们看到了什么？上面符号表示的是什么乐器？

3. 教师带领幼儿看图谱，尝试拍打节奏。

教师：现在请你们和我一起先用手来拍一拍，试着打节奏。

4. 幼儿尝试分年龄打节奏。

教师：我们来试一试分年龄用手来练习拍打节奏，小班的小朋友们用手拍第一行，看好节奏，中、大班的小朋友们用手拍第二行和第三行，最后一行所有的小朋友们一起拍手。

环节三：幼儿用打击乐器集体演奏。

教师：请你们轻轻地从小椅子下面拿出我们的乐器。现在大家一起拿着乐器、看着图谱打节奏。

环节四：教师引导幼儿分组演奏。

教师：小朋友们现在可以分成三组进行演奏。

小班小朋友用串铃演奏第一行，注意拍数。

中、大班小朋友一起演奏第二行和第三行。

最后一行小、中、大班小朋友一起演奏。

环节五：幼儿结束演奏，教师总结。

活动延伸

教师可以在课后找时间带着小朋友一起复习、巩固这曲打击乐。

附歌曲：

布之歌

我有一块布，什么布？什么布？

格子布，格子布，快快变成我的小桌布。

牛仔布，牛仔布，快快变成我的牛仔裤。

什么布？牛仔布，快快变成我的牛仔裤。

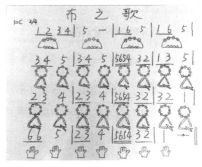

图 4-121

数学：布扣游戏（3～4岁）

活动目标

　　层次目标一：

　　能手口一致地点数 10 以内的布扣，将数与量进行结合配对。

　　层次目标二：

　　知道取放材料，体验点数的乐趣。

活动准备

　　物质准备：

　　1. 分别写有数字 0～10 的卡片。

　　2. 布扣 55 个。

活动过程

环节一：教师介绍材料的取放位置。

教师：我们一起来看看数字卡片和布扣放在哪里？它们在哪个区？在哪个工作柜的第几层？

环节二：教师将工作取到工作毯上并向幼儿介绍工作材料。

教师：我先取来一张小工作毯，请你们看一看工作毯及材料的摆放位置，接下来我们一起来看看都有哪些材料。

环节三：教师向幼儿介绍布扣游戏的操作方法。

1. 教师介绍数字卡片，并请幼儿摆放数字卡片 0 ~ 10。

2. 教师引导幼儿用点数的方式将布扣与数字卡片对应摆放。

3. 操作完成后请幼儿先收布扣，再收数字卡片。

环节四：幼儿独立开展游戏。

环节五：教师对此次操作进行总结。

区域活动

生活区：折餐布（3 ~ 5 岁）

材料（见图 4-122）：

1. 竹篓 1 个。

2. 不同折线的布 4 块。

图 4-122

指导重点：

1. 能根据布上提供的虚线提示进行折叠。（见图 4-123）

2. 取放时保持材料整齐，知道摆放的位置。

图 4-123

生活区：小狗穿毛衣（3～5岁）

材料：

1. 纸质小狗、毛线、固定线的塑料棒。
（见图4-124）

2. 布质框。

图4-124

指导重点：

1. 知道"小狗穿毛衣"活动所需材料的摆放的位置。

2. 通过绕圈给小狗穿上漂亮的花毛衣，锻炼幼儿的手腕力量和协调性。（见图4-125）

图4-125

生活区：给娃娃编辫子（3～5岁）

材料：

1. 娃娃头饰、彩色绳子。

2. 布质框。

指导重点：

1. 知道玩偶娃娃摆放的位置，且能够进行交叉编织。（见图4-126）

2. 通过编织的过程锻炼幼儿手腕与手指的协调性。

图4-126

美工区：相框刺绣（5～6岁）

材料（见图4-127）：

    1. 自制木条相框。

    2. 针线、剪刀。

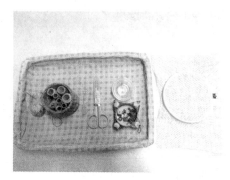

图4-127

指导重点：

    1. 知道穿针打结的方法，学习用一上一下的方法进行刺绣。（见图4-128）

    2. 在操作结束后能整理收拾好针线以及废弃的线团。

图4-128

益智区：布之旅大富翁（4～6岁）

材料：

    布之旅大富翁的棋子、棋谱。（见图4-129）

指导重点：

    1. 了解加减、买卖的游戏规则，同时通过游戏加深对各种布的认识。

    2. 在游戏中注意与同伴之间的合作交往。

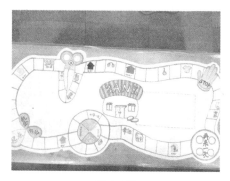

图4-129

班本混龄课程方案八：生机妙"蒜"

主题来源：

春季是流行性感冒等传染病多发的季节。午餐时，食堂的叔叔给小朋友们送来了糖醋大蒜头，老师将大蒜头逐一分在了小朋友的饭碗里，并告诉小朋友们春季吃大蒜的好处。小班的阳阳把一粒蒜头放在嘴里大口嚼了起来，还没有吞咽就吐了出来："辣！"其他小朋友听见了阳阳的话，有的盯着蒜头，流露出抵触的眼神；有的直接把大蒜丢到桌上；有的小朋友虽勇敢地咬了一口，皱着眉头咽了下去，但立刻就把舌头伸出来吸着气。一瓶大蒜头只有不到一半的小朋友勉强吃了，另一半没吃的小朋友无论老师怎么劝说，都不愿意尝试。

怎样让孩子们喜欢上吃大蒜呢？教师带领幼儿从认识大蒜、种植大蒜、品尝大蒜、制作各种"蒜"的食物入手，开启了一段生机妙"蒜"的探索之旅。

开展时间：

建议三周（最好在四月份开展）。

主题目标：

1. 运用多种感官感知大蒜的外形、结构、气味和味道，了解大蒜的功效。

2. 能围绕与大蒜相关的话题，开展讨论，分享相关的生活经验。

3. 愿意参加大蒜种植活动，每天照顾大蒜，观察大蒜的生长，并用多种方法记录大蒜的生长过程。

4. 尝试用大蒜和相关的食材制作食物，逐渐喜爱上吃大蒜和其他辛辣食物。

5. 体验运用大蒜开展艺术活动的乐趣，感受自然、植物和人之间的关系。

主题活动网络图：

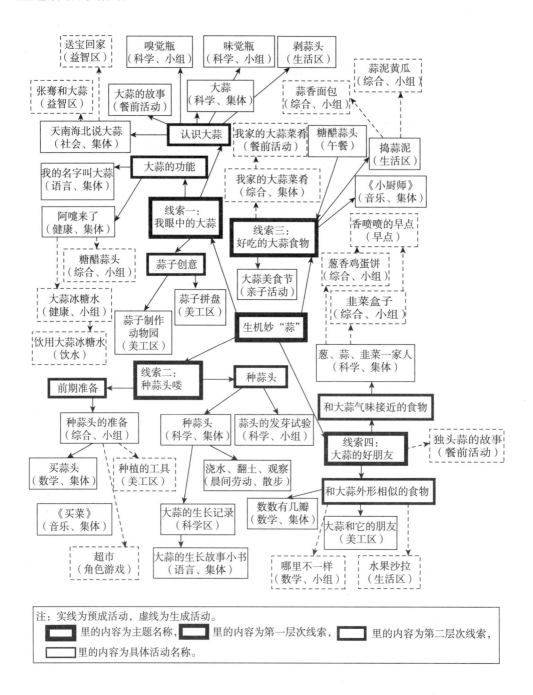

注：实线为预成活动，虚线为生成活动。

▢ 里的内容为主题名称，▢ 里的内容为第一层次线索，▢ 里的内容为第二层次线索，

▢ 里的内容为具体活动名称。

主题活动实施路径：

集体活动	小组化活动	区域活动	日常活动
线索一：我眼中的大蒜			
1. 科学：大蒜（3～6岁） 2. 社会：天南海北说大蒜（3～6岁） 3. 健康：阿嚏来了（3～6岁） 4. 语言：我的名字叫大蒜（3～5岁）	1. 科学：味觉瓶（1）（3～6岁） 2. 科学：味觉瓶（2）（5～6岁） 3. 科学：嗅觉瓶（3～6岁） 4. 健康：大蒜冰糖水（3～6岁） 5. 综合：糖醋蒜头（3～6岁）	1. 生活区：剥蒜头（3～6岁） 2. 益智区：送宝回家（5～6岁） 3. 益智区：张骞和大蒜（5～6岁） 4. 美工区：蒜子制作动物园（3～6岁） 5. 美工区：蒜子拼盘（3～6岁）	1. 饮水：每天饮用一杯大蒜冰糖水。 2. 餐前活动：大蒜的故事。
线索二：种蒜头喽			
1. 数学：买蒜头（4～6岁） 2. 音乐：《买菜》（4～6岁） 3. 科学：种蒜头（3～6岁） 4. 语言：大蒜的生长故事小书（4～6岁）	1. 综合：种蒜头的准备（3～6岁） 2. 科学：蒜头的发芽实验（3～6岁）	1. 美工区：种植的工具（3～6岁） 2. 科学区：大蒜的生长记录（4～6岁）	1. 晨间劳动、散步：给种植的大蒜浇水、翻土，观察大蒜的生长变化。 2. 角色游戏：在超市游戏中提供纸笔、称、玩具大蒜、蔬菜等游戏材料，引导幼儿开展买菜的游戏。
线索三：好吃的大蒜食物			
1. 综合：我家的大蒜菜肴（3～6岁） 2. 音乐：《小厨师》（3～6岁） 3. 亲子活动：大蒜美食节（3～6岁）	1. 综合：蒜泥黄瓜（4～6岁） 2. 综合：蒜香面包（3～6岁）	1. 生活区：捣蒜泥（3～6岁）	1. 餐前活动：请幼儿介绍自己家的大蒜菜肴。 2. 午餐：品尝自制的糖醋蒜头。
线索四：大蒜的好朋友			
1. 数学：数数有几瓣（5～6岁） 2. 科学：葱、蒜、韭菜一家人（3～5岁）	1. 数学：哪里不一样（4～6岁） 2. 综合：葱香鸡蛋饼（3～6岁） 3. 综合：韭菜盒子（3～6岁）	1. 生活区：水果沙拉（3～6岁） 2. 美工区：大蒜和它的朋友（3～6岁）	1. 早点：幼儿品尝自己制作的葱香鸡蛋饼、韭菜盒子等食物。 2. 餐前活动：独头蒜的故事。
家园共育	1. 调查：家长配合幼儿完成《"糖醋蒜头"调查表》。 2. 访问：家长带领幼儿到菜场买大蒜，并记录大蒜的价格。 3. 家长园地：家长制作有大蒜的菜肴的海报，拍摄成照片，附上制作步骤，展示在"家园共育栏"中。 4. 亲子活动：开展"大蒜美食节"活动，每个家庭的家长和幼儿准备一份有大蒜的食物并准备一个节目。		

教育环境：

1. 主题墙

（1）将《"糖醋蒜头"调查表》布置
张贴分享。

（2）将幼儿制作大蒜食物的照片拍摄
下来，制成步骤图。

（3）大蒜生长过程的观察记录表。

（4）大蒜的美食照片。

（5）亲子活动的照片。

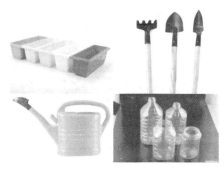

图 4-130

图 4-131

2. 实物展示区

（1）种植大蒜的准备材料。（见图
4-130）

（2）幼儿种植的大蒜。（见图 4-131）

（3）蒜头中有蒜子，相似的食物有柚
子、橘子、橙子、山竹等。（见图 4-132）

（4）和大蒜气味相似的物品：葱、蒜、
韭菜。（见图 4-133）

（5）糖醋大蒜（见图 4-134）。

图 4-132

图 4-133

图 4-134

3. 幼儿作品展示区

蒜头装饰画、蒜子小制作、写生和泥工作品。

4. 其他

（1） 食堂定期给幼儿提供糖醋大蒜，在菜肴中多加蒜进行调味。

（2） 邀请保健医生给幼儿授课"阿嚏来了"。

（3） 班级每天提供生的蒜头，供幼儿开展活动。

线索一：我眼中的大蒜

集体活动

科学：大蒜（3~6岁）

活动目标

共性目标：了解蒜头的构造和特征，乐于参加探究大蒜的活动。

层次目标一：

1. 能仔细观察蒜头的结构，感知蒜头的气味和味道。

2. 在教师的鼓励、引导下，愿意参加操作和探究活动。

层次目标二：

1. 观察比较蒜头和大蒜的区别，能发现它们的异同。

2. 主动参与剥大蒜皮、数蒜子、品尝味道等探究活动。

层次目标三：

1. 通过观察、比较蒜头和大蒜，发现它们之间的关系。

2. 了解植物的结构，知道蒜头是大蒜的茎。

重点：感知蒜头的结构，了解植物的组成部分。

难点：了解蒜头是大蒜的茎。

活动准备

经验准备：

幼儿知道大蒜的名称，吃过大蒜叶。

物质准备：

1. 蒜头、发芽的蒜头、带叶子的蒜头（含根和茎）。

2. 部分植物根、茎、叶、花、果的照片及简笔画。

活动过程

环节一：观察蒜头的外部形态。

1. 教师：今天老师请来了几个朋友，请你们猜一猜它们是谁。兄弟七八个，围着柱子坐，大家一分家，衣服就扯破。

2. 教师出示蒜头："兄弟"在哪里？"柱子"在哪里？怎么才能看到"兄弟"和"柱子"？

3. 教师提出操作要求：请幼儿拿取一颗蒜头，剥去蒜头的"外衣"，把"兄弟"和"柱子"找出来。

4. 幼儿进行操作。

环节二：幼儿感知蒜头的构造和气味。

1. 教师：你们看到了什么？

2. 请小班幼儿数一数有多少个蒜头兄弟，中、大班幼儿看看他们数得对不对。

3. 幼儿再次剥皮，露出蒜子。教师：这些蒜头兄弟还有一层外衣，外衣里面还会有什么呢？请你再剥掉这层外衣。

4. 幼儿感知蒜子的气味和味道。教师：你闻到了什么气味？想不想尝一尝蒜头的味道？

5. 教师请幼儿品尝蒜头的味道，说说自己的感觉。

环节三：幼儿探索大蒜的结构。

1. 教师出示大蒜（有叶子和根茎），调动幼儿对植物的已有经验：今天，我们还请来了蒜头家庭的另一位成员，你们认识它吗？

2. 教师引导幼儿观察大蒜的组成部分，触摸叶、茎、根须，请中、大班的幼儿说一说它们的名称（根、茎、叶），教师摆放相应的简笔画。

3. 幼儿观看大蒜花和果实的照片：大蒜花是什么样的，大蒜的果实是什么。

教师出示相应的照片。

4. 教师小结：大多数植物是由根、茎、叶、花、果组成的。

环节四：教师拓展幼儿经验。

1. 教师调动幼儿已有经验：你还见过哪些植物有根、茎、叶、花、果？

2. 教师根据幼儿的回答出示相应的植物照片，请幼儿"大带小"在照片上贴上对应的根、茎、叶、花、果的简笔画。

3. 幼儿讨论：蒜头是植物的哪个部分呢？

4. 教师出示发芽的蒜头，观察蒜头的根和叶，引导幼儿发现连接根和叶子的是茎。

5. 教师：你们想看到蒜头长出叶子、花、果实吗？我们一起种大蒜吧！

社会：天南海北说大蒜（3～6岁）

活动目标

共性目标：了解大蒜的相关风俗，在游戏中感受中国的地大物博，产生民族自豪感。

层次目标一：

1. 通过观看视频和图片，了解大蒜节里有趣的事情。

2. 愿意和同伴合作参与蒜头的游戏活动，体验大蒜节的风俗。

层次目标二：

1. 了解世界大蒜节的风俗和大蒜传入中国的历史。

2. 通过游戏了解我国大蒜的产地和地理位置，知道中国地大物博。

重点：了解大蒜节的风俗。

难点：能将大蒜的产地和地理位置在地图上一一对应。

活动准备

经验准备：

幼儿认识中国地图。

物质准备：

1. 关于大蒜节的图片、视频。

2. 中国地图、《中国地图大书》。

3. 蒜头图标，图标上分别写有山东、江苏、河北、河南、上海、安徽、四川、云南、陕西、新疆的文字。

4. 蒜头若干。

活动过程

环节一：教师调动幼儿对节日的已有经验。

1. 教师调动幼儿过节的经验：你们喜欢节日吗？为什么？你喜欢过什么节日？在这个节日里，你和家人会做什么开心的事情？

2. 幼儿根据已有经验进行回答。

环节二：幼儿了解世界大蒜节的风俗（每年的 4 月 26 日是国际大蒜节）。

1. 教师出示大蒜节的活动图片，请幼儿观察：这些图片上都有同一样东西，你们仔细看是什么？为什么都会有大蒜的样子？这是什么地方？你从哪里看出来的？他们在做什么？

2. 幼儿观看大蒜节的视频，教师介绍国外的大蒜节：大蒜是人们非常喜欢吃的食物和调味品，而且有抗菌和防治感冒等很多功效，法国、美国、加拿大、意大利、韩国、日本、德国等国家每年都举行大蒜节，每年的 4 月 26 日为国际大蒜节，4 月为国际大蒜节宣传月，主要宣传科学食用大蒜有益于人类身体健康（见附文）。

3. 幼儿欣赏大蒜的美食图片：你看到了什么美食？你吃过这些食物吗？这些食物中

国人是怎么食用的？

4. 教师带领幼儿继续欣赏图片：你还看到了大蒜的哪些样子？人们在做什么？

5. 教师出示中国的大蒜节图片（挑蒜头扁担、堆蒜头）：我们中国也有大蒜节，中国人是怎么过大蒜节的？

环节三：幼儿体验大蒜节的游戏活动。

1. 幼儿合作玩堆大蒜的游戏：将 10 粒大蒜头堆高，堆得最高且不倒的小组取胜。

2. 引导大班幼儿为小、中班幼儿加油。

环节四：大班幼儿了解大蒜在中国的产地。

1. 教师讲述大蒜传入中国的历史：很久以前中国是没有大蒜的，汉代有一个叫张骞的人出使西域，当时西域人被称为胡人，大蒜在西域是很流行的，张骞从西域回国的时候，把大蒜带回了中国，当时大蒜被称作"胡蒜"。

2. 教师出示中国地图：这是什么？是哪个国家的地图？

3. 教师出示带有文字的大蒜图标：在中国，大蒜的主要产地有山东、江苏、河北、河南、上海、安徽、四川、云南、陕西、新疆。

环节五：游戏活动"大蒜找家"。

1. 教师：这些大蒜图标上有它们家的名字，请小朋友们合作在地图上找出来，把大蒜送到它的家里。

2. 教师小结：我们中国这么多地方都产大蒜，除了大蒜，还有很多的宝贝，我们在《中国地图大书》里再找找还有哪些宝贝。

活动延伸

"大蒜找家"的游戏可延伸到区域活动。

附文：

世界大蒜节

大蒜既可调味，又能防病健身，被德国人誉为"天然抗生素"。在德国，几乎人人都喜欢吃大蒜。世界上最古老的大蒜节和首家大蒜研究所也诞生在这里。在德国的达姆施特市，一年一度的大蒜节已经有了100多年的历史。节日期间，从用的到看的，从吃的到穿的，全部具有大蒜特色，吸引了成千上万的大蒜美食家。组织者还挑选美貌少女作为"大蒜皇后"，连她戴的"桂冠"也是用大蒜编制成的。而这位"皇后"的任务，就是在全德国巡回宣传吃大蒜的好处。在美国加利福尼亚州，有一个闻名于世的大蒜之乡——格来镇，它号称"世界大蒜之都"。那里的大蒜加工业非常兴旺发达。自1979年开始，格来镇在每年7月最后一个周末举办为期3天的大蒜节活动，为来自世界各地的客人提供最优质的服务。在加拿大安大略省的巴里市，人们常年种植大蒜，大蒜是当地最主要的食物之一，每年的6月底都会举行盛会，邀请来自世界各地的嘉宾朋友共同庆祝这一盛大节日。

除了法国，美国、加拿大、意大利、韩国、日本、德国等国家也每年举办大蒜节活动，但时间和届数各不相同。后来世界各国为了统一时间和届次，经过讨论，确定从1981年起每年的4月26日为国际大蒜节，4月为国际大蒜节宣传月，主要宣传科学食用大蒜有益于人类身体健康。

健康：阿嚏来了（3~6岁）

活动目标

共性目标：了解预防感冒的方法，尝试吃辛辣的食物。

层次目标一：

1. 知道感冒会带来不适感，在游戏材料的启发下，了解几种预防感冒的方法。

2. 在教师、同伴的鼓励、引导下尝试吃大蒜来预防感冒。

层次目标二：

1. 了解感冒的原因，能选择合适的方法预防感冒。

2. 勇敢地尝试吃大蒜，养成不挑食的好习惯。

层次目标三：

1. 了解多种预防感冒的方法，并进行归类。

2. 大班幼儿愿意为小、中班幼儿示范吃大蒜，鼓励小、中班幼儿勇敢接受挑战。

重点：了解预防感冒的常识。

难点：对预防感冒的一些常识进行归类。

活动准备

经验准备：

幼儿有感冒的经验。

物质准备：

1. 感冒症状的图片。

2. 空白的卡片、勾线笔若干。

3. 蒜头、水果、蔬菜、手绢、毛巾、衣服、口罩、围巾、温水、板蓝根、跳绳、毽子、书、蜡笔、书包等。

4. 吃大蒜防感冒的科普视频。

活动过程

环节一：师幼共同分析讨论感冒的症状和原因。

1. 教师创设情境：今天早上，有个小朋友打电话跟我请假，说他感冒了，要在家休息一天。

2. 教师帮助幼儿回忆已有经验：感冒的时候，你有什么感觉？

3. 幼儿讨论感冒的症状：感冒了，我们会感到不舒服，会打喷嚏、流鼻涕、鼻子不通畅、喉咙干痛、头痛、发热等。教师出示相应的感冒症状图片。

4. 幼儿讨论感冒的原因并结合自己的经验表达，教师进行简单记录和归纳。

环节二：教师引导幼儿讨论预防感冒的方法。

1. 幼儿讨论：怎么预防感冒？

2. 教师提供多种物品，请幼儿"大带小"选择一件可以预防感冒的物品，并说明选择的原因和使用方法。重点请选择大蒜的幼儿说说选择原因。

3. 引导中、大班幼儿将各种预防感冒的方法按照饮食、着装、锻炼等方面进行归类：这么多方法，哪些方法是比较相似的呢？

4. 教师出示食物、衣服、锻炼的图片，请小班幼儿根据图片说出预防感冒的方法，中、大班幼儿进行补充。

环节三：教师引导幼儿了解大蒜能预防感冒的功效。

1. 幼儿观看"吃大蒜防感冒"的视频。

2. 教师提问：为什么吃蒜头能预防感冒？怎么吃大蒜才能有效果？吃多少合适？

环节四：幼儿品尝生大蒜。

1. 幼儿品尝生大蒜。

2. 注意：为小班幼儿提供薄片的大蒜。

语言：我的名字叫大蒜（儿歌）（3～5岁）

活动目标

共性目标：理解儿歌的内容和含义，能有节奏地念儿歌。

层次目标一：

1. 理解儿歌的内容，愿意用动作表达儿歌的含义。

2. 有节奏地朗诵儿歌，感受儿歌的趣味。

层次目标二：

1. 尝试接唱儿歌，在念诵中感受儿歌韵律。

2. 创编儿歌的动作，愿意和同伴在集体面前表演儿歌。

重点：有韵律地念儿歌。

难点：和同伴合作接唱、表演儿歌。

活动准备

经验准备：

1. 幼儿对大蒜的功能有一定的了解。

2. 幼儿观看过两位教师进行"大蒜和细菌作战"情景表演。

物质准备：

1. 大蒜、细菌的胸饰若干。

2. 儿歌《我的名字叫大蒜》。（见附儿歌）

活动过程

环节一：教师情景表演"大蒜和细菌作战"，激发幼儿的兴趣。

1. 教师 A 扮演"大蒜"：小朋友们，你们好呀！我的名字叫大蒜，我的本领可大了，你们猜猜谁会怕我呢？

2. 教师 B 扮演"细菌"：我的名字叫细菌，我最喜欢在小朋友的身体里了。可是我很怕一样东西，哎呀！它来了！

3. "大蒜"和"细菌"作战，"细菌"看到"大蒜"吓得全身打颤，逃走了。

4. "大蒜"朗诵儿歌：我的名字叫大蒜，能和细菌来作战。吃到肚里转一转，细菌吓得直打颤。小朋友们常吃蒜，身体长得更强健。

环节二：教师带领幼儿朗诵儿歌。

1. 教师带领幼儿回忆、理解、表演儿歌的内容。

（1） 刚才"大蒜"在儿歌里说了什么？"作战"是什么意思？

（2） "细菌"看到"大蒜"后，它是什么表情和动作？谁愿意来模仿"细菌"的动作？

（3） "大蒜"和"细菌"作战，谁赢了？为什么大蒜会战胜细菌？

（4） 小朋友们常吃大蒜，身体会怎么样？谁来用动作表现"身体更强健"？

2. 教师鼓励幼儿大胆地表演，小班的幼儿可以模仿中、大班幼儿的动作。

3. 教师请幼儿跟着朗诵儿歌，中班的幼儿声音响一些，小班的幼儿可轻声念诵。

4. 教师和幼儿练习接唱儿歌：教师扮演"大蒜"，念"大蒜"的句子，幼儿扮演"细菌"，念"细菌"的句子。

5. 幼儿分"大蒜"和"细菌"的角色接唱儿歌。

环节三：幼儿分角色为儿歌创编动作。

1. 教师鼓励幼儿"大带小"结伴表演儿歌：你们商量一下，谁扮演大蒜，谁扮演细菌？大蒜做什么动作？细菌做什么动作？

2. 幼儿"大带小"合作，分角色，戴上胸饰接唱、表演儿歌，教师提醒幼儿可以交换角色表演。

环节四：幼儿在集体面前表演儿歌。

1. 幼儿两人一组表演儿歌。

2. 请幼儿点评同伴的表演。

附儿歌：

我的名字叫大蒜

我的名字叫大蒜，

能和细菌来作战。

吃到肚里转一转，

细菌吓得直打颤。

小朋友们常吃蒜，

身体长得更强健。

小组化活动

科学：味觉瓶（1）（3~6岁）

活动目标

层次目标一：

运用味觉感知不同的味道，能在 3~4 种味道中辨别出大蒜的味道。

层次目标二：

1. 运用味觉感知不同的味道，能在 4～5 种味道中辨别出大蒜的味道。

2. 能用恰当的语言表达自己的感受，提高味觉的敏感度。

活动准备

物质准备：

1. 味觉瓶 5 个，里面装入兑过水的大蒜汁、糖水、盐水、醋汁、黄连水。

2. 人手 1 把勺子，人手 1 杯清水。

3. 纸、笔。

活动过程

环节一：教师创设情境，引发幼儿探索的愿望。

1. 教师出示味觉瓶。

2. 教师：有一个糊涂的小厨师，把三种味道藏在了这些瓶子里，可是，他却忘记里面分别装的是什么了，请小班的小朋友帮帮他吧！

环节二：幼儿品尝味道。

1. 教师请小班的幼儿品尝第一个瓶子里的汁水：说一说你尝到的味道是什么样的？你觉得瓶子里面装的是什么？

2. 请中、大班幼儿进行品尝、验证：弟弟妹妹说的对吗？请你们也尝一尝，帮帮小厨师。

3. 教师带领幼儿讨论：用什么办法能让别人知道这个瓶子里装的是什么。

4. 中、大班幼儿设计并制作标记贴在瓶子上。

5. 教师再出示味觉瓶，请中、大班的幼儿先品尝，再由小班幼儿来验证。

环节三：幼儿分享对食物味道的经验。

1. 教师：你吃过的食物中哪些对应酸、甜、苦、辣、咸的味道？

2. 由中、大班幼儿带着小班幼儿玩找味道的游戏，分辨不同味道，并制作相应的标记。

3. 教师：你们还尝到了瓶子里有什么味道？你最喜欢什么味道？

科学：味觉瓶（2）（5～6岁）

活动目标

1. 能感知、分辨大蒜汁水不同的浓度。

2. 能将不同浓度的大蒜汁水进行正确排序。

活动准备

物质准备：

1. 浓度不同的大蒜汁水5瓶。

2. 人手1把勺子、1杯清水。

3. 纸、笔。

4. "味觉小能手"厨师帽。

活动过程

环节一：教师出示排列无序的大蒜汁水瓶，提出问题。

1. 教师出示大蒜汁水瓶5瓶。

2. 教师：食堂的刘叔叔在整理厨房的时候把调味品的瓶子弄乱了，你们愿意帮刘叔叔整理瓶子吗？

环节二：幼儿通过味觉辨别味道。

1. 幼儿品尝瓶子里的味道，并在瓶子上贴上标记。

2. 教师提问：这5瓶都是大蒜汁，这些大蒜汁的味道一样吗？请你们再尝一尝。

3. 幼儿再次品尝，说一说大蒜汁的味道有什么不一样。

4. 幼儿讨论：这些瓶子里的大蒜汁有的味道很辣很浓，有的味道很淡，每一瓶都不一样，哪个最浓，哪个最淡？怎样让别人知道这5瓶大蒜汁的浓淡呢？

5. 幼儿尝试用自己的方式对大蒜汁浓淡的顺序进行排列。

环节三：幼儿分享辨别大蒜汁浓淡的方法。

1. 教师：你是用什么方法来记录顺序的？为什么？

2. 教师为正确记录顺序的幼儿颁发"味觉小能手"厨师帽。

科学：嗅觉瓶（3～6岁）

活动目标

层次目标一：

运用嗅觉感知不同的气味，能辨别大蒜的气味。

层次目标二：

能在多种气味中辨别大蒜的气味。

层次目标三：

能在多种气味中辨别相同的气味，并进行匹配。

活动准备

1. 嗅觉瓶5个，里面装入兑过水的大蒜汁、醋汁、风油精、麻油、香水。

2. 纸、笔。

活动过程

环节一：教师调动幼儿"味觉瓶"的经验。

1. 教师出示嗅觉瓶，请幼儿说说嗅觉瓶和味觉瓶有什么不一样？

2. 请幼儿猜猜嗅觉瓶有什么作用。

环节二：幼儿用嗅觉辨别嗅觉瓶的气味。

1. 请小班幼儿闻嗅觉瓶的气味，说一说闻到的是什么气味？

2. 如果猜不出来，可以请中、大班幼儿帮助小班幼儿。

3. 请大班幼儿用简笔画画出小班幼儿猜测的物品。

4. 请大班幼儿闻一闻嗅觉瓶里的气味，验证小班幼儿的猜测，并说一说这个气味在哪里闻过，它们是用来做什么的。

环节三：幼儿将嗅觉瓶和实物进行配对。

1. 教师出示幼儿猜测的物品，请幼儿说一说分别是什么。

2. 请小班幼儿闻一闻大蒜汁、醋汁、风油精、麻油、香水的气味。

3. 幼儿"大带小"合作，将物品和嗅觉瓶进行配对。

4. 幼儿共同为嗅觉瓶做上气味标记。

健康：大蒜冰糖水（3～6岁）

活动目标

层次目标一：

1. 愿意参与大蒜冰糖水的制作，给教师、其他幼儿充当小帮手。

2. 知道喝大蒜冰糖水可以预防感冒，乐于参与制作大蒜冰糖水。

层次目标二：

学习看图示探索大蒜冰糖水的制作方法。

层次目标三：

幼儿"大带小"分工合作制作大蒜冰糖水，体验操作、探索的乐趣。

活动准备

物质准备：

1. 煮好的大蒜冰糖水1杯。

2. 制作大蒜冰糖水的图示卡片。

3. 蒜头若干、冰糖、水、塑料锯齿刀、菜板、电饭锅、计时器。

活动过程

环节一：教师创设情境。

1. 教师：×××好久没有上幼儿园了，她怎么了？我们打电话问候一下她吧！

2. 请一名幼儿给×××打电话，询问没来幼儿园的原因：×××因为感冒咳嗽在家养病。

3. 幼儿讨论：有什么办法可以治疗感冒咳嗽？

环节二：教师带领幼儿了解大蒜冰糖水的功效。

1. 教师请幼儿品尝大蒜冰糖水：你喝出水里有什么味道？是用什么材料制作的？

2. 教师介绍大蒜冰糖水的功效：冰糖具有润肺、止咳、清痰和去火的作用，大蒜具有杀菌和驱寒的功效，大蒜加上冰糖炖煮成的汁，具有化痰止咳的功效，对于风热感冒也有很好的防治作用。

环节三：幼儿学习大蒜冰糖水的制作方法。

1. 教师出示制作大蒜冰糖水的图示卡片，幼儿根据图示讨论制作方法。

2. 教师请幼儿对制作的方法和步骤进行小结。

（1）准备好大蒜和冰糖。

（2）将大蒜剥皮，切成片。

（3）锅内加入一碗清水煮沸。

（4）加入大蒜片和冰糖。

（5）加盖煮10～15分钟。

3. 任务要求：小、中、大班各一个小朋友三人合作，请大班的小朋友负责分工，每个人都要有任务：剥大蒜、切大蒜、倒大蒜皮、擦拭和菜板等。

4. 安全提醒：用刀切大蒜时要小心，水煮沸后，由教师往锅里放大蒜和冰糖。

5. 幼儿分组合作，制作大蒜冰糖水。

6. 在等待水煮沸的过程中，请每组幼儿说一说是怎么分工的，在合作中会出现什么问题，有什么解决办法。

环节四：幼儿品尝大蒜冰糖水。

待大蒜冰糖水稍凉时，请幼儿品尝，并说一说味道是怎样的。

活动延伸

在班上有小朋友感冒的时候，请幼儿每天喝一杯大蒜冰糖水。

综合：糖醋蒜头（3~6岁）

活动目标

层次目标一：

1. 对制作糖醋蒜头的过程感兴趣，愿意品尝糖醋蒜头。

2. 参与关于糖醋蒜头的调查，尝试提出自己的问题。

层次目标二：

1. 了解传统食物糖醋蒜头的制作方法。

2. 愿意品尝糖醋蒜头，体会自制食物的乐趣。

3. 通过对家庭成员的采访，感受家庭成员对糖醋蒜头的喜爱之情。

活动准备

物质准备：

1. 密封的饭盒。

2. 提前将 10 颗新鲜的蒜头在盐水里泡 3 天。

3. 新鲜的蒜头、红糖、香醋、盐。

4. 腌制好的糖醋蒜头。

活动过程

环节一：幼儿观察、品尝蒜头。

1. 教师出示腌制好的蒜头和新鲜的蒜头，请大、中班幼儿观察、品尝两种蒜头，说一说它们有什么不一样，腌好的蒜头里可能有什么调味品。

2. 教师鼓励小班幼儿也品尝两种蒜头的味道。

环节二：幼儿了解糖醋蒜头的腌制方法。

1. 教师展示糖醋蒜头的腌制方法。

（1）将新鲜的蒜头放入盐水中浸泡3天。

（2）将已经浸泡好的蒜头放在饭盒里。

（3）煮沸水后，将红糖、醋放入水中煮开。

（4）将冷却的红糖、醋汁倒入装有蒜头的饭盒里，密封好，腌制2个。

2. 请幼儿就刚才老师示范的方法进行提问和互动。

环节三：教师对幼儿进行关于自制蒜头的访谈。

1. 教师对幼儿进行访谈：老师是怎么做糖醋蒜头的？你最喜欢哪个步骤？你愿意尝试吃糖醋蒜头吗？

2. 幼儿回家后对家人进行访谈并填写《"糖醋蒜头"调查表》(见附表)：你家人以前做过糖醋蒜头吗？谁做的？怎么做的？你们家谁最喜欢吃蒜头？谁不喜欢吃蒜头？

活动延伸

餐前请幼儿说一说自家的糖醋蒜头的故事。

附表：

"糖醋蒜头"调查表

调查人：　　　　　　　　　　　调查时间：

幼儿姓名： 自画像	你家谁会做糖醋蒜头： 他（她）的画像

你家的糖醋蒜头是怎么做的？（如何选择大蒜，用的是哪种糖、什么品牌的醋？如果家人不会做糖醋蒜头，可以到超市去买，画出买的品牌、买的过程） 请幼儿画图，家长用文字说明：	谁爱吃糖醋蒜头： 他（她）的画像
	谁不爱吃糖醋蒜头： 他（她）的画像

区域活动

生活区：剥蒜头（3～6岁）

材料：

1. 蒜头若干（将蒜头根部切掉，便于幼儿剥）。

2. 分类盒、数字卡片 1～10，分合标记。

指导重点：

1. 锻炼手部肌肉，将剥好的蒜头按照 1～10 的数量点数分别放入分类盒。

2. 将剥好的蒜头按照 1～10 的数量点数，按奇偶数放入分类盒。

3. 用剥好的蒜头进行 10 以内数的分解、合成练习。

益智区：送宝回家（5～6岁）

材料：

1. 中国地图。

2. 中国特产的图标，图标上标有该特产的出产地（省级、市级）。

指导重点：

1. 初步了解祖国一些特产的出产地，锻炼观察能力。

2. 能找出省级特产出产地的地理位置。

3. 能找出省级、市级特产出产地的地理位置。

益智区：张骞和大蒜（5～6岁）

材料：

1. 画有张骞出使西域带着蒜头回到中国的行程路线的棋谱。

2. 骰子1粒、棋子2～4粒，1粒是"张骞"，另外2～3粒是追赶"张骞"的"士兵"。

指导重点：

1. 能根据游戏规则进行游戏。

（1）轮流掷骰子，按照骰子的点数走棋。

（2）遇到陷阱、强盗往后退3步。

（3）遇到沙漠、雨雪风暴停止1次游戏。

（4）遇到马儿、粮食前进2步。

2. 遇到矛盾时能够协商解决。

美工区：蒜子制作动物园（3～6岁）

材料：

1. 蒜子。

2. 牙签、豆类、树叶、小石头、动物图片等。

指导重点：

1. 运用材料对动物园场景进行围合和拼搭，表现自然的场景。

2. 能够根据图片的动物形象，运用蒜子和牙签拼搭小动物，表现动物的主要特征。

3. 能用蒜子和其他材料塑造较复杂的动物形体和场景，表现主题场面。

美工区：蒜子拼盘（3~6岁）

材料：

1. 蒜子。

2. 纽扣、卡纸、吸管、纸盘、双面胶等。

指导重点：

1. 能用蒜子和少量辅助材料进行简单的拼贴造型，体验手工活动的乐趣。

2. 能用蒜子和辅助材料进行有规律的图案造型，喜欢用材料进行手工创作。

3. 能综合运用剪、折、撕、粘等方法，进行主题蒜子造型，体验综合运用蒜子和不同手工材料制作作品的快乐。

线索二：种蒜头喽

集体活动

数学：买蒜头（4~6岁）

活动目标

共性目标：理解数和量之间的关系，感知生活中数学的乐趣。

层次目标一：

1. 比较 10 以内数字的大小，学习按数字的大小进行排序。

2. 在游戏中体验买卖的含义。

层次目标二：

1. 在买卖游戏中巩固 10 以内数的分解、合成。

2. 体验数学在生活中可以帮助我们解决问题。

重点：对蒜头的价格进行排序。

难点：在游戏中巩固 10 以内数的分解、合成。

活动准备

经验准备：

幼儿有买卖的经验，大班幼儿学习过 10 以内数的分解、合成。

物质准备：

1.《蒜头价格调查表》（见附表）：家长带领幼儿到菜场买蒜头，并记录蒜头的价格。

2. 幼儿照片。

3. 蒜头卡片若干，放在小篮子里。

4. 价格标签、勾线笔若干。

5. 10 元钱的卡片。

活动过程

环节一：幼儿分享买蒜头的经历。

1. 将幼儿和家长记录的《蒜头价格调查表》张贴在黑板上。

2. 请个别幼儿说一说：你家住在哪里？你家附近菜场的蒜头多少钱一斤？

环节二：教师整理各家菜场的蒜头价格并让幼儿进行比较。

1. 请幼儿将自己的照片张贴在表格里，并填好蒜头的价格，互相交流。

幼儿照片	居住小区	蒜头价格（元/斤）	价格排名

2. 教师请幼儿比较蒜头的价格：哪家菜场的蒜头最贵？哪家最便宜？你是怎么知道的？

3. 教师先请中班的幼儿发言，大班的幼儿做补充。

4. 教师请幼儿"大带小"对自己家菜场的蒜头价格从低到高进行排序，最便宜的用序号1来表示。

5. 幼儿讨论：价格一样的该怎么排序？

环节三：幼儿玩买卖游戏，巩固10以内数的分解、合成。

1. 教师帮助幼儿回忆买菜的经验：你是怎么买蒜头的？怎么询问价格的？农民伯伯说什么？买好后，谁付钱？钱付多了怎么办？

2. 教师交代游戏规则：玩买卖蒜头的游戏，请中班的小朋友当"买家"，大班的小朋友当卖蒜头的"农民伯伯"。根据自己家附近菜场的价格定蒜头的价格，每一个买家有10元钱，用10元钱买1斤蒜头，要对"农民伯伯"说我要买什么，买多少，"农民伯伯"要算账，找零给买家。

3. 幼儿玩游戏："农民伯伯"给自己的蒜头做价格牌，"买家"拿钱买蒜头，"农民伯伯"把找零的钱写在卡片上交给"买家"。

环节四：幼儿分享游戏中买卖的经验。

1. 请中班的幼儿分享：你买的蒜头多少钱一斤？买了几斤蒜头，还剩多少钱？

2. 请大班的幼儿分享：你卖的蒜头多少钱一斤？卖了几斤蒜头？找零给别人多少钱？

活动延伸

在角色游戏中开展买卖的游戏活动。

附表：

蒜头价格调查表

调查时间：

调查人姓名	居住小区	蒜头价格（元/斤）

音乐：《买菜》（歌唱）（4~6岁）

活动目标

共性目标：学唱歌曲，大胆表现歌曲的风格和节奏。

层次目标一：

1. 借助图谱理解歌词的内容，尝试完整地演唱歌曲。

2. 感知曲调中的高低、快慢等变化，在演唱中表现欢快的节奏氛围。

层次目标二：

1. 尝试完整地演唱歌曲，掌握歌曲两拍的节奏。

2. 借助图谱有节奏地念唱歌词，并结合自己的生活经验创编歌词。

3. 体验、表现歌曲欢快的节奏和幽默趣味。

重点：掌握歌曲中｜ × × × × ｜ × × × ｜ 的节奏。

难点：结合生活经验，创编歌词并按照节奏演唱。

活动准备

经验准备：

幼儿有和家长到菜场买菜的经验。

物质准备：

1. 小朋友、奶奶、太阳的图片。

2. 各种蔬菜的图片。

3. 歌曲《买菜》（见附歌曲）。

活动过程

环节一：教师调动幼儿生活经验，引出活动。

1. 教师：一大早，奶奶提着篮子去干什么呢？（出示小朋友和奶奶的图片）今天的天气怎样（出示太阳的图片）？

2. 教师完整地、有节奏地朗诵歌词"今天的天气真呀真正好"，并引导大班的幼儿按照同样的节奏说出"我和奶奶去买菜"。

3. 教师调动幼儿买菜的经验，请中班的幼儿说一说菜场里有什么菜呢。

环节二：幼儿借助图谱、动作模仿理解歌词。

1. 教师出示图片，引导幼儿观察图谱并提炼歌词。

图一：鸡蛋

图二：青菜

图三：母鸡

图四：鱼儿

图五：萝卜、黄瓜、西红柿

图六：蚕豆、毛豆、小豌豆

2. 教师借助肢体语言或形象比喻，帮助幼儿理解"圆溜溜""绿油油""咯咯叫""水里游"等重点歌词。

3. 幼儿在旋律的伴奏下玩拍手问答游戏，逐步熟悉旋律和歌词。中班的幼儿提问，大班的幼儿回答，幼儿熟悉内容后，中、大班幼儿交换问答。

什么圆溜溜呀？鸡蛋圆溜溜呀。

什么绿油油呀？青菜绿油油呀。

什么咯咯叫呀？母鸡咯咯叫呀。

什么水中游呀？鱼儿水中游呀。

4. 幼儿跟随音乐完整演唱歌曲《买菜》。

5. 教师示范唱最后一句：哎呀呀，哎呀呀，拿也拿不了嘿！

环节三：幼儿完整欣赏、表演歌曲。

1. 教师：今天买了好多菜，好辛苦呀。小朋友们休息一下，我把买菜的故事唱给你们听一听。

> 今天的天气真呀真正好，
>
> 我和奶奶去呀去买菜，
>
> 鸡蛋圆溜溜呀，
>
> 青菜绿油油呀，
>
> 母鸡咯咯叫呀，
>
> 鱼儿水中游呀，
>
> 萝卜、黄瓜、西红柿，
>
> 蚕豆、毛豆、小豌豆，
>
> 哎呀呀，哎呀呀，拿也拿不了嘿！

2. 幼儿用多种形式练习演唱歌曲。（师幼之间，中、大班幼儿之间分角色完整练习念白和演唱部分）

3. 教师引导幼儿在表演时表现欢快的情绪：菜场这么多菜，有营养、味道好，大家买菜买得真高兴！

环节四：教师引导幼儿替换歌词，创编歌曲。

1. 将图一、图二、图三、图四的图片撤掉：奶奶今天还想买其他的菜，你们告诉奶奶想吃什么菜。

（图一：鸡蛋；图二：青菜；三：母鸡；图四：鱼）

2. 教师引导幼儿用合适的词表现替换的菜：你想吃的菜是什么样的？可以用什么好听的词来说？如果用四个字，怎么说？

3. 在旋律的伴奏下练习替换的句子：| × × × × | × × | 。

4. 鼓励大班的幼儿用新创编的歌词替换原来的歌词进行完整的演唱，为其他幼儿做示范。

5. 全体幼儿练习演唱。

6. 教师替换图五、图六的内容，让幼儿再进行创编，并用| × × × × | × × × | 的节奏进行练习。

（图五：萝卜、黄瓜、西红柿；图六：蚕豆、毛豆、小豌豆）

7. 全体幼儿用全部替换的新歌词进行演唱。

附歌曲：

买　菜

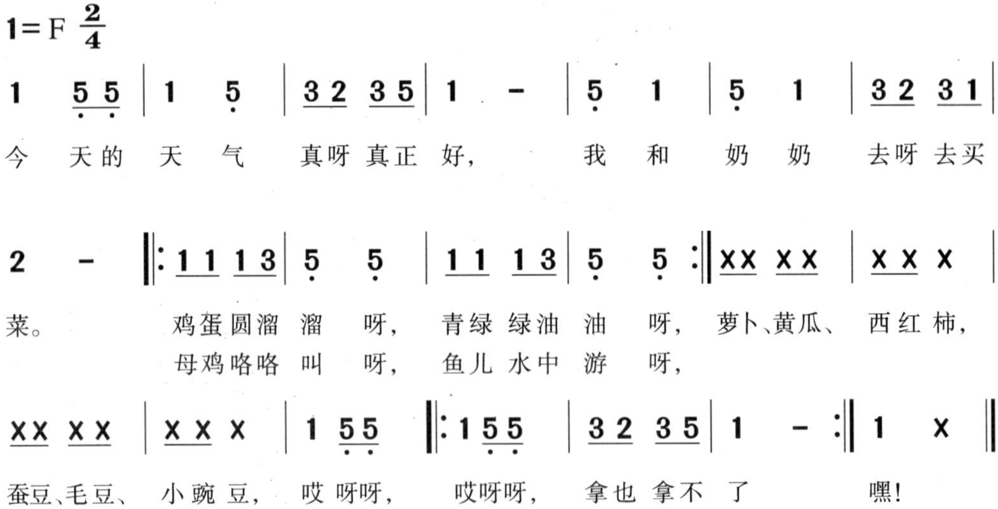

1= F 2/4

| 1 | 5 5 | 1 | 5 | 3 2 3 5 | 1 - | 5 | 1 | 5 | 1 | 3 2 3 1 |

今　天的　天　气　真呀真正　好，　　我　和　奶　奶　去呀去买

| 2 - ‖: 1 1 1 3 | 5 5 | 1 1 1 3 | 5 5 :‖ × × × × | × × × |

菜。　　　鸡蛋圆溜溜　呀，　青绿绿油油　呀，　萝卜、黄瓜、西红柿，
　　　　　母鸡咯咯叫　呀，　鱼儿水中游　呀，

| × × × × | × × × | 1 5 5 ‖: 1 5 5 | 3 2 3 5 | 1 - :‖ 1 × ‖

蚕豆、毛豆、小豌豆，　哎呀呀，　哎呀呀，　拿也拿不了　　嘿！

科学：种蒜头（3～6岁）

活动目标

共性目标：了解播种的方法，积极参加种植活动。

层次目标一：

1. 知道蒜头种在土壤里给它浇水会发芽，初步了解种植的方法。

2. 喜欢亲近土壤，能用按、压土壤的方法种植大蒜。

层次目标二：

1. 了解种植的完整过程和方法，体验播种的过程。

2. 运用工具进行种植，喜欢操作工具。

层次目标三：

1. 知道蒜头的播种和生长需要一定的自然条件。

2. 通过观察、测量、记录等多种方式了解温度、光照、水分、土壤等环境条件。

重点：尝试用土培和水培两种方法种植蒜头。

难点：了解蒜头生长的温度、光照、水分等环境条件。

活动准备

经验准备：

大班的幼儿认识温度计。

物质准备：

1. 蒜宝宝的手偶。

2. 蒜头、种植园地、花盆、铲子、小耙子、小水壶、温度计。

3. 太阳、水、土的标记，"已浇水"的牌子。

4. 纸、笔。

活动过程

环节一：教师激发幼儿探索的兴趣。

1. 教师出示已经长大的蒜：你们认识它吗？它小时候是什么呢？

2. 教师巩固幼儿对大蒜结构的认识：细长绿色的是大蒜的叶，白色细长的须是大蒜的根，白色圆形的是大蒜的茎。它小时候是蒜头。

环节二：教师出示蒜头，幼儿观察、讨论。

1. 幼儿小、中、大班各一人三人一组，观察并用自己的语言描述蒜头的样子。

2. 教师鼓励幼儿将蒜头掰开，观察蒜子，并自由讨论蒜子长的是什么样子。

3. 教师小结：有一头尖尖的，那是蒜头的头，有一头圆圆的，那是它的屁股，我们种蒜头的时候，一定要把蒜头的头朝上，让它的屁股"坐"在洞里，这样它才能长出叶子来。

环节三：了解蒜头的种植条件。

1. 教师帮助幼儿理解什么是种植条件：你们在妈妈肚子里的时候，要住十个月才能出生，如果住得不舒服，太冷、太热，或者妈妈生病了，你们就可能在妈妈的肚子里很难受，甚至不能顺利出生，蒜头就像在妈妈肚子里的小宝宝，也要很舒服才会长出叶子来，我们来看看蒜宝宝在什么环境里才会舒服呢。

2. 教师出示蒜宝宝手偶，用蒜宝宝的口吻介绍蒜头的播种条件：我喜欢冷凉的环境，温度在 $-5℃ \sim 26℃$，如果超过 $26℃$，我就会停止生长。我非常喜欢晒太阳，有太阳我才会发芽哦！我小时候不需要太多水分，否则根会烂掉，长大一些我就需要很多水分了。我喜欢肥沃、疏松透气的土壤。

3. 幼儿分组检查蒜头的播种环境是否符合条件：请大班的幼儿测量今天的温度，中班的幼儿用手检查种植园地和花盆中的土壤是疏松还是硬实，小班的幼儿看看今天太阳公公有没有出来。

4. 教师带领幼儿汇总信息，并根据温度、太阳、水、土等情况，用适当的标记做记录。

5. 幼儿讨论：土壤很硬很干怎么办？

教师引导幼儿用铲子将土壤拨疏松，用水壶加入少量的水。

环节四：教师带领幼儿种蒜头。

1. 教师示范播种：观察蒜头，将蒜头大的一头放在土壤表面，轻轻地压入土壤里，直到只露出尖尖的小头，在距离第一粒蒜头一个拳头的位置放入第二粒蒜头，蒜头之间保持一定的距离，蒜头宝宝们才能都吸收到营养。

2. 小、中、大班各一个幼儿，三人一组，每个幼儿播种 5 粒蒜头，教师提醒幼儿分辨圆头和尖头的部分，每一粒蒜头之间保持一个拳头的距离，播种之后，请幼儿互相检查。

3. 全部播种好后，教师指导幼儿给种植园地浇水，注意提醒幼儿水不能浇太多，土壤的颜色变成深色就可以不用浇水了。

4. 教师请幼儿在种植园地插上标志牌。

环节五：教师小结播种的过程。

教师请幼儿说说播种的过程，引导大班幼儿用简笔画画出种植过程的简图。

测量温度—检查土壤的硬度和湿度—分辨蒜头的大小头—将大头压入土壤—浇水—插上标记牌。

环节六：幼儿讨论、分工管理种植园地。

1. 幼儿讨论如何管理种地园地。

（1）每天观察、记录大蒜的成长。

（2）每天检查土壤的干湿度，及时浇水，浇过水的蒜头旁要插"已浇水"的牌子。

（3）每周给土壤松土。

2. 幼儿根据管理种植园地的项目自己进行小组内分工。

语言：大蒜的生长故事小书（早期阅读）（4～6岁）

活动目标

共性目标：尝试用图画、符号、文字表现大蒜生长的故事，并且制成故事书。

层次目标一：

1. 尝试用比较有序、连贯的语言分享在种大蒜的过程中发生的故事。

2. 将大蒜的生长故事绘制成故事书。

层次目标二：

1. 知道书由封面（包括书名、作者等信息）、内容画面、文字等组成。

2. 用图画、符号、文字等多种表征方式制作图书，体验自己制作图书的乐趣。

重点：制作一本大蒜生长的故事书。

难点：用多种表征方式表现故事书的内容和结构。

活动准备

经验准备：

幼儿观察、记录过大蒜的生长记录。

物质准备：

1. 图书 1 本。

2. 大蒜的观察记录表。

3. 纸张、油画棒。

4. 订书机、彩绳。

活动过程

环节一：幼儿分享在种大蒜的过程中发生的故事，讨论如何制作大蒜的生长故事小书。

1. 教师：你在种大蒜的过程中发生了什么有趣的故事？

2. 幼儿分享种大蒜的故事。

3. 教师：如果请你制作一本大蒜的生长故事小书，你会怎么做呢？

4. 教师鼓励中、大班幼儿结伴进行讨论，分享自己的方法。

环节二：师幼共同欣赏、阅读图书，了解图书的结构。

1. 教师带领幼儿读一本图书，引导幼儿观察图书结构（封面、内容的文字、封底等）。

2. 幼儿讨论。

这本书叫什么名字？你从哪里看出来的？——一本书需要有封面。

这本书谁写的？作者的名字在哪里？——封面上有作者的名字。

这本书说了什么？你是怎么知道的？——书里面有图画和文字。

我们怎么看书？这本书里面的顺序是怎样的？——要编写页码。

你怎么知道书看完了？——书翻到最后一页有封底。

3. 教师概括幼儿的发言，并用符号进行提炼：书的封面上要有书名和作者的名字；书里面要有绘画的内容，还要写文字，让别人能读得懂；书页要有顺序，在页脚写上页数；书的最后一页有封底；要把书装订好。

环节三：幼儿合作制作小书。

1. 幼儿根据自己的大蒜观察记录表，结合种大蒜时发生的故事，制作大蒜的生长故事小书。

2. 中班的幼儿能够把自己记录的生长过程按照顺序排列、装订，大班的幼儿在此基础上对画面进行丰富和装饰，文字部分可以请教师帮助书写。

环节四：幼儿互相阅读、分享小书。

1. 幼儿互相阅读、分享小书。

2. 教师：你喜欢哪本书？喜欢的原因是什么？这本书的名字和作者是谁？你能看懂这本书吗？

小组化活动

综合：种蒜头的准备（3～6岁）

活动目标

层次目标一：

1. 愿意加入小组讨论，倾听他人的想法。

2. 能表达自己的意愿，积极为种蒜头做准备。

层次目标二：

1. 能主动思考种蒜头需要准备的物品。

2. 能和同伴交流自己的想法，愿意接受他人的建议。

层次目标三：

1. 学习用记录表进行记录，确定各人负责准备的物品。

2. 能"大带小"讨论、分工、合作，共同为种蒜头做准备。

活动准备

物质准备：

纸、笔。

活动过程

环节一：幼儿讨论种蒜头需要准备的材料。

1. 教师：我们要种植蒜头了，蒜头可以种在哪里呢？

2. 幼儿讨论：种在水里需要哪些材料？种在土里需要哪些材料？

3. 小、中、大班各一名幼儿，三人一组，讨论出种蒜头需要准备的材料。

环节二：教师根据大蒜种植的方法，汇总幼儿讨论的结果。

1. 教师汇总幼儿的讨论结果，出示水和土的标记，请幼儿说说土培和水培蒜头分别需要什么材料，并用适当的符号进行汇总。

2. 教师拓展幼儿的经验：怎样让别人知道是你种植的东西？（做标记）怎样记录大蒜的生长过程？（做观察记录本）

环节三：教师引导幼儿协商、分工，用记录表确定各人负责准备的物品。

1. 讨论：这些物品由谁来准备呢？哪些东西在幼儿园准备？哪些需要回家准备？

幼儿园可以准备的东西：标记、观察记录本。

幼儿回家准备的东西：大蒜、花盆、瓶子、小铲子、小水壶。

2. 教师引导幼儿协商、分工，用观察记录表确定各人负责准备的物品。

3. 幼儿分成土培组和水培组，每组由大班幼儿做小组长，组织幼儿讨论：谁家里有需要的材料，谁负责带什么东西。

4. 汇总讨论结果：由小组长将讨论的结果进行分享，教师帮忙记录。

5. 教师请第二天每个幼儿将自己负责准备的物品带到幼儿园。

科学：蒜头的发芽实验（3~6岁）

活动目标

层次目标一：

1. 知道植物需要太阳、空气、水才能生长。

2. 学习记录实验的过程和结果。

层次目标二：

1. 探究蒜头生长的必要条件，并用多种方式开展实验，记录过程和结果。

2. 初步形成保护大自然的环保意识。

活动准备

物质准备：

1. 2粒已经发芽的大小、高矮大致一样的蒜头。

2. 黑色塑料袋、密封的透明瓶子。

3. 纸、笔。

活动过程

环节一：幼儿分享前期种植蒜头、照顾蒜头的经验。

1. 幼儿分享观察、照顾蒜头生长的经验：你每天为蒜头做些什么？

2. 教师用符号记录幼儿做的事：给植物晒太阳、让植物呼吸空气、浇水。

3. 教师出示 2 粒已经发芽的蒜头，请幼儿说说它们现在的样子，教师给 2 粒蒜头拍照，幼儿画出来，写上当天的日期。

环节二：教师组织幼儿讨论种子发芽的条件。

1. 幼儿讨论：如果我们没有空气呼吸、没有太阳晒、没有水喝，会怎么样？如果我们不给蒜头晒太阳、不给它呼吸空气、不给它浇水，会发生什么？

2. 教师小结：我们要爱护环境，少开车，多走路和骑车，不往江河里倒垃圾、排污，爱护环境就是爱护我们人类自己。

环节三：师幼开展蒜头发芽的实验。

1. 教师请幼儿将一粒蒜头放在密封的玻璃瓶子里，用黑色塑料袋套上，不浇水；另一粒蒜头正常在太阳、空气下生长，每天浇水。

2. 幼儿讨论：怎样知道我们做的实验的名称？

3. 幼儿做没有水、没有空气、没有太阳的标志牌，贴在相应的花盆上。

4. 教师提出后期的实验观察要求：一个星期后，我们再给它们拍照、画像，看看它们有什么变化。

活动延伸

幼儿继续观察大蒜的生长，用多种方式记录。

区域活动

美工区：种植的工具（3~6 岁）

材料：

1. 种植的材料：瓶子、花盆、即时贴、压花器、胶棒等。

2. 做标记的材料：冰棒棍、吸管、纸张、彩笔、油画棒等。

3. 做观察记录本的材料：纸张、彩笔、油画棒、小订书机、彩绳等。

指导重点：

1. 利用多种材料，装饰种植蒜头用的瓶子、花盆。

2. 设计蒜头种植的标记的要素：种的是什么、提醒别人注意什么。

3. 设计观察记录本的要素：封面和内页、谁的记录本、记录的日期、记录时的天气情况、温度、要记录多久时间、准备多少张记录纸、怎么装订成一个本子。

科学区：大蒜的生长记录（4~6岁）

材料：

观察记录本、尺子、温度计。

指导重点：

1. 提醒幼儿每天坚持观察，画出大蒜的形态。

2. 在观察记录本上要记录当天的日期。

3. 尝试用尺子测量大蒜的高度、用温度计测量水的温度和当天的气温，并在记录本上进行记录。

线索三：好吃的大蒜食物

集体活动

综合：我家的大蒜菜肴（3~6岁）

活动目标

共性目标：分享自己家大蒜菜肴的故事，能够认可自己和他人的劳动。

层次目标一：

在集体中分享大蒜菜肴的制作故事，感受做小厨师的乐趣。

层次目标二：

1. 尝试介绍菜名、菜肴口味和参与制作的情况。

2. 知道自己在制作过程中的劳动，对自己感到满意。

层次目标三：

1. 能有条理地介绍菜名、食材的准备、烹饪过程、菜肴口味和参与制作的情况。

2. 为自己的努力劳动感到自豪，同时也能热情地鼓励同伴的劳动。

重点：分享大蒜菜肴的制作故事。

难点：能有条理地介绍菜肴的准备、烹制过程，菜肴口味和参与制作的情况。

活动准备

经验准备：

幼儿在家和家庭成员一起制作一道大蒜菜肴，并把参加的人员、制作的过程做成海报，教师将海报布置在教室中供幼儿阅读。

物质准备：

1. 白纸、勾线笔。

2. 爱心贴。

3. 家长与幼儿共同制作菜肴的视频。

活动过程

环节一：幼儿展示自己家庭制作的大蒜菜肴海报。

1. 教师请幼儿展示大蒜菜肴海报，每位幼儿介绍菜名。

2. 教师请幼儿将菜肴进行分类，制作同类菜肴的幼儿组成一个小组。

3. 请同一个小组的幼儿进行协商，推选一个在集体面前进行故事分享的幼儿。

环节二：幼儿讲述大蒜菜肴的制作故事。

1. 教师提出分享的要求，并出示标记，其他幼儿要为介绍的幼儿鼓掌。

介绍菜名—参与菜肴制作的人有哪些 —自己做了什么工作—食材的名称 — 烹制的过程 — 菜肴的口味—参与制作食物的感受。

（中班的幼儿可以不讲述烹制的过程；小班的幼儿可以不讲述食材的名称和烹制的过程）

2. 幼儿根据海报的内容，按照提示的要求讲述自己家庭的大蒜菜肴故事，重点讲述大蒜在菜肴里面是怎么被烹饪的。

3. 请每个幼儿推选自己喜欢的大蒜菜肴，并在相应的海报上贴上爱心贴。

4. 请每组幼儿清点自己爱心贴的总数。

5. 教师小结：看到你们和爸爸妈妈做的菜，老师都想吃了！你们的小手真能干！

环节三：分享家长鼓励幼儿的视频。

1. 教师：你们在家里帮着爸爸妈妈做菜，爸爸妈妈会对你们说什么呢？

2. 请幼儿观看爸爸妈妈拍摄的鼓励幼儿的视频。

3. 请幼儿说一说看了视频的感受：爸爸妈妈夸奖你的时候，你是怎么想的？你愿意今后继续帮助家人做家务吗？

活动延伸

可以在餐前请幼儿分享自己家庭的大蒜菜肴。

音乐：《小厨师》（律动）（3～6岁）

活动目标

共性目标：感受音乐欢快的节奏，尝试用肢体动作表演《小厨师》。

层次目标一：

1. 尝试用动作、姿态模仿洗菜、炒菜等生活情景。

2. 喜欢律动，享受和同伴一起表演的乐趣。

层次目标二：

1. 根据自己的生活经验，大胆创编洗菜、炒菜等动作。

2. 能够根据音乐的节奏切换不同的场景表演，愿意和同伴合作进行表演。

重点：创编《小厨师》的动作。

难点：和同伴合作进行表演。

活动准备

经验准备：

1. 幼儿有和家人到菜场买菜的经验。

2. 幼儿有观看家人做菜的经验。

物质准备：

1. 小围裙、厨师帽。

2. 青菜的标记。

3. 歌曲《小厨师》（见附歌曲）。

活动过程

环节一：发声练习：复习歌曲《买菜》。

1. 教师:：今天妈妈不在家，我们来当小厨师，帮妈妈做饭好吗？让我们开着汽车出发吧！

2. 教师带领幼儿复习歌曲《买菜》。

环节二：幼儿创编洗菜的动作。

1. 教师调动幼儿已有经验，引导幼儿说一说在菜场买过什么菜、家人做菜前做什么准备。

2. 请中、大班的幼儿为小班幼儿示范洗菜的动作：双手搓，伸长手臂搓。

3. 教师带领幼儿边做动作边念儿歌：两手搓搓洗青菜，手臂伸长洗萝卜。

4. 幼儿跟随音乐的节奏，边念儿歌边做洗青菜、洗萝卜的动作。

5. 教师：在哪里洗菜呢？我们怎么做一个水池出来？

6. 教师引导小班幼儿手拉手围成一个"水池"，教师带领中、大班的幼儿站在圆圈里：小厨师们，我们跟着音乐到水池里洗菜吧！

7. 小班和中、大班的幼儿交换角色表演洗菜的场景。

环节三：幼儿创编切菜和炒菜的动作。

1. 教师引导幼儿创编切菜的动作：洗好菜，该做什么呢？切菜需要用什么？刀在哪里？可以怎么做？五个指头要并拢，注意刀很锋利哟！你是怎么做切菜动作的？

2. 教师带领幼儿跟随音乐的节奏做切菜的动作。

3. 教师：切好菜，该做什么呢？在哪里炒菜呢？谁来扮演锅？

4. 小班的幼儿手拉手围成一口"锅"。

5. 中、大班的幼儿创编炒菜的动作。教师：谁来做炒菜的动作？你们都会做，真是能干！

6. 中班的幼儿创编菜在锅里翻滚的动作。教师：我们先炒个青菜吧！谁来扮演青菜？菜在锅里会怎样？

7. 教师：菜炒好了，我来尝尝味道。很淡，怎么办？（洒点盐、味精）小厨师们谁来做撒盐的动作呢？（个别幼儿先做，再集体做：放点盐撒一撒，放点味精撒一撒）尝一尝，味道好极了！

环节四：幼儿跟随音乐分角色完整地表演律动。

1. 幼儿根据扮演的角色，大班幼儿系上围裙、戴上厨师帽，中班幼儿戴上青菜的标记。小班幼儿围成圆圈。

2. 幼儿分角色扮演水池、小厨师、青菜，跟随音乐的节奏表演律动。

3. 幼儿交换角色进行表演。

环节五：结束活动。

教师：妈妈回来了，我们把菜端到餐厅让妈妈品尝吧！

附歌曲：

小厨师

佚　名　词曲

1=C 4/4

3 35 6 35 | 6 i 65 3 - | 2 23 5 31 | 23 21 6 - | 6 6 6 7 1 1 1 |

今天妈妈不在家，

1 7 1 2 3 - | 2 2 2 7 5 2 | 1·2 1 7 6 - | 6 6 6 7 1 1 | 1·7 1 2 3 - |

我当 小厨师，　 先去 菜场买菜，回家洗干净。 两手 搓呀搓呀 洗呀洗青菜，

2 2 2 7 5 2 | 1·2 1 7 6 - | (2 3 2 1 6 -) | 6 6 6 6 6 6 |

手臂 伸长洗 呀 洗 呀洗萝卜。　　　　 (洗白) 切呀 切呀 切呀切，

1 1 1 1 1 - | 2 2 2 2 2 2 2 | 3 3 3 3 3 - | 6 6 6 6 6 6 |

切呀 切青菜，　 切呀 切呀 切呀切， 切呀 切萝卜。 炒呀 炒呀 炒呀炒，

1 1 1 1 1 - | 2 2 2 2 2 2 2 | 3 3 3 3 3 - | 2·3 2 1 6 - |

炒呀 炒青菜，　 烧呀 烧呀 烧呀烧， 烧呀 烧萝卜。 洒点盐 呀，

3·4 3 2 1 - | 3 3 3 4 5 3 1 | 2 2 2 2 2 7 5 | 2·3 2 1 6 - ‖

洒点， 味 精，　 啦啦 啦啦 啦啦啦， 啦啦 啦啦 啦啦 啦， 味道 好极 啦！

亲子活动：大蒜美食节（3~6岁）

活动目标

1. 全家共同参与表演、游戏、竞赛、品尝等活动，感受、体验"大蒜美食节"的乐趣。

2. 能够遵守游戏规则和活动秩序，配合活动的安排。

3. 和同伴友好相处，保持平稳的情绪。

活动准备

物质准备：

1. 每个家庭为自己起一个带有"蒜"字发音的名字。

2. 每个家庭成员穿上贴有大蒜图标的服饰。

3. 每个家庭准备一份蒜味食品。

4. 邀请一位家长和教师一起做活动主持人。

5. 每个家庭提前报名参加一项游戏、竞赛或者才艺表演。

6. 蒜头、乒乓球拍、篮子、厨师帽。

7. 小奖品若干。

活动过程

环节一：每个家庭入场。

1. 语音入场：每个家庭说出自己带有"蒜"字发音的名字入场。

2. 请幼儿分享名字的来历：说一说自己的家庭带"蒜"字的名字是什么意思，为什么会取这个名字。

3. 主持人致欢迎词，介绍"大蒜美食节"的活动项目。

环节二：游戏、竞赛、才艺表演活动。

1. 游戏"大蒜服饰秀"：由穿着贴有大蒜图标的服饰的家庭进行走秀表演。

2. 竞赛活动：运大蒜。

（1）玩法：比赛分成两队，分别将蒜头放在乒乓球拍上运到对面的篮子里，先运完的队伍获胜。

（2）规则：在运送过程中，蒜头不能掉落在地，否则重新开始。

（3）由每个家庭的爸爸妈妈给幼儿颁发小奖品。

3. 进行家庭才艺表演，表演结束后教师给表演家庭颁发小奖品。

4. 竞赛活动：堆蒜头。

（1）玩法：家长和幼儿合作，将15粒蒜头堆高，底层只能堆5粒，时间短且堆高成功的家庭取胜。

（2）教师给获奖家庭颁发小奖品。

环节三：大蒜食物自助餐。

1. 大蒜食物自助餐：全体家长和幼儿品尝大蒜食物，并投票选出最受欢迎的五种大蒜食物。

2. 请获奖家庭代表分享制作大蒜食物的方法、过程。

3. 由教师和家委会代表向获奖家庭颁发厨师帽。

小组化活动

综合：蒜泥黄瓜（4~6岁）

活动目标

层次目标一：

1. 学习看图示制作蒜泥黄瓜。

2. 能根据自己的品味加入适量盐进行调味。

层次目标二：

1. 学习削黄瓜皮，制作蒜泥黄瓜。

2. 体验加入调味品的分量和菜品口味之间的关系。

3. 体验制作菜品的乐趣。

活动准备

物质准备：

1. 做好的蒜泥黄瓜。

2. 黄瓜、蒜头。

3. 盐、糖、香油。

4. 削皮刀、菜板、西餐刀、钵。

活动过程

环节一：幼儿品尝蒜泥黄瓜。

1. 幼儿品尝蒜泥黄瓜并说说尝到了什么味道。

2. 教师依据幼儿的体验出示大蒜、盐、糖、香油等调料。

环节二：教师带领幼儿共同制作蒜泥黄瓜。

1. 教师示范削黄瓜，提醒幼儿观察教师手拿黄瓜的姿势和使用削皮刀的方法。

2. 请大班的幼儿协助老师准备蒜头、蒜泥。

3. 教师示范切黄瓜，请幼儿将蒜泥加入黄瓜中。

4. 教师出示盐、糖，请幼儿品尝少许，感知盐和糖的味道，将少量盐和糖加入黄瓜片中，拌匀，淋上一小勺香油。

5. 幼儿回忆制作的步骤，中、大班幼儿合作画出步骤的简图。

环节三：幼儿制作、品尝菜品。

1. 大班的幼儿尝试使用削皮刀削皮，教师为中班的幼儿提供削好皮的黄瓜。

2. 教师提醒幼儿如果不记得制作的步骤，可以看简图。

3. 幼儿分享制作的蒜泥黄瓜，其他幼儿进行评价（蒜的味道辣不辣，黄瓜味道如何），并给制作的幼儿一些建议。

综合：蒜香面包（3~6岁）

活动目标

层次目标一：

观看制作蒜香面包的过程，愿意参与劳动，体验劳动的乐趣。

层次目标二：

接受同伴的分工，遵守约定，认真完成分配给自己的任务。

层次目标三：

学习规划小组活动，与同伴协商制定活动的要求，共同完成劳动任务。

活动准备

物质准备：

1. 蒜香面包、法式面包。

2. 黄油、蒜、葱。

3. 菜板、西餐刀、钵、搅拌器。

4. 烤箱。

5. 制作蒜香面包的流程图。

活动过程

环节一：幼儿品尝蒜香面包，产生对制作面包的兴趣。

1. 教师请幼儿品尝蒜香面包，探索其中的味道：你尝到了面包里有什么味道？

2. 教师依次出示大蒜、香葱、黄油、芝士等食材。

3. 师幼讨论：在面包上的大蒜、香葱是什么样子的？为什么它们会变小呢？

环节二：幼儿了解制作蒜香面包的过程。

1. 教师出示制作流程图：你们看得懂吗？谁来说说应该怎么做？

2. 请大班的幼儿按照流程图介绍制作方法，教师加以补充和说明。

3. 教师概括蒜香面包的制作方法。

（1）剥蒜头，将蒜头捣成蒜泥。

（2）切碎香葱。

（3）将蒜泥、香葱一起放入黄油中搅拌。

（4）将面包切片。

（5）将蒜泥、香葱、黄油涂抹在面包片上。

（6）将面包放入烤箱烤制 10 分钟。

环节三：幼儿进行分组、分工。

1. 教师请大班的幼儿带领小、中班各一名幼儿三人为一个小组。

2. 请大班幼儿思考：剥蒜头、捣蒜头、切葱、切面包、搅拌黄油、涂抹黄油的工作如何合理分工。

3. 每组幼儿讨论分工，请一名大班的幼儿说说是怎么分工的。教师给出建议：一名幼儿剥蒜头，一名幼儿捣蒜头，大班小朋友切葱、切面包、搅拌黄油，大家一起涂抹黄油。

4. 幼儿领取食材，制作蒜香面包。

环节四：幼儿制作、品尝蒜香面包。

1. 教师观察幼儿的分工情况，提醒每个幼儿遵守约定，完成自己的任务。

2. 幼儿将涂好黄油的面包放入烤箱中烤制。

3. 幼儿品尝自己制作的蒜香面包。

区域活动

生活区：捣蒜泥（3~6 岁）

材料：

1. 蒜头。

2. 钵、菜板、西餐刀。

3. 瓶子、盐。

指导重点：

1. 探索做蒜泥的方法和步骤。

2. 能够控制自己手部动作的力度，以免将蒜汁弄到眼睛里。

3. 尝试将做蒜泥的步骤制成步骤图，与其他幼儿分享。

线索四：大蒜的好朋友

集体活动

数学：数数有几瓣（5~6岁）

活动目标

1. 认识 ">" "<" "=" ，理解符号含义。

2. 学习用 ">" "<" "=" 表示两个数量之间的关系。

重点：认识 ">" "<" "=" ，理解符号含义。

难点：用 ">" "<" "=" 表示两个数量之间的关系。

活动准备

经验准备：

幼儿会比较数量的多少。

物质准备：

1. 每人1个蒜头、大橘子、小橘子。

2. 蒜头、大橘子、小橘子的标记。

3. 图卡（如下所示）。

蒜头？	大橘子？	小橘子？
？ ＝？		
？ ＞？		
？ ＜？		

活动过程

环节一：教师指导幼儿认识 "=" 的含义。

1. 教师：今天老师带来了蒜头、大橘子和小橘子，请三个小朋友数一数它们分别有多少瓣，并将数字记录在图卡上。（蒜头 9 个，大橘子 10 个，小橘子 9 个）

2. 教师：蒜头和小橘子哪个多，哪个少，还是一样多？

3. 教师出示"="放在数字 9 和 9 之间：老师在中间搭了一座小桥，它是什么意思呢？（相等的意思）这个符号叫作等号，念读：9 等于 9。

环节二：教师指导幼儿认识">""<"的含义。

1. 教师：蒜头和大橘子哪个多，哪个少？（10 多，9 少）

2. 教师在大橘子和小橘子之间摆放">"：10＞9。

">"是什么符号？它像什么？它有什么作用？（大于号，符号开口对着的是大的数字，符号尖角对着的是小的数字）

3. 教师：蒜头和大橘子哪个多，哪个少？（9 少，10 多）

4. 教师在蒜头和大橘子之间摆放"<"：9＜10。

"<"是什么符号？它像什么？它有什么作用？（小于号，符号尖角对着的是小的数字，符号开口对着的是大的数字）

环节三：巩固幼儿对"=" ">" "<"的认识。

1. 教师在黑板上写出 6 与 6、3 与 9、7 与 4 三组数字，请幼儿用符号表示两个数字之间的关系。

2. 教师请个别幼儿在黑板上出题，写出任意三组数字，其他幼儿用"=" ">" "<"表示每组两个数字之间的关系。

环节四：幼儿进行书写练习。

1. 教师请每个幼儿领取 1 颗蒜头、1 个大橘子和 1 个小橘子。

2. 幼儿剥出蒜子和橘子的瓣，并在记录表中记录数量。

3. 幼儿自主比较蒜头和橘子的多少。（可根据蒜头、大橘子、小橘子的实际瓣数比较多少）

　　　? = ?

　　　? > ?

$$? < ?$$

4. 幼儿相互检查对错。

科学：葱、蒜、韭菜一家人（3～5岁）

活动目标

共性目标：学习用观察和比较等方法，探究植物的特征和差别。

层次目标一：

1. 通过仔细观察，发现韭菜、大蒜、葱各自的特征。

2. 能分辨出三种菜肴不同的味道。

层次目标二：

1. 通过观察和比较，了解韭菜、大蒜、葱之间的异同。

2. 尝试用符号记录自己的观察和发现。

3. 品尝三种菜肴，能说出菜肴的名称。

重点：能通过动手操作、观察比较，发现韭菜叶子和香葱叶子的不同特征。

难点：能在小组操作中合作，并协调好三种菜的分类摆放。

活动准备

经验准备：

幼儿能根据物体的差别进行分类。

物质准备：

1. 韭菜、大蒜、葱。

2. 将韭菜、大蒜、葱分别炒熟，不加任何调味品。

3. 纸、笔。

活动过程

环节一：教师创设情境。

1. 教师出示一筐菜：今天菜场送来许多菜，可是粗心的送菜人把好几种菜混在了一起，给厨房的阿姨带来了麻烦。阿姨想请我们小朋友帮忙，把这些菜分开放到各自的篮子里。

环节二：幼儿拣菜：分类比较。

1. 教师提出要求：根据自己的观察，将你们认为相同的菜放在一个篮子里。

2. 小、中班幼儿合作拣菜。教师请幼儿说一说：你们是怎么区分的？为什么这样区分？

环节三：教师引导幼儿观察几种菜的外形特征。

1. 幼儿认识大蒜：这是什么菜？它长什么样？（茎圆圆的、叶子宽宽的、扁扁长长的）小、中班幼儿合作，小班幼儿描述，中班幼儿用简单的符号记录大蒜的特征。

2. 幼儿认识葱：这是什么植物？它和大蒜哪里是一样的？哪里不一样？（提醒幼儿，秘密就藏在叶子里）

要求：幼儿动手把葱的叶子折断，观察叶子的横切面，用图画记录葱的横切面形状，找出两种菜的不同，再分类摆放在不同的篮子里。

3. 幼儿认识韭菜：韭菜和大蒜，它们有什么地方是一样的？（叶子很像）什么地方是不一样的？（韭菜叶子细，大蒜叶子粗；韭菜的茎和大蒜的茎不一样，韭菜的茎很细，大蒜的茎是蒜头，是圆形的）教师用符号进行记录。

4. 教师请中班的幼儿根据记录的符号进行小结：大蒜看起来粗粗的，叶子扁扁长长的；韭菜看起来细细长长的，叶子扁扁的；葱和韭菜差不多，但葱的叶子是空心的。

环节四：幼儿品尝味道。

1. 教师：今天老师准备了三盘菜，请你们尝尝它们的味道。

2. 幼儿品尝三盘菜，调动自己的生活经验说说，每道菜的名称，并将生韭菜、大蒜、大葱放在对应的菜的盘子旁边。

3. 教师小结：韭菜可以单独烹制成菜肴；蒜既可以既当菜又当调味品；大部分家庭

把葱当作调味品，烧菜时放入调味，不单独烹制。

活动延伸

请幼儿园、家长给幼儿制作韭菜、大蒜、葱的相关菜肴。

（ 小组化活动 ）

科学：哪里不一样（4~6岁）

活动目标

层次目标一：

1. 学习观察两种植物和水果，比较它们之间的不同。

2. 在同伴的帮助下，尝试用图表和符号记录差异。

层次目标二：

1. 学习观察两种植物和水果，从外形、颜色、大小、内部结构等方面比较它们的区别。

2. 学会用图表和符号对两种植物的差异性特征做比较全面的记录。

活动准备

物质准备：

1. 蒜头、橙子、橘子、柚子、山竹。

2. 纸、笔若干。

活动过程

环节一：教师调动幼儿关于水果的已有经验。

1. 教师带幼儿回顾找到的和蒜头外形和内部结构相似的物品：橙子、橘子、柚子、山竹，请幼儿说说这些水果和蒜头有哪些地方相似。

2. 幼儿讨论：哪些地方不一样呢？引导幼儿从水果的大小、颜色、软硬程度、味道、食用方法等方面进行比较。

环节二：幼儿学习观察、记录蒜头与水果的不同。

1. 教师出示表格。

？（哪里不同）	蒜头	橙子（或者橘子、柚子、山竹）

2. 教师提出要求：幼儿"大带小"两人一组合作，选择蒜头和一个水果进行比较，将不同的特征用标记画在左边的空格里，看看哪一组找出来的不同点最多，并且能用大家都看懂的标记进行记录。

3. 幼儿两人一组开展合作，教师鼓励幼儿可以通过剥开水果、品尝味道来进行比较。

环节三：幼儿分享自己记录的结果。

1. 教师请每组一名幼儿介绍自己的表格：一共找到了多少不同，找出了哪些不同。

2. 教师将幼儿找出的不同记录在新的表格里并进行小结。

综合：葱香鸡蛋饼（3~6岁）

活动目标

层次目标一：

1. 了解食物制作的过程，能参与制作食物。

2. 愿意和同伴分享劳动成果。

层次目标二：

1. 协助老师准备食材、共同制作食物，体验劳动的乐趣。

2. 愿意和同伴分享食物，懂得珍惜食物。

活动准备

物质准备：

1. 鸡蛋饼，面粉、鸡蛋、葱、盐。

2. 菜板、西餐刀、打蛋器、电磁炉。

活动过程

环节一：幼儿分享今天早餐的食物。

1. 教师：小朋友们，今天早餐你们吃的是什么？

2. 教师拿出鸡蛋饼，分享给幼儿品尝。

3. 请幼儿说说吃到的鸡蛋饼里有什么。

环节二：教师和幼儿共同制作鸡蛋饼。

1. 教师请幼儿到种植角摘少许小葱洗干净。

2. 教师请大班幼儿将葱切碎放入碗中。

3. 幼儿将面粉、鸡蛋、盐放入碗中和葱一起搅拌，教师带着小班的幼儿一起搅拌成面糊。

4. 打开电磁炉将锅加热，在面糊中放入一勺油，待凝固后，翻身，变成金黄色后出锅。

5. 教师分别指导不同年龄段的幼儿煎鸡蛋饼，提醒幼儿给饼翻身时手要稳。

环节三：幼儿分享美味的鸡蛋饼。

1. 大班的幼儿将饼切分给同伴品尝。

2. 教师鼓励幼儿尝试在家里制作鸡蛋饼。

活动延伸

该活动可以延伸为区域活动。

综合：韭菜盒子（3～6岁）

活动目标

层次目标一：

1. 学习揉面、擀面，感受面粉在手中揉捏的乐趣。

2. 愿意和同伴分享劳动成果。

层次目标二：

1. 协助教师准备食材、参与包饺子等活动，体验劳动的乐趣。

2. 愿意和同伴分享食物，懂得珍惜食物。

活动准备

物质准备：

1. 韭菜、豆干、面粉。

2. 水盆、菜板、西餐刀、擀面杖、打蛋器。

3. 油、盐。

4. 电磁炉。

活动过程

环节一：教师请幼儿带上眼罩，用嗅觉感受食物。

1. 教师：今天老师又带来了一种早点，先请小朋友带上眼罩，用鼻子闻一闻是什么。

2. 幼儿用鼻子闻韭菜盒子，猜一猜是什么食物。

3. 教师：你们吃过韭菜盒子吗？今天老师和小朋友们就一起来做韭菜盒子。

环节二：教师带领幼儿制作韭菜盒子。

1. 教师将幼儿按小、中、大班混合分成三组。

2. 一组幼儿揉面、擀面。

（1）将面和水按照一定的比例搅拌。

（2）请幼儿揉面团，提醒幼儿揉到面团不粘手的时候就揉好了。

（3）教师示范擀面皮，然后请幼儿"大带小"合作擀面皮。

3. 一组幼儿准备馅料。

（1）捡韭菜：请幼儿协助教师摘掉韭菜的黄叶子。

（2）洗韭菜：请中班幼儿洗韭菜。

（3）切菜：教师切韭菜，请大班幼儿切豆干，提醒幼儿尽量切成小块状。

（4）拌馅料：将油盐加入馅料进行搅拌。

4. 一组幼儿包韭菜盒子。

教师指导幼儿将馅料放入面皮中，将面皮对折，边口压紧。

5. 煎饼。

教师在锅里放入油，将幼儿包好的韭菜盒子放入锅中煎熟。

环节三：幼儿品尝、分享美味的韭菜盒子。

1. 待韭菜盒子不烫口，幼儿再品尝。

2. 教师请幼儿和其他班的小朋友分享韭菜盒子。

3. 教师小结：每一种食物都是需要很多人花费时间去共同准备与制作的，所以我们要珍惜食物，珍惜他人的劳动成果。

区域活动

生活区：水果沙拉（3~6岁）

材料：

1. 橙子、橘子、柚子、山竹。

2. 沙拉酱。

3. 碗、搅拌勺。

指导重点：

 1. 知道保证食物卫生的细节：洗手、穿护衣、戴口罩等。

 2. 愿意和同伴分享食物。

 3. 食用之后，能清洁桌面、碗勺。

美工区：大蒜和它的朋友（3～6岁）

材料：

 1. 将幼儿种植的大蒜、蒜头和其他水果布置成一个小展台。

 2. 油画棒、水彩、纸黏土。

指导重点：

 1. 尝试用弧线、直线勾勒出物体的外形并表现物体的色彩。

 2. 能细心地观察物体，尝试用水彩颜料大胆表现物体的色彩、线条。

 3. 能多角度观察物体，用多种方法（油画棒、水彩、泥工）表现出物体的主要特征，以及与其他物体之间的位置关系。

附故事：

大蒜的民间故事

 相传，清朝雍正年间，陈家胡同有哥俩叫陈湘儒、陈殿儒，他们和其他庄户人家一样，年年种上一二亩蒜，以换点零钱贴补生活。

 有一年秋季，庄稼被大水淹没导致颗粒无收。陈氏哥俩商量，把家里的蒜拿到北京去卖，顺便看看有啥活可干。哥俩说走就走，一人一辆小推车，一人推了八捆蒜就往北京出发了。到了晚上，哥俩住进一家老店。

 晚饭罢，哥俩来到店铺大堂，只见老板正在拆一把鸡毛脱落的掸子，大哥说："我们家鸡毛掸子三四年都不坏，您的掸子怎么会坏呢？"老板听后一愣说："小伙子，你们家刨掸子用什么粘哪？""用大蒜，老伯，您等着。"说完就去院里存放的小推车上抽出一挂大蒜，招呼兄弟，哥俩掰下几头蒜就剥皮，并让伙计取来一个瓷盆，一个小擀面杖。不一会半盆晶莹剔透的洁白蒜瓣在擀面棍的砸捣之下，变成半盆乳白汁液。大哥对店老板说："您用手指沾一沾蒜液。"老板用拇指、食指沾上蒜液两指捏合松开，捏合松开，顿感二指相粘，越捏越黏，连声说："奇了奇了，没想到大蒜有如此之神效。"这时，很多住店的客人都在围观。看到此情此景，陈氏哥俩对众人一抱拳说："各位朋友，有缘相聚，时候也不早了，明天早起，我们给大家表演扎掸子的手艺。"

第二天一大早，住客、伙计、老板都早早到店堂，陈氏大哥稳稳当当坐在八仙桌旁，手拿藤杆，杆顶绑紧丝线，中指、拇指沾蒜液，往藤杆上一转，然后将一撮鸡毛将羽梗下端在蒜液盆中一沾，往藤杆上顺序一粘，丝线一缠，一圈一圈，从上往下延伸，眨眼间一把掸子快扎完了。客人们交头接耳，都夸陈家的大蒜神奇和陈老大扎掸子的手艺。

这件事一传十，十传百，传到了皇宫。大官们常因外出公干遇雨，官帽、朝靴受潮变形。听说用大蒜汁液当黏合剂一事，立即吩咐人进行实验，效果良好，内务府便差人到陈家胡同找陈氏兄弟收大蒜，从此哥俩成了卖蒜的商人，种蒜的人也多了起来。这就是人们世代相传的宝坻大蒜初进京城和宝坻大蒜汁液粘花、裱画、糊官帽的一段佳话。

班本混龄课程方案九：出生的秘密

主题来源：

　　李老师带来一个鸵鸟蛋模型放在了科学区，小朋友们立即围了上来，好奇地问："这是什么？"一个小朋友说："看上去像超级大的鸡蛋。不过，这肯定不是鸡蛋，感觉这里面应该有个大宝宝。"他的话引起了小朋友们的争论。他们有的认为里面就是大一些的小鸡，有的认为里面不可能是鸡、鸭、鹅这些小的动物，很有可能会是狗、猫之类的不大不小的动物。但很快就有小朋友提出反驳："小鸡是通过鸡蛋孵化出来的，但是小狗、小猫都是从它们的妈妈肚子里直接被生出来的。"他的一段话把大家的注意力从模型上转移到动物的出生方式上，小朋友们又围绕"动物们究竟是怎么出生的"这个问题展开了讨论。为了让小朋友们系统地了解有关出生的知识，我们建议小朋友们回家调查、搜集有关动物出生、繁殖的信息与资料，同时在班级开启"出生的秘密"探索之旅。

开展时间：

　　建议三周。

主题目标：

　　1. 初步了解生命的由来，知道人与其他动物的繁衍、生长的基本过程。

　　2. 通过观察、讨论、探索，能认识一些常见的胎生动物、卵生动物，了解它们出生方式的不同之处。

　　3. 感受妈妈的付出与爱，能够用语言、歌声、美术创意等形式表达自己对妈妈的爱。

　　4. 在主题活动过程中，能够积极主动参与各项活动，大胆联想、猜测问题的答案，并设法验证。

主题活动网络图：

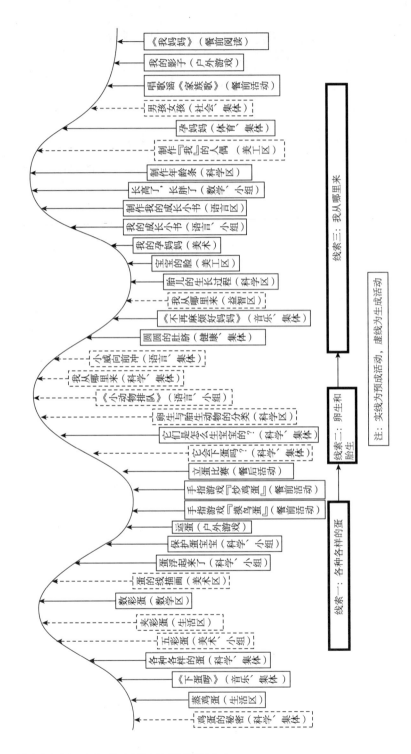

线索三：我从哪里来

线索二：卵生和胎生

线索一：各种各样的蛋

注：实线为预成活动，虚线为生成活动

《我妈妈》（餐前阅读）
我的影子（户外游戏）
唱歌曲《家族歌》（餐前活动）
男孩女孩（社会、集体）
孕妈妈（体育、集体）
制作"我"的人偶（美工区）
制作年龄条（科学区）
长高了，长胖了（数学、小组）
制作我的成长小书（语言区）
我的成长小书（语言、小组）
我的孕妈妈（美术）
宝宝的脸（美工区）
胎儿的生长过程（科学区）
我从哪里来（益智区）
《不再麻烦好妈妈》（音乐、集体）
圆圆的肚脐（健康、集体）
小威向前冲（语言、集体）
我从哪里来（科学、集体）
《小动物排队》（语言、小组）
卵生与胎生动物的分类（科学区）
它们是怎么生宝宝？（科学、集体）
它会下蛋吗？（科学、集体）
立蛋比赛（餐后活动）
手指游戏"炒鸡蛋"（餐前活动）
手指游戏"摸鸡蛋"（餐前活动）
运蛋（户外游戏）
保护蛋宝宝（科学、小组）
蛋浮起来了（科学、小组）
蛋的线描画（美术区）
数彩蛋（数学区）
夹彩蛋（生活区）
五彩蛋（美术、小组）
各种各样的蛋（科学、集体）
《下蛋啰》（音乐、集体）
蒸鸡蛋（生活区）
鸡蛋的秘密（科学、集体）

主题活动实施路径：

集体活动	小组化活动	区域游戏	日常活动
线索一：各种各样的蛋			
1. 科学：鸡蛋的秘密（4~6岁） 2. 音乐：《下蛋啰》（3~6岁） 3. 科学：各种各样的蛋（3~6岁）	1. 美术：五彩蛋（5~6岁） 2. 科学：蛋浮起来了（5~6岁） 3. 科学：保护蛋宝宝（3~5岁）	1. 生活区：夹彩蛋（3~4岁） 2. 数学区：数彩蛋（3~4岁） 3. 美术区：蛋的线描画（4~6岁） 4. 生活区：蒸鸡蛋（4~6岁）	1. 户外游戏：运蛋 2. 餐前活动：手指游戏"炒鸡蛋" 3. 餐后活动：立蛋比赛
线索二：卵生和胎生			
1. 科学：它会下蛋吗？（3~6岁） 2. 科学：它们是怎么生宝宝的？（3~6岁）	1. 语言：《小动物排队》（3~4岁）	1. 科学区：卵生与胎生动物的分类（4~5岁）	1. 餐前活动：手指游戏"摸鸟蛋"
线索三：我从哪里来			
1. 科学：我从哪里来（3~6岁） 2. 语言：小威向前冲（4~6岁） 3. 健康：圆圆的肚脐（3~6岁） 4. 音乐：《不再麻烦好妈妈》（3~6岁） 5. 体育：孕妈妈（3~6岁） 6. 社会：男孩女孩（3~6岁）	1. 美术：我的孕妈妈（5~6岁） 2. 语言：我的成长小书（4~6岁） 3. 数学：长高了，长胖了（4~6岁）	1. 语言区：制作我的成长小书（5~6岁） 2. 益智区：我从哪里来（3~6岁） 3. 科学区：胎儿的生长过程（3~6岁） 4. 科学区：制作年龄条（5~6岁） 5. 美工区：宝宝的脸（4~6岁） 6. 美工区：制作"我"的人偶（5~6岁）	1. 餐前活动：唱歌谣《家族歌》 2. 户外游戏：我的影子 3. 餐前阅读：《我妈妈》
家园共育	1. 请妈妈和幼儿说一说自己怀孕前后的变化；请具有孕产知识的医生家长或对动物有较深研究的家长进班开展活动。 2. 亲子活动：在"感恩妈妈"亲子活动中，家长和幼儿能够用多种形式表达自己的爱。 3. 调查：请家长带孩子去农贸市场调查、了解各种蛋；协助孩子查阅有关卵生动物、胎生动物的资料、图片，完成《它是怎么出生的？》调查表。		

教育环境：

1. 主题墙

（1）师幼共同收集的"卵生动物和胎生动物"的图片展。

（2）家长和幼儿共同制作的幼儿成长历程图。

（3）展出胎儿发育的过程及胎儿 B 超单。

2. 主题展示台

（1）师生共同收集的各种各样的蛋。

（2）幼儿装饰的五彩蛋。

3. 幼儿作品展示区

（1）幼儿画的线描画"蛋"。

（2）幼儿制作的宝宝的脸。

（3）幼儿制作的"我"的人偶。

线索一：各种各样的蛋

（集体活动）

科学：鸡蛋的秘密（4～6岁）

活动目标

共性目标：在探究中认识鸡蛋、了解小鸡出生的秘密，愿意用语言表达自己的发现。

层次目标一：

1. 初步了解鸡蛋的外形特征和内部构造。

2. 通过探究、观察等方式，能感知鸡蛋是卵形的、蛋壳特别脆，里面有蛋清、蛋黄。

层次目标二：

1. 了解鸡蛋不同部位的软硬、光滑和粗糙等特点。

2. 通过探究、观察、讨论，能发现鸡蛋和小鸡之间的关系，知道鸡蛋能孵化出小鸡，初步了解蛋黄、蛋白对小鸡生长的作用。

重点：能够知道鸡蛋的外形特征和内部构造。

难点：能够清楚地表达自己的猜测和观察，明白鸡蛋与小鸡之间的关系。

活动准备

经验准备：

1. 幼儿已经学过歌曲《小小蛋儿把门开》。

2. 幼儿都吃过鸡蛋，也有部分幼儿吃过"活珠子"。

物质准备：

1. 每人鸡蛋1个、1个活珠子。

2. 每组1个碗。

3. 歌曲《小小蛋儿把门开》、视频《鸡的生长过程》。

活动过程

环节一：教师带领幼儿以表演歌曲《小小蛋儿把门开》导入活动，激发幼儿参与活动的兴趣。

1. 教师播放音乐，师幼伴随音乐表演歌曲《小小蛋儿把门开》。

2. 教师通过提问，引出鸡蛋。

教师：小鸡是从哪里来的呢？

环节二：幼儿通过看、摸等方法感知鸡蛋的外形特征和内部结构。

1. 教师出示鸡蛋，鼓励幼儿大胆猜测，并在集体面前清楚地表述自己的猜测。

（1）教师先请年龄小一点的中班幼儿猜测。

教师：鸡蛋里面到底有什么呢？请中班的小朋友来猜一猜。

（2）教师再请经验丰富一些的大班幼儿猜测。

教师：大班的小朋友，你们的猜想是什么？

2. 幼儿分组观察、探索发现鸡蛋的外形特征和内部结构。

（1）每名幼儿取一个鸡蛋，通过看、摸感知鸡蛋。

教师：请你看一看，再说一说鸡蛋是什么样子的。我们再摸一摸鸡蛋，感受一下摸上去是什么感觉。

（2）幼儿分组，每一组打一个鸡蛋在碗里，集体观察蛋的内部结构。

教师：每一组请一个小朋友把鸡蛋打在碗里，大家一起来看看里面到底有什么。

（3）教师请中班的幼儿介绍自己的发现。

教师：中班的小朋友，你们能告诉我们黄黄的、透明的分别是什么吗？

（4）教师引导大班幼儿总结鸡蛋的外形特征及内部构造：鸡蛋是椭圆的卵形，蛋壳摸上去凉凉的，很光滑，里面有黄黄的蛋黄和透明的、黏黏的蛋清。

环节三：幼儿观察活珠子，发现鸡蛋的变化。

1. 教师出示活珠子，引发幼儿兴趣。

教师：老师这里也有一个鸡蛋，外形也是卵形，我们把它打开，看看里面是否和你们的鸡蛋一样？

（1）请一名小朋友和教师共同打开活珠子。

（2）先请中班的幼儿说一说自己观察到的现象，再请大班的幼儿说一说。

2. 教师调动幼儿已有经验，请个别幼儿进行表述。

教师：为什么同样是鸡蛋，里面的样子却不一样？蛋黄、蛋清到哪里去了？它们变成了什么？

环节四：教师播放视频《鸡的生长过程》，幼儿观看并认识蛋被孵化成小鸡的过程。

1. 教师播放视频，请幼儿观看。

教师：鸡蛋真神奇！让我们来看看它的秘密吧。

2. 师幼共同观看视频《鸡的生长过程》，了解小鸡孵化的整个过程。

环节五：教师帮助幼儿梳理鸡蛋与小鸡之间的关系。

1. 教师引导幼儿简单回忆视频中小鸡孵化的过程。

教师：7天过去了，蛋里面发生了什么变化？什么时候小鸡长出了脚？小鸡是怎么出壳的？请你们学一学小鸡破壳而出的样子。

2. 师幼跟随音乐表演《小小蛋儿把门开》。

3. 教师小结，让幼儿初步了解蛋黄、蛋白对小鸡生长的作用。

音乐：《下蛋啰》（歌唱）（3～6岁）

活动目标

共性目标：初步学唱歌曲，具有初步的艺术表现与创造能力。

层次目标一：

1. 学唱歌曲《下蛋啰》，能够有节奏地模仿母鸡下蛋时的叫声。

2. 通过情境导入、图谱演示、模仿象声词、表演游戏等多种形式，感受歌曲欢快、轻松的曲风。

3. 在与其他幼儿合作表演游戏中体验乐趣。

层次目标二：

1. 能用自然的、音量适中的声音演唱《下蛋啰》。

2. 借助拍手等身体动作把握歌曲的准确节奏，愿意参加歌唱、合作表演等活动。

层次目标三：

1. 能用基本准确的节奏和音调演唱歌曲《下蛋啰》，重点学习并唱准带休止符的节奏。

2. 积极参与表演活动，能"大带小"一起大胆地用肢体动作表现对歌曲的理解。

重点：学唱歌曲《下蛋啰》。

难点：能够唱准休止符，并能与同伴合作表演歌曲。

活动准备

经验准备：

幼儿知道母鸡下蛋时的叫声。

物质准备：

1. 母鸡下蛋图片，PPT"下蛋了"。

2. 歌曲《下蛋啰》（见附歌曲）及其节奏型图谱。

活动过程

环节一：教师以情境导入，激发幼儿兴趣。

1. 教师出示母鸡下蛋的图片，请小班的幼儿学一学母鸡下蛋时的叫声。

教师：鸡妈妈要下蛋了，你知道它是怎么叫的吗？

2. 教师出示节奏型图谱，引导中、大班的幼儿按上面的节奏试一试、唱一唱。

（1）幼儿集体练习。

教师：刚才小朋友学得都很棒，现在我们看着图谱，按上面的节奏再来试一试、唱一唱。

（2）教师讲解：在图谱中，两个音符住在一个"房子"里就要唱得短一点，一个音符住在一个"房子"里就要唱得长一些。（体验音的长短）

教师：小鸡的一家真快乐，我们学它们一起来个大合唱吧。

环节二：教师带领幼儿初步了解歌词内容。

1. 教师清唱歌曲，带领幼儿初步感受歌曲。

教师：今天鸡妈妈还带来了一首很好听的歌曲，我们一起来听一听吧！

2. 幼儿讨论歌词内容和歌曲名字。

教师：歌曲里刚才唱到了什么？

3. 教师出示 PPT"下蛋了"，边看 PPT 边听歌曲。

（1）引导小、中班幼儿说出母鸡在干什么？它是在什么地方下蛋的？

教师：你刚才看到了什么？

（2）请大班幼儿用歌曲中的话说一说母鸡是怎么下蛋的。

（3）请个别大班幼儿来表演母鸡下蛋时的动作。

环节三：幼儿重点练习歌曲演唱中的难点。

1. 幼儿练习歌曲后半段。

教师：在刚才的歌曲中，你们觉得最好听、最有趣的是哪一句歌词呀？

（1）幼儿学习"咯咯咯咯哒"一句的节奏。

（2）幼儿讨论母鸡下蛋后为什么要这么叫，感受母鸡下蛋后的喜悦心情。

（3）幼儿尝试学唱歌曲后一段，并能表现出旋律欢快的节奏。

教师：母鸡特别想告诉大家它下蛋了，所以要怎么唱才好呢？

环节四：幼儿完整学唱歌曲。

1. 教师出示歌曲节奏图谱。

2. 教师完整地记忆歌词，尝试演唱歌曲。

环节五：教师指导幼儿以游戏的方式演唱歌曲。

中、大班幼儿唱有歌词的部分，小班幼儿唱鸡叫部分，合作演唱。

附歌曲：

下蛋啰

1=G 2/4

风轻地

陈镒绿　词
汪　玲　曲

×　×　×　｜ $\underline{3\ 6}$　$\underline{1\ 1}$　｜ $\underline{6\ 1}$　2　｜ $\underline{6\ 1}$　$\underline{6\ 1}$　｜ 2　－　‖: $\underline{3\ 3\ 3\ 3}$　3　｜

咯　咯　哒，　　　一声　一声　来唱歌，　　好像　在　　说，　　　　蛋儿　大

$\underline{1\ 1\ 1\ 6}$　1　：‖ ×××× ×　｜ ×××× ×　｜ ×　×　×　×　｜ ×　×　×　‖

　　　　　　　　　　咯咯咯咯　哒　　咯咯咯咯　哒　　咯　哒　咯　哒　咯　咯　哒！

科学：各种各样的蛋（3～6岁）

活动目标

共性目标：在探究过程中认识各种各样的蛋，具有初步的探究能力。

层次目标一：

1. 认识几种常见的蛋，知道它们是哪种动物的蛋。

2. 通过仔细观察、比较各种各样的蛋，发现它们明显的特征。

层次目标二：

1. 认识各种各样的蛋，感知生物的多样性和卵生动物的相同点。

2. 通过观察、比较，能感知和发现各种蛋之间的不同之处。

层次目标三：

1. 能够发现蛋与动物之间的关系，感知生物生存的规律性。

2. 对探索蛋的活动感兴趣，乐意向大家介绍自己了解的有关蛋的知识。

重点：能将蛋与对应的动物相匹配，知道它们之间的关系。

难点：能够总结出卵生动物的异同。

活动准备

经验准备：

幼儿生活中接触过鸡蛋、鸭蛋、鹌鹑蛋等。

物质准备：

1. 鸡、鸭、鹅等动物及它们的蛋的图片。

2. 鸡蛋、鸭蛋、鹅蛋、鹌鹑蛋、鸵鸟蛋。

3. 视频《会生蛋的动物》。

活动过程

环节一：教师以故事"鸭妈妈找蛋"导入活动，激发幼儿兴趣。

1. 教师简单讲述故事"鸭妈妈找蛋"（见附故事），请小朋友帮鸭妈妈找到自己的蛋宝宝。

2. 教师出示鸡蛋、鸭蛋、鹅蛋、鹌鹑蛋、鸵鸟蛋，引起幼儿兴趣。

（1）教师：这些蛋你们认识吗？哪一个是鸭妈妈的蛋宝宝？

（2）请小班幼儿来找一找鸭妈妈的蛋宝宝。

（3）教师：中、大班的小朋友，剩下的蛋你还认识吗？

环节二：教师引导幼儿观看图片资料，丰富有关蛋的经验。

1. 教师拓展幼儿经验，请个别大班幼儿进行经验分享。

教师：除了这些动物会生蛋，你还知道哪些动物会生蛋呢？请小朋友们来说一说。

2. 教师鼓励幼儿学一学其他幼儿分享的动物形态。

教师：它是什么样子的？你们来学一学。

环节三：幼儿观察视频资料，初步了解几种会生蛋的动物。

1. 幼儿看一看、说一说：从蛋里孵出来的是什么动物？

2. 教师：青蛙、蝴蝶也是从蛋里孵出来的吗？

环节四：教师总结蛋的特点。

教师：哪个小朋友能说一说你对蛋的认识？

教师小结：蛋是动物的卵，鸟、家禽和部分爬行类动物都有卵。蛋外形基本上都是椭圆形的，但是它们的颜色、大小以及形状是有差别的。此外，有的蛋有硬硬的壳，例如鸟类、家禽的蛋；有的蛋外面是软软的，例如蝴蝶的卵、青蛙的卵；有的蛋可以被食用，对人体具有丰富的营养价值。

附故事：

鸭妈妈找蛋

农场里的鸭妈妈生的蛋最好看，圆溜溜、亮晶晶的，谁见了都说："鸭妈妈长得好看，生的蛋也这么漂亮！"鸭妈妈听了别提有多高兴了，它乐得嘎嘎嘎地叫："嗯，这是我生的蛋啊！"可是，鸭妈妈有个毛病：老爱忘事，刚生过蛋就忘了蛋在哪了，所以她常常找不到自己生的蛋。

这一天，远处又传来了鸭妈妈的声音："哎呀，我的蛋呢？我把蛋生在哪了？"这不，鸭妈妈又忘了把蛋生在哪儿了。于是，她就在墙根下跑来跑去地找，墙里墙外怎么也找不着。它就向鹅大婶打听："鹅大婶，您看见我的蛋了吗？"鹅大婶想了想，说："我没看见你的蛋。你到别处找找看吧！"鸭妈妈赶紧又跑到小路上，正好碰到了山羊公公，鸭妈妈就连忙问："山羊公公，您看见我生的蛋了吗？""我没见过，你怎么不去池塘边找找看呢？"鸭妈妈跑到池塘边，低着头找呀找呀，天都黑了还是没有找到，只好垂头丧气地回到院子里，就在这个时候，它看见老黄牛回家了，鸭妈妈赶紧跑过去问："牛伯伯，您看见我的蛋了吗？我都找了半天了，还没找着。"老黄牛摇了摇头说："我可没见过你的蛋，你呀，可真粗心，连自己生的蛋也会弄丢。"鸭妈妈低下头，伤心地哭了……

（小组化活动）

美术：五彩蛋（5~6岁）

活动目标

层次目标一：

尝试运用不同色彩和图案间隔的方法来装饰蛋宝宝。

层次目标二：

能够选择自己喜欢的图形大胆想象进行装饰活动。

层次目标三：

感受参与创造艺术活动的乐趣。

活动准备

1. 每人 1 套彩色水彩笔、1 个模型蛋。

2. 已绘制好的五彩蛋 3 个。（分别由点、色块、线条装饰而成）

活动过程

环节一：幼儿欣赏五彩蛋，讨论装饰的方法。

1. 教师出示五彩蛋，引导幼儿观察。

教师：这些蛋宝宝漂亮吗？你喜欢哪个？为什么？

教师鼓励幼儿说出喜欢的原因。

2. 师幼共同探讨装饰图案的不同及各自的排列规律。

教师：大家再来看看还有些什么图案？这些图案又是怎样排列的？

教师总结图案排列规律，帮助幼儿积累创作经验。

3. 师幼共同观察、讨论五彩蛋的颜色运用特点。

教师：我们一起来看看它身上有些什么颜色？这些颜色是怎样排列的？

环节二：幼儿自主创作五彩蛋，教师巡回观察指导。

教师鼓励幼儿大胆创作与范例不同的五彩蛋。

环节三：教师在作品展示区展示幼儿绘制的五彩蛋，大家相互欣赏、评价作品。

1. 教师将幼儿绘制的五彩蛋陈列到作品展示区。

2. 幼儿互相欣赏、评价绘制的五彩蛋。

教师：你觉得哪一个五彩蛋比较有特色？为什么？

科学：蛋浮起来了（5~6岁）

活动目标

层次目标一：

知道加入适量盐的水，可以改变鸡蛋沉浮状况，初步感知悬浮现象的存在。

层次目标二：

能与同伴合作进行实验，学习记录和描述自己的操作过程和实验结果。

活动准备

物质准备：

1. 布置 3 个实验桌，每桌上放 2 只透明玻璃杯（分别装有等量的淡水和盐水）。

2. 鸡蛋、盐、勺子、碗、抹布。

3. 水彩笔、《"蛋浮起来了"记录表》（见附表）。

活动过程

环节一：教师出示鸡蛋和装有等量淡水、盐水的杯子，让幼儿猜测蛋宝宝沉浮的状态并记录。

1. 教师介绍实验材料，引起幼儿活动兴趣。

教师：今天老师给小朋友带来了两杯水，你们仔细看看，这两杯水一样多吗？

2. 请幼儿猜测鸡蛋放到不同杯子里的情况。

教师：你们猜猜看，把鸡蛋放到两个水杯里会怎么样？

3. 幼儿自选标记在《"蛋浮起来了"记录表》的相应空格里记录自己的猜测。

环节二：幼儿分组进行自主探索实验。

1. 幼儿自主实验。

2. 在《"蛋浮起来了"记录表》中记录自己的实验发现。

环节三：师幼共同对探索中出现的问题进行讨论，发现鸡蛋悬浮的秘密。

1. 师幼共同分享实验记录表。

教师：为什么鸡蛋在1号杯子里是沉入水底，到了2号杯子里却浮上来呢？

2. 幼儿分享自己的实验过程及结果。

环节四：师幼继续深入探讨问题，研究悬浮的秘密。

1. 幼儿自主猜测，并说出自己的理由。

教师：是不是鸡蛋宝宝只要放在盐水里都会浮上来呢？要在水里加多少盐才会浮上来呢？

2. 幼儿对自己的猜测进行实验论证。

附表：

"蛋浮起来了"记录表

实验人：　　　　　　　　　实验时间：

1号杯（淡水里）		2号杯（盐水里）	
？ 我的猜测	🖐 我的实验	？ 我的猜测	🖐 我的实验

科学：保护蛋宝宝（3～5岁）

活动目标

层次目标一：

知道鸡蛋易碎的特点，讨论交流保护蛋宝宝的办法。

层次目标二：

能够借助不同物品，尝试运用多种方法保护蛋宝宝。

层次目标三：

能够找出适合保护蛋宝宝的物品材质，并知道正确的包裹方法。

活动准备

物质准备：

1. 每人 1 个鸡蛋。

2. 两人 1 个托盘。

3. 棉花、石头、网袋、托盘、纸黏土、报纸、碎布等材料。

4. 开展活动的场地安排在材料库旁边。

活动过程

环节一：教师以任务导入，激发幼儿兴趣。

1. 教师介绍任务：护蛋行动。

教师：昨天我请大家每个人带来一个鸡蛋，你们想知道为什么吗？

2. 教师交代完成任务的注意事项，让幼儿了解蛋宝宝易碎的特点。

教师：今天小朋友们要完成这次护蛋行动，小朋友们带来的都是生鸡蛋，护蛋时应该注意什么呢？

环节二：幼儿讨论、实践保护蛋宝宝的办法。

1. 幼儿自由讨论保护蛋宝宝的办法。

教师：生鸡蛋碰到硬的东西很容易碎，小朋友们应该怎么做，才能将蛋宝宝保护好呢？

2. 教师引导幼儿运用辅助材料来保护蛋宝宝。

（1）教师介绍材料库里的材料，让幼儿了解相关材料。

教师：我们班的材料库里有着丰富的材料，有薄薄的纸、厚厚软软的棉花、硬硬的石头、软软的纸黏土、厚薄不同的布……

（2）幼儿"大带小"合作，自由地在材料库里选择合适的材料保护自己的鸡蛋。

教师：你们觉得什么材料更适合用来保护蛋宝宝？自己去试试吧！中班小朋友除了

要保护好自己的蛋宝宝，还要帮助你身边的小班小朋友保护好他的蛋宝宝。

幼儿各自拿取一个蛋宝宝和辅助材料，自由探索保护蛋宝宝的方法。

环节三：幼儿分享自己保护蛋宝宝的方法，丰富保护蛋宝宝的经验。

1. 教师鼓励幼儿大胆讲述自己的做法。

教师：谁来向大家介绍一下你是怎么保护蛋宝宝的？为什么这么做？

2. 幼儿讨论、判断方法的可行性。

教师：他的方法可以吗？为什么？

3. 教师对方法及注意事项进行总结。

环节四：幼儿继续护蛋行动。

教师：你们的蛋宝宝都已经被保护起来啦！今天还要请你们将这个蛋宝宝一直带在身边保护好，看看谁的护蛋行动最成功！

区域活动

生活：夹彩蛋（3~4岁）

材料：

1. 彩蛋若干。

2. 碗 2 个、小点心夹子 1 个。

指导重点：

1. 能够用夹子将彩蛋从一个碗里夹到另一个碗里。

2. 探索快速夹住彩蛋且蛋不容易掉落的方法。

数学：数彩蛋（3～4岁）

材料：

1. 彩蛋 15 个。

2. 数字卡片 1～5。

指导重点：

1. 能够将数字卡片 1～5 按照从小到大的顺序进行正确排列。

2. 根据数字卡片上的数字，将相应数量的彩蛋放在数字卡片的下面。

美术：蛋的线描画（4～6岁）

材料：

1. 蛋的轮廓图。

2. 黑色勾线笔若干。

指导重点：

1. 运用点、线、面三种形式组合创作蛋的线描画。

2. 感受线描画的艺术效果。

生活：蒸鸡蛋（4～6岁）

材料：

1. 鸡蛋、水、盐。

2. 打蛋器、碗、抹布。

指导重点：

1. 能够根据蒸鸡蛋的流程图制作蒸鸡蛋。

2. 知道放适量的水和盐。

线索二：卵生和胎生

集体活动

科学：它会下蛋吗？（3～6岁）

活动目标

共性目标：喜欢参与动物繁殖的探究，在探究过程中发现卵生动物的共同点。

层次目标一：

1. 知道蜻蜓、鸡、青蛙、乌龟都是卵生动物。

2. 通过讨论、探究，知道只有生蛋的动物才是卵生动物。

层次目标二：

1. 知道生蛋的动物是卵生动物，能够说出常见的一些卵生动物的名称。

2. 通过观看视频，大概了解蜻蜓、鸡、青蛙、乌龟等四种动物产卵的方法及过程。

层次目标三：

1. 了解蜻蜓、鸡、青蛙、乌龟等卵生动物的生长变化及生长的基本条件。

2. 通过观看视频、讨论、游戏等形式，能够发现蜻蜓、鸡、青蛙、乌龟等卵生动物繁衍后代的方法及其成长过程。

重点：知道蜻蜓、鸡、青蛙、乌龟都是卵生动物及其成长过程。

难点：能够准确判断动物会不会生蛋。

活动准备

经验准备：

幼儿在收集有关卵生动物的资料过程中已获得收集信息的经验。

物质准备：

1. 蜻蜓、青蛙、乌龟的图片。

2. 视频《动物是怎样生宝宝的》。

3. 周围动物的图片、动物成长的过程图。

活动过程

环节一：教师以音乐游戏导入活动，激发幼儿参与的兴趣。

教师带着幼儿一起听音乐，模仿小动物玩游戏。

教师：让我们一起跟着音乐来学学小动物吧！

环节二：教师出示蜻蜓、青蛙、乌龟的图片，请幼儿猜测它们繁殖的形式。

教师：小朋友们，你们见过蜻蜓点水吗？你们知道小鸡是怎样从蛋壳里钻出来的吗？你们有没有见过青蛙、乌龟是怎样生小宝宝的?

教师鼓励幼儿猜测、讨论。

环节三：幼儿带着问题看视频，了解卵生动物的常识。

1. 幼儿观看视频，了解蜻蜓、乌龟等动物繁殖的方式。

教师：它们究竟是怎样生小宝宝的，让我们一起来看看视频里是怎么说的！

2. 幼儿回忆视频内容，讨论蜻蜓繁殖的方式。

教师：蜻蜓是怎样生小宝宝的呢？它把小宝宝生在哪里？哪个小朋友来把自己发现的秘密告诉大家。

3. 教师给幼儿拓展经验，让幼儿了解更多的卵生动物。

教师：还有谁也把宝宝生在水里？哪个小朋友愿意和我们分享?

教师：你还知道哪些动物和蜻蜓、青蛙一样是把宝宝生在水里的？

教师：母鸡和乌龟它们是怎样生宝宝的？母鸡是自己孵蛋，乌龟又是怎样孵蛋的？

教师：还有哪些动物会生蛋呢？

环节四：幼儿进行"Yes or No"智力游戏，加深对卵生动物的认识。

1. 教师出示动物图片提问。

教师：这是谁？它会下蛋吗？

2. 幼儿先行判断，老师回应判断是否正确。

教师：先请小班小朋友判断，再请中、大班小朋友判断他们说得是否正确。

3. 如有争议，就通过出示动物成长过程图等方式进行验证。

科学：它们是怎么生宝宝的？（3～6岁）

活动目标

共性目标：乐意参与对动物的生殖方式的探索，并能在探索中了解胎生、卵生的含义。

层次目标一：

1. 初步了解动物的两种生殖方式：胎生和卵生。

2. 理解胎生、卵生的含义。

层次目标二：

1. 通过观察图片，知道动物胎生和卵生的发育过程。

2. 能够判断图片中的画面是属于胎生还是卵生的过程。

层次目标三：

1. 依据繁殖方式，对不同的动物进行分类。

2. 能够总结判断胎生还是卵生的特征条件。

重点：能够知道胎生和卵生两种生殖方式的各自特征。

难点：能够准确分辨动物的生殖方式。

活动准备

经验准备：

幼儿已经认识了一些卵生动物。

物质准备：

1. 幼儿每人一张动物图片。

2. 两块分别贴有胎生、卵生标志的操作板。

3. 小鸡、小猫出生的流程图。

4. 歌曲《小小蛋儿把门开》。

活动过程

环节一：教师提出疑问，引出话题。

1. 教师出示小鸡出生的流程图。

教师：小鸡是从哪里来的？

2. 教师播放歌曲《小小蛋儿把门开》，师幼共同边唱边表演。

3. 教师提出疑问，引发幼儿讨论。

教师：是不是所有动物妈妈生小宝宝都是这样呢？

环节二：幼儿了解动物的两种基本生殖方式：胎生、卵生。

1. 教师以小鸡为例，请大班幼儿简单介绍卵生的过程。

2. 教师以小猫为例简单介绍胎生的过程。

3. 幼儿讨论区别卵生动物和胎生动物的方法。

教师：我们看到一个动物，该怎么区别它是卵生动物还是胎生动物呢？

教师鼓励幼儿表述自己的判别方法。

环节三：通过操作游戏，进一步巩固幼儿对胎生与卵生的认识。

1. 教师请幼儿拿起动物卡，观察卡片上是什么动物。

教师：你的卡片上是什么动物？

2. 幼儿尝试判断自己的动物卡上的动物是属于胎生还是卵生。

教师：请你们判断一下它是卵生动物还是胎生动物，并说出你的理由。

3. 教师请个别幼儿进行表述。

4. 幼儿与同伴交流自己的动物卡上的动物是属于哪一类动物。

5. 幼儿分组活动，将各种动物图片贴在有胎生、卵生标志的操作板上。

教师巡回指导，最后集体评价。

环节四：师幼讨论总结有关胎生与卵生的知识。

1. 教师总结区别胎生动物和卵生动物的方法。

2. 幼儿到饲养角去找一找，看看有哪些动物是胎生的，哪些动物是卵生的。

小组化活动

语言：《小动物排队》（3~4岁）

活动目标

　　层次目标一：

　　借助图加文提示，能够听懂并理解儿歌内容，具有初步的阅读理解能力。

　　层次目标二：

　　能够根据儿歌内容，有序排列、操作动物卡片。

活动准备

　　物质准备：

　　图文儿歌《小动物来排队》的图片，图中的动物小图可以取下。（见附儿歌）

活动过程

　　环节一：教师出示图文儿歌《小动物来排队》图片，激起幼儿参与活动的兴趣。

1. 教师出示图文儿歌《小动物排队》图片。

教师：请小朋友看一下这张图片上有什么？

2. 幼儿表述自己看到的东西。

环节二：幼儿学习、理解儿歌内容。

1. 教师提问，帮助幼儿逐步理解儿歌内容。

教师：你们看到的都是什么？它们有一个共同的名称。

教师：小动物们在干什么？它们是怎么排队的？

教师：站在队伍前面的小动物有什么共同之处？那站在队伍后面的呢？

2. 师幼根据图文内容，朗诵儿歌。

3. 教师通过撤去部分动物图片的方式，帮助幼儿记忆儿歌内容。

（1）教师先撤去 1 张动物图片。

教师：你们看，图上少了几个小动物，你们还记得原来在这里的是谁？

教师：我们来读读看。

（2）教师再撤去 3 张动物图片。

教师：你们还敢挑战吗？

（3）教师最后撤去所有动物的图片。

教师请个别幼儿先来挑战，再请全部幼儿一起来回忆儿歌内容。

环节三：幼儿自主操作撤去动物图片，巩固对儿歌的学习。

附儿歌：

小动物来排队

小动物，来排队。

会生蛋，前边站，鸡鸭鹅，乌龟蛇。

肚里出，后边排，马牛羊，猫狗猪。

科学区：卵生与胎生动物的分类（4～5岁）

材料：

鸡、鸭、蝴蝶、蛇、乌龟、鱼、狗、猫、鲸鱼等卵生动物和胎生动物的图片。

指导重点：

1. 能正确分辨卵生动物和胎生动物。
2. 能够将图片进行分类。

线索三：我从哪里来

科学：我从哪里来（3～6岁）

活动目标

共性目标：了解人出生的现象，感受妈妈十月怀胎的辛苦。

层次目标一：

1. 知道自己是妈妈经过十个月孕育生出来的。
2. 通过观看PPT、讨论，初步了解自己出生的大概过程。

层次目标二：

1. 知道人生长的过程。
2. 通过观看PPT、讨论，了解胎儿在妈妈肚子里的主要生长过程。

层次目标三：

1. 知道自己是由爸爸的一个精子细胞和妈妈的一个卵子细胞结合形成受精卵生长而成的。

2. 能够完整表述自己观察的结果，并能清楚地知道胎儿形成的原因及生长规律。

重点：了解胎儿生长变化的过程。

难点：能够完整表述胎儿形成的原因、生命的由来及生长规律。

活动准备

经验准备：

幼儿在生活中见过孕妇。

物质准备：

1. 关于小宝宝孕育过程的 PPT。

2. 表现妈妈辛苦的图片若干。

活动过程

环节一：教师播放 PPT 第 1 页，切入主题。

1. 教师播放 PPT 第 1 页，幼儿观看。

教师：今天我看到了一件奇怪的事，有一位胖胖的阿姨居然在跟自己的肚子说话呢，我们一起来看一看吧！

2. 幼儿讨论 PPT 第 1 页的内容，教师请中、大班的幼儿表达自己的见解。

教师：图片上的阿姨为什么对着自己肚子说话？她在对谁说话？阿姨肚子里的宝宝是从哪里来的呢？

环节二：教师播放 PPT 第 2 页，了解生命的由来。

1. 教师播放 PPT 第 2 页，请幼儿在里面寻找答案。

教师：秘密就藏在这里呢，让我们一起找找答案吧！

2. 幼儿分享、交流自己的发现。

教师：看了刚才播放的画面，你找到正确的答案了吗？你还有没有什么不明白的问题呢？

3. 教师小结：爸爸和妈妈结婚以后，爸爸把身体里一种叫精子的东西送给了妈妈，精子和妈妈身体里叫卵子的东西友好地结合在一起，留在了妈妈肚子里的小房子里，小宝宝就这样形成了。

环节三：教师播放 PPT 第 3 页，幼儿了解胎儿变化过程。

1. 幼儿观看 PPT 第 3 页，了解胎儿 1～9 个月的生长发育图。

教师：小班小朋友，你知道宝宝在妈妈肚子里要住多长时间才可以出来吗？

2. 中、大班小朋友自由猜测。

3. 幼儿一边欣赏，一边听教师讲述每个月胎儿的变化，初步了解胎儿的生长发育过程。

环节四：幼儿大胆猜想，自由创编，表演在妈妈肚子里的宝宝会做的动作。

1. 幼儿观看 PPT 第 4 页，感受宝宝在妈妈肚子里的运动。

教师：宝宝在妈妈肚子里越来越大……有时候，妈妈的肚子会怎么样？

2. 教师启发幼儿大胆想象，同时用动作加以表现。

教师：你能来学学胎儿在妈妈肚子里的样子吗？

环节五：教师播放 PPT 第 5 页，激发幼儿爱妈妈的情感。

1. 通过谈话，让幼儿了解妈妈的辛苦。

教师：当你在妈妈肚子里，从一粒"小芝麻"慢慢长大，你觉得谁最辛苦呢？她们怎么辛苦了？

（1）请中班幼儿讲述，教师点击相应图片。

（2）请大班幼儿补充。

（3）教师借助图片补充幼儿没有想到的妈妈的辛苦。

2. 教师小结：不管有多苦，有多累，妈妈们都是那样地爱着自己的小宝贝。你应该怎么对待你的妈妈？

语言：小威向前冲（早期阅读）（4～6岁）

活动目标

共性目标：具有初步的阅读理解能力，并能清楚地表达自己阅读到的信息。

层次目标一：

1. 能够根据绘本画面提供的信息，大致说出宝宝发育的经过。

2. 通过阅读画面、讨论，知道小威就是爸爸的一个细胞——精子。

层次目标二：

1. 能够根据绘本的前一部分情节及画面线索，猜想出情节的后续发展。

2. 能够回忆起别人说过自己某些方面和爸爸妈妈相像，并大胆将自己所获得的信息表达出来。

重点：能够通过阅读绘本，了解宝宝发育的过程，并能初步感受什么是遗传。

难点：在自主阅读过程中，在复杂的画面中找到自己想要的线索和信息。

活动准备

经验准备：

幼儿已经寻找了自己和爸爸妈妈相像的地方，完成了《我和爸爸妈妈的相像之处》调查表（见附表）。

物质准备：

1. 每人1本绘本《小威向前冲》。

2. 含有绘本放大版及表现小娜与布朗夫妇相像之处画面的PPT。

3. 音乐《向前冲》。

活动过程

环节一：教师以音乐感受活动导入主题。

1. 教师播放《向前冲》音乐，老师带着幼儿一起边唱边跳，感受旋律的欢快。

教师：孩子们，跟着我一起唱唱跳跳吧！

2. 幼儿分享跳操的感受。

教师：这个音乐让你们有什么感觉？先请中班的小朋友们来说一说。

环节二：教师播放 PPT 的第 1 页（绘本封面），引发幼儿对绘本的兴趣。

1. 教师出示绘本封面，引导幼儿观察。

教师：今天老师带来一本绘本，我们一起来看看它的封面上有什么？他在干什么？

2. 教师介绍书名，引导幼儿认识绘本中的人物。

教师：这本书的名字叫《小威向前冲》，你们知道小威是谁吗？

3. 幼儿理解书名。

教师：向前冲是什么意思？请大班的小朋友带着小、中班的小朋友到空旷的地方试一试。

环节三：师幼共同阅读绘本前一部分，了解绘本内容。

教师：小威到底是谁？我们一起去书中看看吧。

1. 播放 PPT 的绘本页面，教师讲故事。

2. 教师引导幼儿观察画面。

教师：小威是什么呀？他住在哪里？他会怎样？请中班的小朋友来说一说。

3. 幼儿讨论对小威的看法，教师鼓励幼儿勇敢表达自己的看法。

教师：你们认为小威怎么样？请大班小朋友来说一说。

4. 继续阅读到布朗先生和布朗太太结婚的那一页。

环节四：幼儿自主阅读绘本的后一部分。

教师：接下来发生了什么？请你们自己接着往下阅读绘本。这一次我想请我们大班的小朋友带着中班的小朋友一起阅读。

幼儿"大带小"自主阅读绘本后一部分，教师巡回指导直至幼儿阅读结束。

环节五：师幼共同阅读，教师帮助幼儿梳理自主阅读内容中的重要画面。

1. 幼儿回忆自己阅读到的信息，教师出示相应的画面。

2. 重点阅读第 8、10、12、15、16、18、19、20 页。

教师：你们能找到小威在哪里吗？为什么？

教师：游泳冠军赛的日子终于到了，小威他们分到了什么？

教师：你们来帮小威看看地图，他应该怎么走？

教师：游泳冠军赛开始啦，出发！这时候小威在哪里？你是怎么看出来的？

教师：最后谁得到了冠军？你是怎么知道的？

教师：得了冠军的小威究竟到哪里去了？你知道吗？

环节六：分析小娜和布朗夫妇的相像之处，初步感知什么是遗传。

1. 幼儿猜想小娜长大后的样子。

教师：你们猜猜小娜长大以后可能会是什么样子？长得像谁？为什么？

2. 教师点击 PPT 画面，与幼儿一同寻找小娜和布朗夫妇之间的相像之处。

环节七：迁移经验，幼儿说说自己和爸爸妈妈的相像之处。

教师：你们和自己的爸爸妈妈有什么相像的地方呢？谁愿意和我们分享？

附表：

我和爸爸妈妈的相像之处（4~6岁）

发现人：　　　　　　发现时间：

序号	发现内容	发现结果 （幼儿用绘画的方式记录，请爸爸妈妈用文字进行说明）
1	我和爸爸特别像的地方	
2	我和妈妈特别像的地方	

健康：圆圆的肚脐 (3~6岁)

活动目标

共性目标：知道肚脐是怎么来的、怎么爱护自己的肚脐，养成良好的卫生习惯。

层次目标一：

1. 初步了解肚脐的由来。

2. 通过观看 PPT、观察讨论，知道肚脐和身体的关系以及保护它的方式。

层次目标二：

1. 能够用语言描述自己对肚脐的认识。

2. 通过观察、比较，知道每一个人的肚脐都不一样。

层次目标三：

1. 知道要好好保护自己的肚脐。

2. 能够用完整的语言向其他幼儿介绍保护肚脐的方法。

重点：初步了解肚脐的由来。

难点：能够用清晰的语言描述自己的肚脐。

活动准备

经验准备：

1. 幼儿知道一些有关人从哪里来的知识。

2. 知道自己的身体有肚脐这个部位。

物质准备：

1. 提前拍摄幼儿肚脐的照片。

2. 有关肚脐形成的 PPT。

活动过程

环节一：教师出示肚脐照片，引起幼儿兴趣。

教师请幼儿观察肚脐的很多照片。

教师：这是什么？小班的小朋友，你们知道吗？

环节二：迁移经验，请幼儿在自己的身上找肚脐。

1. 请个别小班幼儿找自己的肚脐。

教师：你有肚脐吗？在哪里？

2. 幼儿观察、发现肚脐的不同。

教师：老师把你们的肚脐都拍了下来，我们一起来看看你们的肚脐长得一样不一样。

幼儿找一找有什么不一样的地方。

3. 教师请中、大班幼儿回答。

4. 教师小结：我们每个人的肚脐形状都不一样。

环节三：师幼通过 PPT，共同探究肚脐的由来。

1. 幼儿认识脐带。

教师：我们为什么会有肚脐？我们的肚脐一直都是这样的吗？

（1）请大班幼儿回答。

（2）了解肚脐是胎儿出生后脐带脱落形成的疤。脐带是妈妈和胎儿连接的器官，是妈妈用来输送营养给胎儿的。

2. 了解脐带与肚脐之间的关系。

教师：你们知道脐带是怎么变成了肚脐吗？大班哪个小朋友能够告诉大家？

（1）个别幼儿分享自己的了解。

（2）全体幼儿观看 PPT，了解肚脐的演变过程。

环节四：教师引导幼儿了解肚脐的意义，知道保护肚脐的注意事项。

1. 幼儿知道肚脐是妈妈留给我们的纪念。

教师：肚脐是谁给我们的？

2. 幼儿讨论该怎么保护自己的肚脐。

教师：肚脐可以证明我们是从妈妈肚子里生出来的，是妈妈留给我们的纪念，因此我们一定要好好保护我们的肚脐。我们要怎么做才能保护好自己的肚脐呢？

3. 教师总结保护肚脐的注意事项。

音乐：《不再麻烦好妈妈》（歌唱）（3~6岁）

活动目标

共性目标：理解歌词的内容，初步学唱歌曲。

层次目标一：

1. 学唱歌曲，能唱清歌词，愿意愉快歌唱。

2. 知道自己渐渐长大，愿意做一些力所能及的事情，体验独立的快乐。

层次目标二：

1. 借助图片，理解和记忆歌词内容，并能基本会唱歌曲。

2. 敢于大胆想象，用自己的动作来表现歌曲内容，萌发爱妈妈的情感。

层次目标三：

1. 理解歌曲内容，能用基本准确的节奏和音调演唱歌曲。

2. 能够用简单的舞蹈动作表达自己对歌曲的理解，表达自己爱妈妈的情感。

重点：学会演唱歌曲。

难点：唱准附点音符，并能边唱边用动作表现歌曲。

活动准备

经验准备：

幼儿有过唱附点音符的经验。

物质准备：

1. 与歌曲相关的图片。

2. 歌曲《不再麻烦好妈妈》及其节奏谱。（见附歌曲）

活动过程

环节一：教师以有伴奏的歌曲导入活动。

1. 幼儿倾听歌曲，初步了解歌曲内容。

（1）教师：歌曲里说了什么？

（2）请小班的小朋友来说一说。

（3）教师：请中、大班的小朋友进行补充。

环节二：教师清唱一遍歌曲，引导幼儿熟悉歌词。

1. 幼儿再次倾听歌曲，加深对歌曲的了解。

教师：请你们再仔细听听歌曲里唱了些什么？

2. 幼儿讲述自己听到的歌词内容，教师出示相应的图片。

（1）教师：小班的小朋友知道歌曲里的小朋友会做些什么吗？

（2）教师：小朋友们，你们能不能有节奏地把它说出来呢？

教师：自 己 穿 衣 ｜ 服 呀 ｜

（3）教师引导幼儿练习用 × × × × ｜ × × ｜ 的节奏说出歌词内容，练习歌曲中的节奏。

3. 教师再次清唱歌曲，帮助幼儿将图片排序以了解歌词中事件的前后顺序。

教师：谁能把这些图片按照歌词的内容来排个队？

环节三：教师出示节奏图谱，引导幼儿学唱歌曲并用动作表现歌曲。

1. 教师出示节奏图谱，引导幼儿学唱歌曲，重点指导幼儿唱准附点音符。

2. 幼儿边唱歌边用动作表现。

环节四：教师引导幼儿在熟练演唱歌曲的基础上创编新歌词。

1. 教师引导幼儿创编新歌词。

（1）教师：除了歌曲中唱的这些劳动，你还可以帮妈妈做哪些事情呢？

（2）教师先请小班小朋友回答，再请中、大班小朋友回答。

2. 教师请几个创编歌词的小朋友在集体面前,用自己的动作来表现他们新编的歌词。

3. 选择几句创编的歌词（表演动作简单形象的）进行集体演唱、表演。

附歌曲：

不再麻烦好妈妈

颂今 千红 词

颂今 曲

体育：孕妈妈（3~6岁）

活动目标

共性目标：能够负重参加走、爬等活动，感受妈妈怀孕的不易。

层次目标一：

1. 尝试模仿怀孕初期的妈妈，初步练习负重走的动作。

2. 能够双脚灵活交替行走、跨过低矮障碍物。

层次目标二：

1. 能够身体平稳地在较窄的低矮平衡木上行走一段时间。

2. 模仿怀孕中后期的妈妈，感受肚子大对行动的影响，体验妈妈怀孕的不易。

层次目标三：

1. 学习在负重情况下与同伴合作完成任务。

2. 体验妈妈的辛苦，感受与同伴合作的快乐。

重点：练习负重走、爬等动作，具有一定的平衡能力。

难点：在身体负重的情况下，能够较灵敏地参与探险活动，并能完成任务。

活动准备

经验准备：

1. 通过前面的活动，幼儿对于孕妈妈的肚子印象深刻。

2. 幼儿玩过探险场地上的这些器械，有一些经验。

物质准备：

1. 皮球、大小枕头若干。

2. 探险场地的器械及布置：平衡木 4 个、台阶 2 组、高矮障碍物若干。

3. 与幼儿人数相等的大小纸盒。

活动过程

环节一：幼儿热身运动，做孕妈妈体操。

1. 幼儿自取材料，装扮成孕妈妈。

教师：今天，我们要来玩一个变身游戏，请你们自己选择材料，把自己打扮成孕妈妈。小班小朋友可以选择一些小一点、轻一点的材料装扮自己，中、大班小朋友可以试一试大一点、重一点的材料装扮自己。

2. 师幼一起随着节奏有点欢快的音乐做操。

教师：今天，我们都是"孕妈妈"，让我们一起跟着音乐锻炼身体吧！

环节二：基本部分，幼儿探索、感受孕妈妈行动的不便。

1. 幼儿感受作为"孕妈妈"在平地上自由行走。

教师：孕妈妈们，你们现在可以在场地上自由地走一走，感受一下与你们平时走路有什么不同？同时还要保护好你们的"大肚子"，不能让它掉下来哦！

2. 个别幼儿分享感受。

教师：你在刚才的自由行走中有什么感受？又有什么发现？

3. "孕妈妈"探索如何在保护好"大肚子"的前提下走得又快又稳。

教师：孕妈妈们，你们再去试试怎样才能既保护好"大肚子"，又能走得又快又稳。

4. 个别幼儿分享自己的办法。

教师：谁愿意与大家分享你发现的好办法？

5. 教师介绍探险场地及器械，"孕妈妈"尝试自由探险。

教师：刚才大家都体会到孕妈妈走路与我们走路的不同。现在我还要请你们这一群"孕妈妈"去探险，你们需要走过窄窄的小桥、爬过高高的楼梯、跨过高高低低的障碍物才能到达终点，现在就去试试吧！

6. 幼儿分享探险的感受和发现。

（1）教师引导幼儿分享在探险中的发现。

教师：中、大班小朋友，你们在探险中有什么发现？

（2）教师帮助小班幼儿解决探险中遇到的困难。

教师：小班小朋友，你们在探险中遇到了什么困难？

（3）中、大班幼儿向小班幼儿介绍解决探险中一些困难的办法、策略。

教师：哪位小朋友能够帮助小班的小朋友解决这些困难？

环节三：游戏部分，与同伴合作运玩具回家。

1. 师幼共同布置游戏场景。

教师："孕妈妈"，今天我们还要进行一个游戏，场地也需要我们大家合作布置，请大家在保护好自己的"大肚子"的基础上，分小组布置，每组需要布置 2 个平衡木、1 组台阶、4 个障碍物。

2. 教师介绍游戏规则。

教师：全体小朋友分成两组。每组需要将与组员人数相等的玩具盒搬运到对面；去的时候一定要通过你们刚才布置的场地，回来的时候在平地上走；前面的小朋友走回来后，与下一个小朋友击掌，下一个小朋友方可出发；先结束的一组为获胜组。

3. 幼儿游戏。

教师："孕妈妈"，快把你们给孩子买的玩具运回家吧！看看哪一组"孕妈妈"最厉害！

环节四：放松运动。

教师播放轻柔的音乐，幼儿相互帮助放松身体。

教师：今天，"孕妈妈"们辛苦啦！我们排成一路纵队，跟着音乐轻轻地帮前面的小朋友揉揉肩、拍拍胳膊和背，也为自己拍拍腿；再转过去为刚才为你放松的小朋友揉揉肩、拍拍胳膊和背，也为自己拍拍屁股。

社会：男孩和女孩（3～6岁）

活动目标

层次目标一：

1. 初步建立性别认同。

2. 通过说说、画画、听听，初步了解男孩、女孩的特征。

层次目标二：

1. 知道男孩、女孩之间的异同。

2. 尝试找出男孩和女孩在动作、声音、爱好等方面的差异。

层次目标三：

1. 能够与同伴合作使用统计表记录自己的判断。

2. 体验与同伴合作记录的乐趣，激发相互喜欢的情感。

活动准备

经验准备：

幼儿知道自己的性别。

物质准备：

1. 与幼儿人数相等的男孩、女孩的衣物。

2. 红、蓝衣架各 1 个。

3. 白纸、勾线笔若干。

4. 音乐、播放器。

活动过程

环节一：教师以游戏"请你猜猜我是谁？"导入活动，引起幼儿兴趣。

1. 教师介绍游戏新规则。

教师：今天我们一起来玩游戏"请你猜猜我是谁"，今天的游戏规则和以前不一样，只需要说出他是男孩还是女孩。

2. 幼儿游戏，教师适时追问。

教师：你是怎么知道的？

教师引导幼儿关注男孩和女孩在声音、动作方面的不同。

环节二：幼儿了解男孩、女孩之间的异同。

1. 教师引导幼儿根据性别分类。

教师：请刚才被猜中的小朋友站出来，你们能够把他们分成两队吗？

2. 幼儿通过观察，初步了解男孩和女孩的不同。

教师：现在请你们仔细看一看，男孩和女孩有什么不一样的地方？

3. 教师引导幼儿发现男孩和女孩更多的不同之处。

教师：男孩和女孩还有哪里不同？

4. 教师通过分类游戏，引导幼儿关注男孩和女孩的着装特点及不同。

（1）教师介绍分类游戏的规则及要求。

教师：我这里有一些衣服、鞋子，请你将你觉得适合男孩穿的衣服，挂在红色的衣架上；适合女孩穿的，挂在蓝色的衣架上。鞋子放在相应的衣架下面。

（2）大班幼儿为中、小班幼儿做示范。

教师：我们先请大班小朋友来分类摆放衣物，小、中班的小朋友看看大班的小朋友是怎么摆放的？他们摆放得对吗？摆放衣物的小朋友要注意秩序，不要拥挤。

（3）其他幼儿对分类进行检查、判断。

教师：我们一起来看看他们摆放得对不对，男孩和女孩穿的衣服、鞋子一样吗？

（4）中、小班幼儿进行分类，大班幼儿当检查员。

5. 教师引导幼儿讨论男孩和女孩在生理上的不同。

教师：除了我们的外表和衣服、鞋子以外，男孩和女孩还有哪里是不一样的呢？

环节三：幼儿分辨公共洗手间，认识男、女洗手间的标志。

1. 教师引发幼儿讨论。

教师：你们和爸爸妈妈出去玩的时候，如果需要去洗手间，你会去男洗手间还是女洗手间呢？

教师：你是怎么知道哪个是男（女）洗手间的？

2. 幼儿结伴绘制看过的标志。

教师：你们能把看过的洗手间标志画出来吗？请中、大班小朋友带着身边的小班小朋友讨论下你们看到过哪些标志，再带着他们把那些标志画出来。

3. 教师展示幼儿绘制的标志，请个别幼儿介绍。

4. 教师出示幼儿绘制的洗手间标志，引导幼儿分辨。

教师先请小班幼儿分辨，再请中、大班幼儿做出判断。

环节四：音乐游戏"请你和我跳个舞"。

教师：男生是绅士，女生是淑女。大家一起来跳个舞吧！应该由谁发出跳舞的邀请呀？男生应该怎么邀请女生？

教师播放音乐，幼儿集体玩音乐游戏，男生女生一起联欢。

小组化活动

美术：我的孕妈妈（5~6岁）

活动目标

1. 了解妈妈怀孕时的主要特征，能够简单绘画出妈妈怀孕时的样子。

2. 通过观察孕妈妈的照片，学习用曲线表现妈妈怀孕时的主要特征。

3. 愿意用绘画的方式表达自己对妈妈的爱。

活动准备

物质准备：

1. 教师请幼儿每人带一张妈妈怀孕时的照片。

2. 纸和笔。

活动过程

环节一：教师展示"我的孕妈妈"照片墙，让幼儿了解妈妈怀孕时的主要特征。

教师：你的妈妈怀孕时有什么特征？

环节二：师幼共同讨论如何用绘画表现妈妈怀孕的主要特征。

1. 幼儿讨论表现妈妈的方式，教师引导幼儿从发型、五官等局部特征进行大致的比较。

教师：我们怎么用绘画的方式表现妈妈的特点？假如妈妈戴眼镜要怎么表现？假如妈妈是卷发该怎么表现？

2. 幼儿讨论如何表现出妈妈怀孕的特征。

教师：怀孕的妈妈有哪些变化呢？怎样用绘画的方式表现出来？

幼儿自由大胆设想。

环节三：幼儿分组绘画，教师巡回指导。

1. 教师出示绘画材料，交代绘画要求。

2. 幼儿自主绘画，教师观察指导幼儿表现出孕妈妈的特征。

环节四：教师鼓励幼儿给画像制作一个画框，把画送给自己的妈妈。

教师：大家可以到美工区为自己的作品制作一个画框，把自己的作品装饰得更漂亮，送给自己的妈妈。

语言：我的成长小书（4~6岁）

活动目标

层次目标一：

1. 能够发现自己的成长与变化，并用语言表述。

2. 尝试用照片、简单易懂的图案及符号记录自己主要的成长过程。

层次目标二：

1. 能够用完整的语言表述自己的成长与主要变化。

2. 尝试用图文形式制作个人成长册，发展精细动作。

3. 乐于与同伴交流、分享自己成长的快乐。

活动准备

经验准备：

幼儿已向家长了解过自己小时候的趣事。

物质准备：

1. 幼儿小时候的照片、衣物、用品。

2. "人的成长过程"图片。

3. 卡片纸、彩笔、彩纸、剪刀、胶水等美工材料与工具若干。

活动过程

环节一：教师出示很多不同年龄的孩子的照片，引起幼儿的兴趣。

幼儿寻找、辨认同伴小时候的照片。

教师：这里面有你吗？

环节二：教师带领幼儿逐一回顾小时候的照片和用品，感受成长带来的变化。

1. 教师让幼儿猜一猜照片上的人是谁，并说出自己的理由。

2. 教师和幼儿一起议论猜不出是谁的原因。

环节三：教师请照片中的幼儿站出来，让其他幼儿发现同伴的变化，真实地感受自己长大了。

教师：你们可以看一看、比一比，自己是不是也像他一样变化很大呀？

1. 教师引导幼儿从更多的方面有目的地进行比较。

2. 幼儿互相讨论自己现在与小时候相比，有什么变化。

3. 幼儿互相交流童年的趣事。教师让幼儿讲述自己小时候的趣事，鼓励幼儿积极参与，与同伴交流、分享自己成长的快乐。

环节四：幼儿制作"我的成长小书"。

1. 小班幼儿先将教师提供的"人的成长过程"图片进行排序，然后进行粘贴，最后装订成册。

2. 中班幼儿的"我的成长小书"需要幼儿将"自己小时候是这个样子""现在是这个样子""将来会变成这个样子"画出来，最后装订成册。

3. 大班幼儿的"我的成长小书"除了要和中班幼儿一样画出自己的小时候、现在、将来的画像之外，还要分别画一件自己在那个年龄阶段会做的事情，最后装订成册。

环节五：幼儿介绍自己的成长小书。

教师：哪位小朋友愿意向大家介绍一下自己的成长小书？或者哪位小朋友愿意来尝试读一读别的小朋友的成长小书，看你是否能够读懂。

数学：长高了，长胖了（4～6岁）

活动目标

层次目标一：

1. 学习运用绳子、毛线等工具测量人的身高和胖瘦。

2. 通过实际操作，能感知和区分人的高矮、胖瘦，并能用相应词语描述。

层次目标二：

1. 能用简单的记录表记录自己与同伴测量的结果。

2. 感受"大带小"相互测量的乐趣，感知相互之间的差异。

活动准备

经验准备：

幼儿已进行过对自己小时候身高、腰围的调查，并完成了《成长调查表》（见附表）。

物质准备：

1. 吸管、筷子、各种绳子若干。

2. 身高体重测量统计表。

3. 纸、笔。

活动过程

环节一：教师针对调查表进行谈话，导入活动。

教师：前几天小朋友们和爸爸妈妈做了关于你们小时候的调查，现在我们一起来说说你和小时候比起来，有哪些变化？

教师：你们知道自己现在有多高多重吗？有什么办法知道我们自己有多高多重？

环节二：幼儿测身高。

1. 教师和幼儿一起讨论测量需要哪些材料。

2. 教师交代测量要求：幼儿"大带小"结对用提供的材料尝试测量自己的身高。

3. 幼儿操作，将测量的结果记录下来。

环节三：幼儿交流测量结果及操作中遇到的困难，并共同讨论如何解决。

1. 幼儿出示测量记录单，分享测量经验。

2. 针对测量过程中出现的困难，师幼共同讨论解决方法。

3. 教师请大班幼儿示范测量，并用简单易懂的语句介绍测量方法。

环节四：幼儿再次操作，将测量结果记录下来，并将两次测量结果进行比较。

环节五：幼儿测腰围。

1. 幼儿讨论用什么样的工具测量腰围。

2. 幼儿两人一组选择合适的工具相互为对方测量腰围，并在《现场测量记录表》中用自己的方式记录。

环节六：教师展出《成长调查表》，幼儿比较谁最高、谁最胖。

1. 幼儿学习看数据比较高矮、胖瘦。

教师：我们班谁最高？谁最胖？你是怎么看出来的？

2. 教师帮助幼儿拓展测量经验。

教师：除了可以用绳子和毛线来测量身高和腰围外，我们还可以用哪些方法测量？

附表：

成长调查表

被调查人：　　　　　　　　调查时间：

调查内容	调查结果
0岁（出生）时的身高是多少？	
0岁（出生）时的腰围是多少？	

现场测量记录表

测量人：　　　　　　　　测量时间：

我长高了吗?		我长胖了吗?	
0岁（出生）时的身高	现在的身高	0岁（出生）时的腰围	现在的腰围

（区域活动）

语言区：制作我的成长小书（5～6岁）

材料:

　　1. 制作成长小书的流程图。

　　2. 方形纸若干、彩色铅笔、订书机、小书封面字卡。

指导重点:

　　1. 根据自己小时候和现在的照片，将自己小时候和现在的形象用绘画的形式表现出来。

　　2. 绘画完成以后，根据制作成长小书流程图制作小书。

益智区：我从哪里来（3～6岁）

材料:

　　将胎儿发育的过程图制作成6～10片拼图。

指导重点：

    1. 能够根据自己的能力，自主选择适合的拼图数并进行拼图。

    2. 能够找到图片之间的关联拼好胎儿发育的过程图。

科学区：胎儿的生长过程（3~6岁）

材料：

    胎儿发育的一系列图片。

指导重点：

    1. 按照胎儿的主要生长过程，将"我从哪里来"的图片进行正确排序。

    2. 在操作的过程中，加深对胎儿发育的认识。

科学区：制作年龄条（5~6岁）

材料：

    年龄纸、剪刀、胶棒、笔。

指导重点：

    1. 通过自己的调查，知道自己和家人的年龄。

    2. 能根据年龄数制作相应数量的年龄条，感受年龄大小与年龄条长短的关系。

美工区：宝宝的脸（4~6岁）

材料：

纸盘、纸黏土、皱纹纸、彩纸、剪刀、胶棒。

指导重点：

1. 知道宝宝脸上应该有眉毛、眼睛、鼻子、嘴巴，外围有头发和耳朵，并知道它们的具体位置。

2. 能够运用多种材料在纸盘上表现宝宝脸部的特征。

美工区：制作"我"的人偶（5~6岁）

材料：

1. 一次性纸杯、纸黏土、废旧笔盖、泡沫球、彩纸、颜料、塑料瓶子。

2. 胶水、胶带等黏合剂。

指导重点：

1. 选择适合的材料制作人偶的各个部位。

2. 会用纸黏土覆满泡沫球制作人偶脸部，在脸部制作头发、眼睛、鼻子、嘴巴等。

3. 将一次性水杯或塑料瓶制成人偶的身体部位。

4. 选择适合的材料（废旧笔套等）将人偶的头部和身体连接。

第五章
教师在创设自由的混龄教育环境中的收获与成长

第五章　教师在创设自由的混龄教育环境中的收获与成长

教师的成长需要"专业引领"，教师要想获得成长最重要的途径是学习、实践和反思，课题研究是提高教师综合素质、打造幼儿园品牌的根基，同时也是提高教育教学质量的有效途径。几年来通过幼儿园课题组扎实有效、丰富多样的课题研究，不仅促进了儿童的发展，还促进了教师教育观念和教育行为的转变。一批教师在课题实践中快速成长起来，他们逐步形成了自己的教学风格，成为我园教学的骨干力量。

第一节　一场关于成长与收获的教师沙龙

时间： 2015 年 6 月 17 日

地点： 行政楼一楼会议室

主持人： 王燕兰、吴宇泓

参加人员： 混龄教育教学子课题组所有成员（赵小红、周艳、朱婷婷、朱朝霞、方芳、刘玫、郝旭娟、王婷、张司仪、张艳、陆娟、黄菲、陈晓方）

沙龙主题： "创设自由的混龄教育环境，促进幼儿自然成长"子课题开展研究以来，教师在教育观、教育策略、教育方法等方面发生的转变，以及子课题组教师的成长与收获。

主持人： 我园自 2006 年实施混龄教育以来，至今已有 8 年，在混龄教育方面积累了大量的有益经验。近年来，我园混龄班又在大课题组的带领下，以"自由""自然"

等理念为指引，探索、创设出更为自由的混龄教育环境，以促进幼儿更好地成长。在这个探索、尝试、实践与反思的过程中，参与课题研究的教师们在教育理念、策略、方法等方面发生了怎样的转变呢？今天的沙龙我们就请子课题组的每一名成员回顾一下自己的研究经历，然后谈一谈自己在这个过程中的成长与收获。

刘玫老师： 在课题研究的过程中我发现，给孩子提供的环境越自由，就越能感受到他们的力量和潜能。每一名儿童都是积极的、有能力的学习者。比如说，这段时间，在晨间自主性区域活动时间，我们班有几个孩子一连几天都在美工区中，我不知道美工区里为什么会有这么大的吸引力，于是我就请他们把作品拿出来。你们知道其中一个孩子做了什么吗？一个长长的盒子，上面弄了一个卷纸筒，粘在上面。卷纸筒旁边粘了黑颜色的泡沫，做成了"龙须"。这个盒子里面还设置了座位，小人都坐在里头。我惊喜得不得了。这个孩子自己做了几天，还教了其他小朋友。我对她说："你太了不起了！"我还给她提了个建议："你这个龙舟还少了一些鳞片，你可以想办法再做一些鳞片贴在上面，就更好看了。"所以，我们要给予孩子更多的自由，让他们自主地、积极地去学习，我们作为教师需要做的就是去追随他们的经验，为他们的进一步学习提供支撑。

周艳老师： 我也有这样的感受，所以现在在班级中，我们会让孩子走在前面，老师跟在后面。老师及时发现孩子们的兴趣、需要，然后用材料、活动，甚至是整个课程的走向去支持他们的学习和探索。比如，我们开展过一项包粽子的活动。活动结束后没多久，我们班小朋友就开始在美工区用绿色的纸条裹上超轻黏土"包粽子"。看到小朋友们这么感兴趣，我们就想为什么不顺应他们的这一学习兴趣开展相应的活动呢？于是我们临时生成了"端午粽香"的课程。老师先带领小朋友进行集体讨论，比如"怎么包粽子""包粽子需要什么材料""材料准备好后需要怎么处理"等，然后引导他们把讨论的内容画出来。在小朋友对如何包粽子有了一些认识后，我们就在生活区里把包粽子的材料准备好，让他们自由地去探索"包粽子"的方法。不仅如此，我们还和小朋友们一起通过调查、阅读、讨论等方式了解粽子的来历、口味、地域特点等，从而更好地丰富他们的相关经验，拓展他们的学习能力。

王婷老师： 班级开展的班本主题活动，从"巴士到站了"到"各种各样的交通工具"，到"我的家乡南京"，再到"我的地图书"，主题活动的生成与开展始终追寻孩子们的兴趣、已有经验和学习轨迹，使主题活动形成脉络：让开展过的主题活动成为新主题活动的经验基础。通过这样的方式，使孩子成为一棵树，慢慢长高直至开花，逐渐壮大起来。这样一来，主题活动不是凭空架构出来的，而是基于孩子的已有经验、兴趣、学习需要等慢慢积累起来的。

主持人：承认幼儿是积极主动的学习者，这是我们开展课题研究以来，儿童观上发生的一个重要转变。在这个理念的引领下，我们尝试在实践中给予幼儿更多的自由，使他们有机会去进行自主的探索和学习，而教师则在观察的基础上，用课程回应幼儿的兴趣和需要。

陈晓方老师：我感觉自己现在越来越关注大孩子与小孩子之间的互动。儿童向儿童学习比向成人学习更加自然和有效，小孩子模仿起来更容易，也不会感到压抑，对于大孩子来说，不但可以巩固和加深自己的知识，他们还将意识到他们所做的一切会被小孩子重复和模仿，从而督促自己要为小孩子做出积极的、正面的示范。

朱朝霞老师：是的，幼儿相互之间的交流就是很自然的学习，他们通过相互帮助、相互分享，共同提高学习能力。所以，我们现在会给孩子提供大量的异龄互动的机会，将"大带小"的模式贯穿在一日生活中，而不是像以前那样，仅仅关注集体教学活动中的异龄互动。例如，"大带小"一起散步，"大带小"开展大扫除，大孩子向小孩子展示工作，"大带小"合作探究等。

赵小红老师：要激发幼儿之间的异龄互动，很重要的一点是要在一日生活中给予幼儿一些教师低控的时间，这些相对自由的环节能够更好地激发他们之间的互动。同时，教师应该对异龄互动持有一种真正的接纳、支持和鼓励的态度，并且通过自己的语言、神态等将这种接纳、支持和鼓励的态度传递给幼儿，这会让幼儿有安全感，从而更加自信地与异龄幼儿进行交往。比如，以前我们会将一日生活安排得很满，而且大多数活动都是教师主导的，但现在我们会做一些留白，这些留白就是异龄互动的机会，例如幼儿起床后穿衣服的时间，教学中的一些过渡环节等。

主持人：关注异龄互动，充分发挥异龄幼儿之间的互动对于幼儿成长与发展的价值确实是我们开展课题研究以来日益关注的一个话题。异龄互动是混龄班的一个重要且独特的教育资源，必须充分利用。异龄幼儿进行交往时会激活彼此的"最近发展区"，这种在自然情境下被激活的"最近发展区"与教师根据自己的经验和对幼儿的了解等揣测出的全班幼儿的"平均最近发展区"相比，更加符合幼儿个体的发展轨迹，能够更好地促进每一名幼儿的发展。

黄菲老师：在开展课题研究的过程中我越来越感受到，在开展混龄课程时，所制定的教育目标应该是开放的、多元的，既要把握幼儿发展的共性目标，同时也要考虑目标的层次。共性目标指向的是幼儿发展中的核心经验，有利于教师把握活动的整体方向，层次目标指向的是不同发展水平的幼儿，有利于教师关注到不同幼儿的不同需求。例如，在开展科学活动《滴滴停车场》时，我制定了三个层次的活动目标：层次一，能按照汽车的颜色、大小等特征将小汽车停放在相应的位置；层次二，根据停车票上的数词标记取用汽车；层次三，能够用数词描述车辆的排列顺序和位置，指导同伴停放汽车。在此基础上提炼了本次活动的共性目标：迁移生活经验，根据颜色、大小、数词等信息停放车辆。

张艳老师：我也有这样的体会，特别是我们现在在设计教学活动时，不再像原来那样从年龄维度出发，而是从儿童发展的实际水平出发去制定活动目标。也就是说，能力强的年龄较小的孩子也可以达到较高层次的目标，而能力弱的年龄较大的孩子也可以以一种不被伤害自尊心的方式获得发展，这就打破了以往年龄目标对我们思想和行动的禁锢，让我们对儿童的发展有了更加宽广的视野。

主持人：在开展课题研究的过程中，我们逐渐摸索出了一套设计混龄课程的思路和方法。教师们边实践边反思，边实施边调整，从僵化地关注年龄目标发展拓展到灵活地设置层次目标。这一变化说明，教师们的眼中开始有了以个体形象呈现的幼儿，而这种课程设计的思路和方法，也更加有利于混龄教学活动促进不同年龄、同一年龄不同发展水平的幼儿更好地发展。

郝旭娟老师：在混龄班级中，材料应该更加丰富充足，且富有层次，这样才能真正满足不同年龄段、不同发展水平的儿童的学习需要。在日常教学中我们发现，不同年龄段孩子的学习兴趣和需要其实是不一样的，年龄较小的孩子更加喜欢生活区的操作性活动，例如夹夹子、用勺子舀等，而年龄较大的孩子更加喜欢美工区的创造性活动和益智区的竞赛类活动，特别是一些创意美工和棋类活动。因此，在一个混龄班级中，教师必须兼顾多重需要，以丰富多样、适宜且富有层次的材料回应幼儿的学习需要，使每一名幼儿都能够在与不同材料的互动中获得发展。

陆娟老师：我们还在班级中设立了材料库，材料库中的材料大部分是一些废旧材料和自然材料，例如薯片罐、纸盒、石头、树枝等。这些材料具有开放性、不确定性和可变性，它们对于每一名孩子的意义都是不一样的。不同年龄、不同发展水平的孩子都能够根据自己的需要选择、使用这些材料，而孩子就是在与不同材料的互动中获得发展的。

张司仪老师：多样、开放和适宜的材料，只是为孩子与材料互动提供了物质基础，但如果教师对材料使用所采取的态度是高控的、拒绝的，甚至是抵制的，或者是有意无意地减少、避免孩子们与材料互动的机会，那即使材料再丰富、再开放、再适宜，它们对于孩子发展的促进作用仍然几乎为零。所以，我们在开展研究的过程中，越来越强烈地感受到，要为孩子营造尊重、接纳、鼓励的心理氛围，同时还要设计一些活动，帮助他们去创造性地使用材料，此外，还要允许材料在不同的区域之间流动，也就是跨区域使用材料。

郝旭娟老师：我同意你的观点，另外我还觉得，在混龄班中，特别要打破教师自己心中的年龄界限。例如，"这个不能玩，这个是大孩子玩的"等想法。教师心中的这种年龄界限其实就是让孩子感到不自由的因素。

主持人：幼儿是在与环境、材料的互动中获得发展的，所以我们教师的职责就是要将我们的教育目标等转化为有准备的环境，使幼儿在与环境、材料的自由互动中沿着自己的路径发展起来，这是我们开展课题研究以来，在发展观上发生的最大的变化。

方芳老师：以前，我们总认为规则与自由是相对立的，规则束缚了孩子的自由，所以，要给孩子提供自由的环境就必须打破原先的规则。随着课题研究的深入，我现在越来越深刻地感受到规则是自由的保障，没有规则就没有自由，但这个规则不是"教师认为的规则"，也不是"方便教师的规则"，更不是"教师强制推行的规则"，而应该是

"幼儿认同的规则""师幼共同商议的规则",这是因为,外在于幼儿的规则难以被幼儿认同,而幼儿在一个自己不被认同的地方是很难真正有自由的体验的。

朱婷婷老师:我也有这样的感受,所以在班级中,我们会和孩子们共同商议一些最为基本的、原则性的、底线性的规则,例如,自己收拾、整理使用过的玩具;对同伴友好,不伤害他人;力所能及地照顾其他小朋友等。商议出规则后请大孩子带着小孩子一起将这些规则用他们自己的方式表征出来,展示在教室中最为显眼的位置,而规则一旦被确定下来,就成为大家共同遵守的行为准则,无论是大孩子还是小孩子,也包括成人,都必须遵守。

主持人:对于自由与规则关系的认识,让我们对于什么是真正的自由有了更加深入的理解,也让我们对于如何为幼儿营造自由的环境有了更加具体可行的抓手。规则是自由的题中之义,只有确立了最基本的规则,我们为幼儿提供的表达的自由、交往的自由、探索的自由等才有了"生根之处"。

主持人总结:课题研究不仅推动教育实践质量的提升,它还带动教师自身的专业成长。它有利于促成教师教育观念的改变,推动教师教育行为的变革,但教师的专业成长永远在路上,是一段没有终点的旅程。我们子课题组每一位教师都必须进一步反思自身、更新观念、大胆尝试,以更高质量的教育回应幼儿,助力他们更好地发展。谢谢大家今天精彩的发言,本次沙龙到此结束。

我们的收获与成长:

- 意识到儿童是积极主动的学习者。
- 认同教育应遵循"儿童在前,教师在后"的原则。
- 教师应该回应幼儿的学习兴趣和发展需要。
- 关注异龄互动对于幼儿的成长和发展具有的重要价值和意义。
- 尝试在一日生活的各个环节中增进幼儿之间的异龄互动。
- 承认幼儿的发展具有个体差异性。
- 在教学活动中既关注幼儿发展的共性目标,也关注层次目标。

- 不以年龄目标来限制幼儿的发展。

- 儿童是在与环境、材料的互动中获得发展的。

- 教师要将教育目标转化为有准备的环境。

- 混龄教室中的材料应该是丰富多样、适宜且富有层次的。

- 材料的提供应兼顾不同年龄段以及不同发展水平幼儿的需要。

- 在教室中设立材料库，鼓励幼儿根据自己的需要选择、使用低结构化的材料。

- 允许幼儿跨区域使用材料。

- 认同规则是自由的基础和保障。

- 与幼儿商议班级中最基本的、原则性的、底线性的规则，然后师幼共同遵守。

- 鼓励幼儿用自己的方式表达对于规则的理解。

第二节　我们的教育故事

巧用"大带小"结伴　促进幼儿的社会性发展

黄菲

案例描述：

  彤彤是一名小班的幼儿，平时不爱说话，对同伴的示好也没有反应。每次活动时，我们请她一起来参与，可是她总是躲在角落里不愿意参加。我们开展了混龄音乐游戏"三轮车"，幼儿已经会唱歌曲，我们便利用这首歌来玩音乐游戏。三轮车有三个轮子，所以我们请小、中、大班各一名小朋友三人一组，大班小朋友在外圈，小班小朋友在中间，中班小朋友在里圈，组成一辆"三轮车"，然后所有的"三轮车"依次排在黄线上组成一个大圈。当音乐响起时，所有的"三轮车"都要向前跑动。大班的润润和中班的道道手拉手，组成一辆三轮车，我向润润和道道建议去邀请小班的彤彤一起玩。润润和道道对小班的彤彤说："彤彤妹妹，快进来，站在中间，我们来玩三轮车的游戏。"彤彤一开始没有反应，润润和道道又热情地邀请她，彤彤便钻进他们俩搭好的三轮车的圆圈里，跟着哥哥们向前跑动起来。音乐结束之后，听到和弦的提示音时，大班和中班的小朋友向前跑动，跑到前面一个小朋友的两边，重新组成一辆"三轮车"，三个人再继续一起向前跑。玩了几次以后，彤彤熟悉了玩法，边唱边跟着中、大班的哥哥姐姐们一起跑了起来。

我的思考：

  小班的彤彤不知道如何与同伴进行交往。缺少交往的方法和经验，造成她心理上的紧张，导致她不愿跟别人说话、交流。中班的道道和大班的润润性格活泼开朗，很愿意照顾弟弟妹妹。通过这次混龄音乐游戏的契机，利用"大带小"结伴的模式，为年幼的幼儿提供交流的机会，消除年幼的幼儿的紧张感，体验与同伴进行交往的快乐，促进幼儿的社会性发展。

异龄同伴是影响幼儿发展的"重要他人"之一。研究认为，异龄同伴关系是一种"非对称相倚性"的关系，交往中，年长幼儿比年幼幼儿有更高的权利和社会地位，但这种不对称性关系可使幼儿获得更多的社会性能力。异龄同伴交往不仅在一般意义上对幼儿的社会认知、情感能力及亲社会行为有发展性作用，而且对有交往不足或交往过度的幼儿还有显著的补偿矫正功能。因此，在活动中，我建议润润和道道去邀请彤彤一起参加游戏，他们很乐意主动地去帮助年龄小的彤彤，当她的小老师。年长的幼儿为自己是哥哥姐姐而感到自豪，克服了"自我中心"意识，表现出责任感和关爱意识。年幼的彤彤愿意接受年长的幼儿邀约，跟随他们一起进行活动，模仿和学习同伴的交往方式，并用自己的方式来表达自己的交往需要。年幼的幼儿对年长的幼儿也非常信任和依赖，并能从年长的幼儿身上学到知识和技能。幼儿相互关心、相互照顾、团结友爱，建立了一种良性的循环，从而促进了幼儿社会性的发展。

在自由混龄教育的环境中，年幼幼儿不愿意与同伴交往时，需要教师创造并抓住契机，利用"大带小"的优势，提升幼儿的交往能力。例如："三轮车"需要三个幼儿进行组合，我建议大班幼儿和中班幼儿邀请小班幼儿自由组合，小班幼儿愿意接受年龄大的孩子的邀约，一起进行活动。在活动中，幼儿遇到困难时，老师不需要马上介入或者干预，可以暂时以观察者的身份看他们能否自己处理解决，给幼儿真正地留下交往、发展的空间。教师还可以尝试在一日生活的各个环节中增进幼儿之间的异龄互动，从其他幼儿身上学习关心他人、乐于助人等优良品质。但在现实中，由于教育策略的失调、幼儿生存环境的变化及成人对影响幼儿异龄同伴接纳的因素认识不够，幼儿在一日活动中很少有与不同年龄同伴共同玩耍的机会，致使异龄同伴交往对幼儿发展（特别是社会性发展）的作用还处在"潜伏"的状态。

创设自由的混龄建构游戏环境　支持儿童成为积极主动的学习者

周艳

案例描述：

早上入园后，班上一部分大大小小的孩子们自由选择进入建构室游戏。当游戏开始后，阿仁（5岁）走向多多（5岁）说："我们一起合作吧！"多多点点头表示同意。阿仁说："今天我们来搭个大型社区吧！先固定社区中的主要马路，可以搭高架。"多多说："好的。"他们两个一起去拿了好几块长条积木，他们把长条积木放在地上后，阿仁对多多说："你去拿圆柱体的积木，把长积木架在上面。"多多点点头，多多拿来了三个圆柱体积木放在地上后又继续去拿。这时，三宝（4岁）、毛毛（3岁）、豆豆（3岁）看到阿仁将两个圆柱体的积木放在地上然后拿来一根长积木放在上面，三宝说："哥哥，我帮你去拿长积木吧。"阿仁说："好的，毛毛、豆豆你们去拿矮一点的圆柱形积木。"毛毛、豆豆和三宝都按阿仁的要求拿来了积木，阿仁说："我们要将长积木都架在圆柱形的积木上，再组合在一起，可以有高有低。"他们开始按照阿仁的要求将长条积木架在两个圆柱体积木上，他们还会不时地问："哥哥，这样搭可以吗？"阿仁说："可以的。"整个过程中，三个孩子都按照阿仁的要求进行建构，阿仁除了完成自己的建构，也会时不时地去提醒他们："搭的时候一定要保持平衡，要不然桥会倒的。""要用桥或者马路将我们每一个人搭的东西连在一起变成一个大型社区……"

我的思考：

建构活动是所有年龄段的幼儿都非常喜欢的一项活动，而幼儿的建构技能是影响建构游戏的发展的重要因素。一般来说，3岁幼儿在建构时更多使用的是堆叠、围封、平铺；4岁幼儿则是架空、叠高等；5岁幼儿的建构经验更为丰富，当他们在一起进行建构游戏时，常常有让老师感到惊喜的地方。

在混龄建构游戏活动中，年幼的幼儿虽然不会有目的、有意识地请教年长的幼儿，但他们会观察年长幼儿的行为，继而模仿。在这个过程中，他们从一个观察者转化为模仿者和学习者，他们在模仿学习中挑战自己的意志，提升自己的动作水平、游戏水平。年长幼儿发挥示范引领作用，运用自己的已有经验，带动年幼幼儿一起游戏，收获新的体验。幼儿之间自动形成"大帮小，小学大"的模式。正如蒙台梭利所说："5岁儿童的心理比我们更接近3岁儿童的心理，幼儿从他们那里很容易学会我们认为的难以传授的东西。因为在他们之间存在着一种自然的心理渗透。"这种自然的心理渗透可以使幼儿在混龄游戏中出现的认知冲突被"顺应"和"同化"成自身的认知经验。

在今后的混龄建构游戏中，我们教师还可以鼓励年幼幼儿先发表自己的意见，启发年长幼儿多引领与支持他们；激励年长幼儿带领年幼幼儿一同寻找材料、搭建作品、分享成果。让幼儿在讨论、分工、协作、质疑、调整、参观、评价中，习得合作的方法，懂得去包容别人的想法，学会友善地提出自己的建议，学会赞美别人的作品。发挥平行学习、同伴互助等学习模式的作用，更好地促进每一位幼儿的建构技能的进步，幼儿建构的水平越高，越有成就感，参与游戏的兴趣也就更浓厚了。

同时，由于混龄群体中幼儿的年龄不同、发展水平和需要也不同，教师在创设建构环境时，要对游戏空间、材料、时间等进行全方位的思考。首先，不同年龄的孩子对于游戏空间的心理需求是不一样的，因此在大型的建构活动室内有意识地创设一两个较为温馨的小建构区域，这样的游戏环境很符合孩子们的需要。那一两个较小的建构空间也可以作为精细材料拼搭、半成品材料制作的场所，可谓一举两得。其次，游戏材料的选择与投放应多样化。对于年幼的孩子要多提供一些发展感知运动的材料，对于年长的孩子要多提供发展思维能力、精细动作的材料。此外，要多提供低建构的材料，引导幼儿使用低建构的材料进行以物代物、一物多用的游戏。对于提供的这些材料可以按照难易程度进行分类规整。教师做好了这些准备工作后，就能借助材料与环境的暗示性教育作用，引导幼儿进行自我管理与自我完善，让幼儿自由自在地捕捉各种信息，自主地探索、获取知识和经验。

提供异龄互动机会　自然渗透规则意识

刘静

案例描述：

区域活动时间，几个小朋友在活动区往瓶子里装珠子。乐乐（小班）不小心把装珠子的篮子弄翻了，珠子"噼里啪啦"洒了一地，他"咯咯咯"地笑了，把瓶子里剩余的珠子也倒了出来。在一旁的甜甜（小班）立即叫了起来："老师，乐乐把珠子洒了一地！"甜甜的话音刚落，明明（大班）跑过来，不声不响地捡起珠子，可是，不一会儿又被乐乐倒了出来。这时，甜甜和几个小班的小朋友又跑来告状了，在一旁玩泥工的几个大班的小朋友听见了告状声，其中的夏夏说道："我们的小弟弟又把珠子弄洒了，姐姐们帮他捡起来！"几个大班的孩子听了夏夏的话，立即走过来，一起将地上的珠子捡起来，并对乐乐说："你不可以再把珠子扔在地上了，它会疼的！""你再扔玩具，我们以后不和你一起玩了！""你改正了我们就原谅你！"……大班的小朋友你一言我一语，乐乐连忙说："好的，我改正！"看着比自己大的哥哥姐姐们捡着珠子，乐乐在一边也悄悄地捡了起来，直到珠子全部捡完，他才安静地坐下来开始和其他小朋友一起装珠子。

我的思考：

《幼儿园教育指导纲要（试行）》指出：教师应为幼儿提供人际间相互交往和共同活动的机会和条件，并加以指导，使幼儿乐意与人交往，学习互助、合作和分享，有同情心。混龄教育由于人文环境的特殊性，在帮助幼儿学会交往、学会共处，促进幼儿社会性发展等方面具有很大的优越性。

3～6岁的幼儿以模仿为主要学习手段，他们更乐于模仿同伴，与同伴的交流能使幼儿发现自身的不足，形成社会知觉，了解社会约定俗成的规则。同伴之间的模仿可以使正面的行为得到强化。案例中的乐乐将串珠洒落在地上，觉得很好玩，并当成游戏，年长的幼儿看到他的行为，连忙制止并帮助他把串珠捡起来。年长幼儿通过自身行为的示范，不仅正确阐释了班级区域活动规则，而且为年幼的幼儿树立了学习的榜样。在年幼的幼儿的心目中，年长的幼儿有绝对的"权威"，为了能够和他们一起玩或者被他们所接受，年幼的幼儿会自觉遵守规则，从而自然而然地强化幼儿的规则意识。而年长的幼儿在与年幼的幼儿的交往中获得了更多的成功体验，使他们与陌生同伴进行交往的自信心得到提高。可见在这个异龄互动的过程中，每一位幼儿都在认知和社交能力上得到发展。

作为老师，我们应该鼓励和支持更多这样的异龄互动。因此在孩子来告状乐乐扔珠子时，我没有很快介入，而是观察周围幼儿的反应，看到有大班幼儿主动发起相关异龄互动，我更是"躲"在后面观察、了解事态发展的情况，给幼儿在交往中共同进步的机会。当然，当幼儿出现危险、发生攻击性行为等情况时，老师需要及时介入。

提供丰富多元的材料　促进幼儿的学习与发展

张艳

案例描述：

在班级的美工区里，有各种各样的材料，有纸质类、布类、瓶子类、自然材料类、绳子类、软陶纸黏土类等，分别被放在各个材料筐里及材料架上，还有各种彩笔、颜料，以及画板、画架，这些都是开放的，便于孩子取放、使用。彤彤（大班）用颜料在画架上画枫树，丸子（小班）走过来问彤彤："你在画什么啊？"彤彤说："画枫树。"丸子说她也想画，彤彤告诉她那里有更大的纸（涂鸦墙），可以去那里用颜料画哦！于是丸子开开心心地去画了。过了一会元元和乐乐（中班）走过来看到彤彤的画说："好漂亮啊！"丸子听到后就问元元和乐乐："那我画得好吗？"乐乐问："你画的是什么啊？我看不出来。"丸子说："我画的也是大树"。彤彤说："你是画出了大树的颜色，还没有形状呢！"元元说："我们可以用纸黏土做树枝，剪树叶贴在丸子画的树上！"丸子说："好啊！"于是乐乐和彤彤开始用纸黏土做树枝，元元剪树叶，丸子把树叶贴在树枝上。三个人分工合作，很快一幅大树的作品就完成了。

我的思考：

美工区是为幼儿提供一个自由欣赏和创作的重要场所，是一个让幼儿感受美、表现美的小天地，它为幼儿的游戏、学习与创作提供了适当的环境和条件，营造出宽松、愉快的氛围。在这个区域内，幼儿可以选用不同的工具和材料独立创作或与同伴友好地合作，以绘画或手工等形式，按照自己的意愿和兴趣来表达自己的体验和情感，发挥自己的才能，自由地享受创造活动的快乐，获得精神上的满足。

混龄班的美工区面对的是 3～6 岁不同年龄段幼儿群体，因此它的材料提供及操作区域的布置需要多元并富有层次，以为各年龄段幼儿提供主动学习的基本条件。比如小班孩子可以在面积大的纸上作画，满足他们大肌肉动作的发展需要，剪刀及纸黏土的提供则为中、大班的孩子提供了练习、表现的机会。其次，同伴间的合作及相互学习比同龄孩子之间的互动更为有效。在这个案例中我们能明显地看出，丸子在涂鸦墙作画是受了彤彤的影响和启发，乐乐和元元提出用剪刀剪叶子的想法也给了小班孩子更多的经验。也就是说，混龄班美工区活动不仅是幼儿感兴趣的游戏，同时也蕴涵着学习的潜能，它突破了传统教育中幼儿处于被动静止的状态，通过教师的设计、创设，让幼儿在和环境的相互作用中，在和异龄同伴的学习分享中得到发展。

作为混龄环境中的教师，我们应该鼓励每名幼儿通过与环境、材料的互动，自由自主地创作，并且不以年龄目标来限制幼儿的尝试、探索乃至发展。同时更要懂得利用混龄的优势，因势利导，营造儿童教儿童的氛围，为幼儿提供相互学习、相互分享的机会。但是如何鼓励幼儿在创作中尝试与多种材料互动，充分发挥多元且富有层次的材料的作用是我们教师需要重点思考的问题。我们应该尝试通过多种形式的活动来提升幼儿对美的感知度，激发他们表现美、创造美的兴趣和积极性，更大限度地发挥教师协助成长的作用。

善用异龄互动 稳定新生的入园情绪

刘玫

案例描述：

嘟嘟3岁，入园已经半个多月了，每天来都带着她的小毯子，上课拿着，吃饭拿着，锻炼拿着，午睡更是拿着。老师也看见了嘟嘟始终捧着毯子吮着大拇指，完全舍不得放下的样子。有一天，老师带领小朋友在沙池玩沙，其他小朋友都很投入地玩着，只有嘟嘟捧着她的小毯子一个人待在旁边。老师哄她放下毯子，来跟小朋友一起玩，可是放下了毯子没有一分钟，她又去拿来抱在怀里了，不愿放下毯子玩沙。还有几次老师想要嘟嘟把毯子放在教室门外嘟嘟自己的橘子里再进教室，但是嘟嘟只要放下毯子就拒绝进教室，还边哭边说："要妈妈，要妈妈！"最后老师只能让嘟嘟抱着毯子进来。据嘟嘟的奶奶介绍，这条小毯子是嘟嘟刚出生就开始使用的，从小一直带在身边，嘟嘟已经习惯了它的气味，每天走哪儿带哪儿，外出旅游或是走亲戚等，嘟嘟也从没有离开过她的小毯子，而且根本不可能分开，只要分开她就会闹。这条小毯子原先是一条漂亮的大浴巾，可是因为时间久了，早已经被嘟嘟蹂躏得烂乎乎、脏兮兮的，完全看不出它的本来颜色了。

我的思考：

为什么嘟嘟离不开她的小毯子呢？我们知道亲子之间必然存在着一种依恋，孩子会依恋一直照顾自己的人，通常这个依恋对象是妈妈。但是，父母平时工作繁忙，孩子无法从他们那里找到安全感，因此，当孩子在需要妈妈而得不到满足时，就会把某些物品作为妈妈的象征或替代品，从中获得安慰。既然不能时时刻刻恋"人"，那只能转而求其次"恋物"。心理学家把这些物品叫作"依恋物"。

"小毯子"对于嘟嘟来说，已经不仅仅是一个物品、一个玩具，而是她适应这个新世界、新环境的情感拐杖。进入幼儿园，意味着从没离开过家的嘟嘟要离开熟悉的环境和亲人，过上集体生活。这时候，幼儿园、老师和其他小朋友对于她都是陌生的，她在心理上自然会出现不安全感，"分离焦虑"和"陌生焦虑"随之而来，而从家里带来的小毯子成为嘟嘟最亲密、最可靠的伙伴，只有紧紧抱住小毯子，嘟嘟才会有些许安全感。对这样的小朋友，我们不能强制她立刻和小毯子分开，只能慢慢引导。幼儿通常喜欢与比自己稍大一些的幼儿玩，因此依托混龄环境的异龄优势，请班上的一名叫彤彤的大班幼儿负责照顾嘟嘟，彤彤到哪儿都带着嘟嘟，还带着她参加各种活动。有了彤彤的关心和帮助，嘟嘟的分离焦虑渐渐消除，对小毯子的依恋越来越少……最终，嘟嘟克服了"分离焦虑"，告别了"依恋物"——小毯子。

在此案例中，频繁的异龄互动转移了新生的注意力及其对家人的依恋之情。由此可见，有效的异龄互动对于新生入园情绪的稳定具有重大的作用与意义。而作为混龄环境中的老师，我们除了可以发起这样的一对一异龄互动，还可以创设有利于异龄互动的条件，例如异龄幼儿交叉坐座位、异龄幼儿同组、异龄幼儿结对、上下铺异龄幼儿互助等，促进班级形成相互关爱、相互陪伴的家庭式氛围，让每名幼儿感受到幼儿园的温暖，从而喜欢上，爱上幼儿园生活。

借助同伴资源　丰富游戏经验　提升游戏水平

陆娟

案例描述：

娃娃家游戏开始了，珠珠开心地说："轩轩哥哥，我们一起去玩'娃娃家'吧！"轩轩说："好的。"珠珠说："我来做妈妈。"轩轩说："我来做爸爸。"他们手牵着手来到了"娃娃家"。

珠珠说："轩轩，宝宝吃的辅食都快没有了，你开车去趟超市买点胡萝卜回来吧！""好的，我这就去。"轩轩推着购物车来到了超市，在超市选择了胡萝卜等物品。一会儿，轩轩回来了："看，我为宝宝买了胡萝卜，我来为宝宝做好吃的胡萝卜羹。""好的，我来负责喂宝宝。"轩轩将买回来的胡萝卜切成了小块状，然后放在锅里面，盖上锅盖开始煮，过了一会儿将熟了的胡萝卜倒在了碗里，说："好吃的胡萝卜羹煮好了。"珠珠妈妈开始喂宝宝吃胡萝卜："宝宝怎么好像不爱吃呢?"轩轩说:"那我把胡萝卜再切小一点,再加点生抽和麻油吧!宝宝还小,你每次只能喂一点点,要不然宝宝会呛着的。"轩轩又重新切了次胡萝卜,加了些佐料。"这次你再喂喂看,看宝宝喜欢不喜欢。""好的。"珠珠非常耐心地喂了起来,"嗯,有了佐料变得好吃了,宝宝很爱吃呢!"

我的思考:

异龄同伴交往指的是不同年龄、不同发展水平的幼儿之间,通过生活、学习和游戏等共同活动而相互交流信息、沟通情感的过程。异龄同伴交往作为幼儿的一种基本的人际交往类型,与同龄同伴交往相比,在交往的性质、内容、技能要求及交往双方的地位等方面都呈现出明显的独特性,这使得异龄同伴交往在促进儿童发展方面具有独特的功能。在案例中,年幼的珠珠在与轩轩的异龄互动中,丰富了自己的游戏经验,拓展了游戏情节,提升了游戏水平,而年长的轩轩在异龄互动中,角色得到了拓展,他不但是游戏中的一个自由玩家,还承担了照顾、引领、教育年幼同伴的任务。

游戏是幼儿园教育的重要组成和基本形式,异龄同伴交往更是幼儿不可或缺的。因此,我们教师除了要为幼儿创设良好的游戏环境以外,还应该鼓励幼儿多参与异龄同伴交往。教师需要做的就是当好观察者、支持者、幕后推动者,从解读幼儿的游戏需要入手,为他们提供更多的自由交往和游戏的机会,鼓励他们自主选择、自由结伴开展活动。另外,针对上述案例,我们亦可以在游戏导入或分享环节中,请这两位异龄同伴进行经验分享,丰富其他幼儿的游戏经验。